アルファベットの文字は 26 字あり，それぞれの文字に大文字と小文字があります。英語の単語や文は，すべてアルファベットの組み合わせで表します。この表で，書き順と発音を確認しよう。

自由自在 小学 英語

For English Learners

From Basic to Advanced

受験研究社

はじめに

これまで外国語（英語）の教科は，中学校からの導入となっていましたが，小学校５，６年生には教科として，３，４年生には外国語活動として早期英語教育への取り組みが始まりました。小学校のどの時期で英語を学ばせるかについては，発達年齢と母語の獲得の関係もあり，３，４年生から徐々に触れさせることが適切であると判断されました。

３，４年生への外国語活動の導入は，英語学習に対する動機づけや，聞き取り，発音の向上に効果があると考えられます。また音声を中心に体験的に理解を深めることは，５，６年生よりも，３，４年生の児童の発達段階により適しているとされます。本書では，Part 1で音声やフォニックスを重点的に扱い，英語の音に慣れ親しむことを目指しています。

５，６年生では，３，４年生での外国語活動の継承，中学校での学習への円滑な接続が求められます。この時期の英語学習では，アルファベット文字の認識や語順等への気づきを促しながら「書く」こと，そして基本的な表現を推測しながら「読む」ことが重要だと考えられます。本書では，Part 4で英語の文法・語順等の問題を，Part 5で物語を扱い，積極的に「書く」「読む」態度の育成を目指しています。

さらに，今回文部科学省が発表した新学習指導要領では，英語は教科になるため，「できるようになる（定着する）」ことが目標となってきます。早い段階から「定着」を目指して英語学習に取り組むことは大切であり，本書はそのパートナーに最適です。

英語は子どもたちにより多くの人とコミュニケーションをとる機会をもたらし，世界を広げてくれるツールでもあります。この本が子どもたちの世界への扉を開くカギになれば幸いです。

A new world is waiting for you!（新たな世界があなたを待っています！）

特長と使い方

- 新学習指導要領の内容をもとに，小学３年生から中学校入試や英検®まで見すえた内容です。
- Part 1(英語の音)，Part 2(英単語)，Part 3(会話表現)，Part 4(英語のルール)，Part 5(物語)，Part 6(英検®対策)というパート分けにより，分野に応じて学習を進めることも可能です。
- プロローグに始まり，各パートやストーリー，エピローグまで，自由自在の中に登場する楽しいキャラクターがいろいろな場面で大活やくします。見るだけでも楽しい，読んでも楽しいが，この一冊につまっています。
- QR コードを配置しているページでは，スマートフォンなどで読み込んでいただくと，すぐに音声を聞くことが可能です。

わかりやすい４技能マーク

リスニングマーク

音声が流れるところです。音声を聞いて，問題に取り組みましょう。

リーディングマーク

音声を聞いて，単語や英文を読むか所です。音声を真似して何度も読んだり，内容について考えたりしましょう。

ライティングマーク

英単語や英文などを書く問題です。自分のノートなどに書いて，何度も問題を解きながら，練習しましょう。

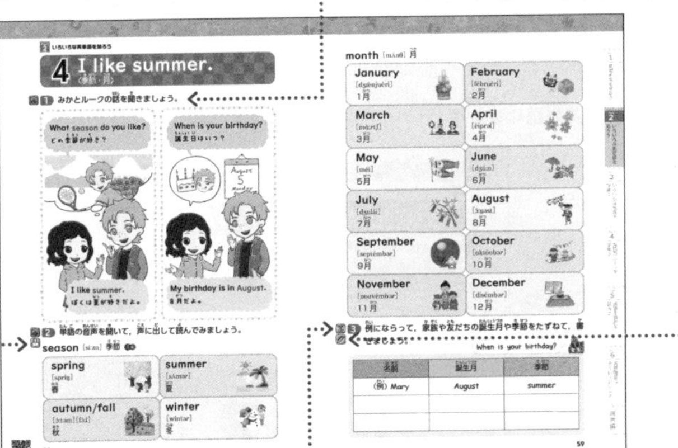

QR コード

左下の QR コードを読み込んでいただくとスマートフォンなどで音声を再生することが出来ます。

※お使いの機器によっては再生できないものもあります。
通信費はお客様負担になります。

スピーキングマーク

自分で発音や発声をするか所です。音声を聞いた後に発音したり，何度も口に出して練習したりしましょう。

Part 1（英語の音）

■英語のつづりと発音の法則を学習しましょう。音声をよく聞いて，声に出して練習しましょう。

音声とイラストをセットで確認できるので，より覚えやすい構成になっています。くり返し発音練習をして，定着率をあげていきましょう。

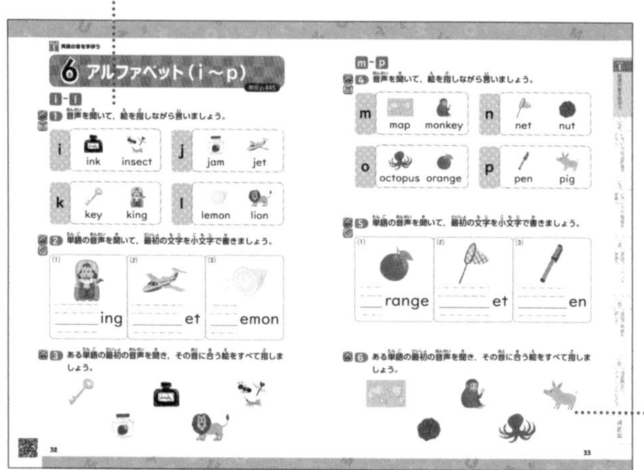

6 アルファベット（i～p）

i～l

1 音声を聞いて，絵を指しながら言いましょう。

i ink insect　j jam jet　k key king　l lemon lion

2 単語の音声を聞いて，最初の文字を小文字で書きましょう。

(1) ___ing　(2) ___et　(3) ___emon

3 ある単語の最初の音声を聞き，その音に合う絵をすべて指しましょう。

32

m～p

4 音声を聞いて，絵を指しながら言いましょう。

m map monkey　n net nut　o octopus orange　p pen pig

5 単語の音声を聞いて，最初の文字を小文字で書きましょう。

(1) ___range　(2) ___et　(3) ___en

6 ある単語の最初の音声を聞き，その音に合う絵をすべて指しましょう。

33

音声だけを聞いて答える問題もあります。わからないときは何度も聞いてみましょう。

Part 2（英単語）

■英単語がどういった英文の中で使われているかなど，英文の中で確認してみましょう。また，同じような単語はまとめて覚えましょう。

赤字の英単語を別の英単語に変えて練習してみましょう。

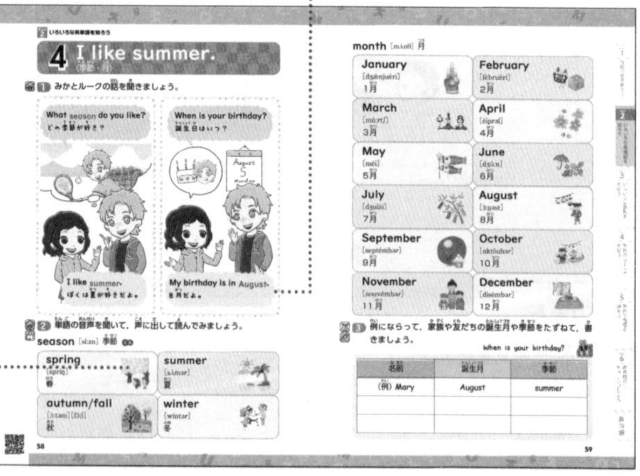

4 I like summer.

1 みかとルークの話を聞きましょう。

What season do you like?
どの季節が好き？
I like summer.
ぼくは夏が好きだよ。

When is your birthday?
誕生日はいつ？
My birthday is in August.
8月だよ。

2 単語の音声を聞いて，声に出して読んでみましょう。

season 季節

spring 春　summer 夏　autumn/fall 秋　winter 冬

58

month 月

January 1月　February 2月　March 3月　April 4月　May 5月　June 6月　July 7月　August 8月　September 9月　October 10月　November 11月　December 12月

3 例にならって，家族や友だちの誕生月や季節をたずねて，書きましょう。

When is your birthday?

名前	誕生月	季節
(例) Mary	August	summer

59

英単語にはすべてイラストをつけていますので，イメージしながら覚えることができ，効果的です。

Part 3（会話表現）

■ 会話表現を学習しましょう。場面によっていろいろな表現が出てきますので，イラストも参考にしながら音声を聞き，声に出して練習しましょう。

ポイントになっている会話文です。イラストで状況を確認し，音声を聞いてみましょう。

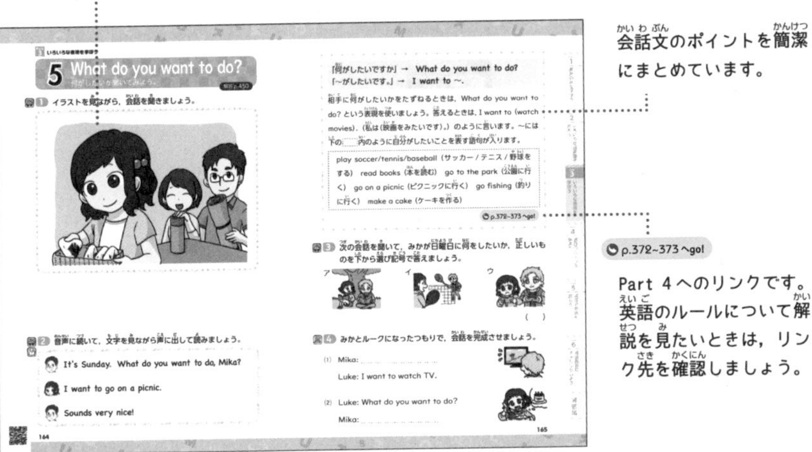

いろいろな表現を学ぼう

5 What do you want to do?

何がしたいか聞いてみよう。

解答 p.450

1 イラストを見ながら，会話を聞きましょう。

2 音声に続いて，文字を見ながら声に出して読みましょう。

It's Sunday. What do you want to do, Mika?

I want to go on a picnic.

Sounds very nice!

164

「何がしたいですか」→ What do you want to do?
「～がしたいです。」→ I want to ～.

相手に何がしたいかをたずねるときは，What do you want to do? という表現を使いましょう。答えるときは，I want to (watch movies).（私は（映画をみたいです）。）のように言います。～には下の［　］内のように自分がしたいことを表す語句が入ります。

play soccer/tennis/baseball（サッカー／テニス／野球をする） read books（本を読む） go to the park（公園に行く） go on a picnic（ピクニックに行く） go fishing（釣りに行く） make a cake（ケーキを作る）

p.372~373 へgo!

3 次の会話を聞いて，みかが日曜日に何をしたいか，正しいものを下から選び記号で答えましょう。

ア　イ　ウ

（　　）

4 みかとルークになったつもりで，会話を完成させましょう。

(1) Mika: ……………

Luke: I want to watch TV.

(2) Luke: What do you want to do?

Mika: ……………

165

会話文のポイントを簡潔にまとめています。

p.372~373 へgo!

Part 4 へのリンクです。英語のルールについて解説を見たいときは，リンク先を確認しましょう。

Part 4（英語のルール）

■ 英語の文に関するルールを学習します。英語の順番についても，よく注意して確認していきましょう。

ここでポイントとしている英語のルールの入った会話文です。イラストで状況を確認しながら，音声を聞いてみましょう。

この形になるよ

英文のしくみについての解説です。色分けされた部分にも注目して，内容を確認しましょう。

p.214~215 へgo!

Part 3 へのリンクです。会話表現の解説を見たいときは，リンク先を確認しましょう。

英語のルールを学ぼう

19 Where is ～?

～はどこにいますか（ありますか）。

解答 p.482

1 次の会話を聞いて，声に出して読んでみましょう。

Where is your mom?

She is in the city library. She has a Japanese lesson.

Wow. She is so busy!

この形になるよ

Where is Mika? みかはどこにいますか。
—She is in the living room.
彼女は居間にいます。

・「～はどこにいますか(ありますか)。」と場所をたずねるときは，where をぎもん文の形の前に置きます。
・答えるときは，場所を表す語(句)の前に in や at をつけます。
例) in the kitchen, in the hospital
at the park, at school

p.214~215 へgo!

306

2 英文を聞いて，内容に合う絵のアルファベットを書きましょう。

A　B　C　D　E　F

(1)（　　）　(2)（　　）　(3)（　　）

3 [　]の中の語をならべかえて，英語で文を作ってみましょう。ただし，文頭の語も小文字になっています。

(1) あなたのお母さんは今どこにいますか。
[is / mother / where / your] now?

(2) わたしのハンカチはどこにありますか。
—洗面所にあります。
[my / where / is / handkerchief / ?]
—[in / bathroom / is / it / the / .]

307

Part 5（物語）

■ 英語で少し長めの物語を読んでみましょう。いつ・どこで・だれが・何を・なぜ・どのように，など場面を想像しながら読んでみましょう。

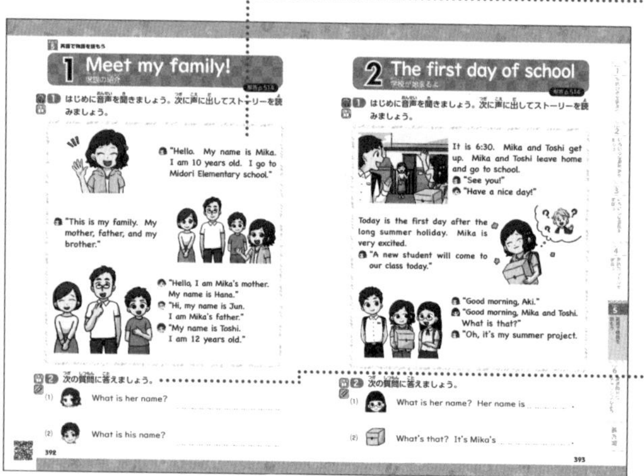

キャラクターたちが登場する物語です。音声を聞いて声に出して読んでみましょう。

物語に関する内容確認問題です。わからない時は，物語をもう一度よく読んでみましょう。

Part 6（英検®対策）

■ 英検®対策のパートです。ここまでに学んだことを活かしながら，4級と5級の問題にちょう戦してみましょう。

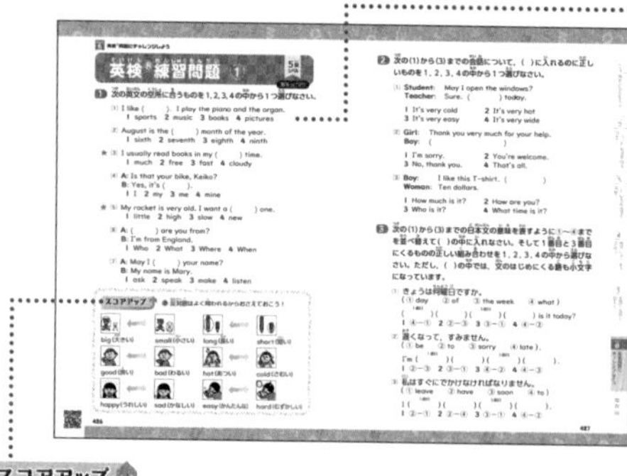

英検®4・5級問題形式です。今までに学んだことを思い出して，ちょう戦してみましょう。

スコアアップ

反対語をまとめています。2つセットで覚えましょう。

解答編

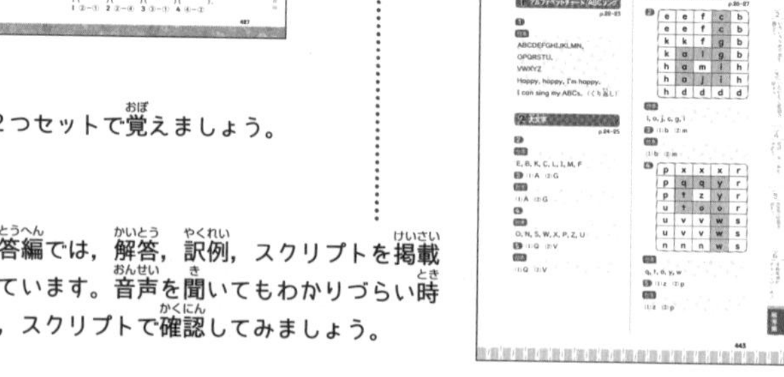

解答編では，解答，訳例，スクリプトを掲載しています。音声を聞いてもわかりづらい時は，スクリプトで確認してみましょう。

キャラクター紹介

Mika

本書の主人公で，
明るく元気な
女の子。
小学5年生。

Luke

アメリカから来た
留学生で，
Mikaの
クラスメート。

English Four

ABC星からMikaのうちにやってきた宇宙人。
英語が上手になりたいと思う子どもたちの
味方で，Mikaの勉強を手伝っている。

Lisa

リスニングは
おまかせ！

Roy

英語の文章を
上手に読める。

Willy

英語を書く
ことが得意。

Sam

英語で話すのが
だいすき！

Emma

Lukeのお母さん。

Mikaの家族

Akira

Kaori

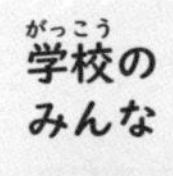

Toshi

Jun **Hana**

学校のみんな

Ms. Tanaka

小学校の先生。

Ken Shin Aki Yui

学習指導要領とこれからの学び

グローバル化や情報化の急速な進展，AI をはじめとするテクノロジーの進化など，社会は大きく変化しています。令和 2 年度から全面実施の学習指導要領は，従来からの目標である，いかに社会が変化しようとも子どもたちが自分の力で未来を切りひらく「生きる力」を育むことを維持しながら，新たに子どもたちに必要な力を以下の 3 つの柱として示しています。

3つの柱 ― 学習指導要領が目指すもの

学んだことを人生や社会に生かそうとする

学びに向かう力，人間性などを養う

- ▶未来を自分で切りひらく生きる力を持つ

実際の社会や生活で生きて働く

知識及び技能の習得

- ▶様々な方法を使って，自分で適切な情報を探す
- ▶過去の学習をふり返る
- ▶知識を組み合わせて活用する
- ▶未来につなげる

自ら課題を見つけ
自ら学び，自ら考え
判断して行動できる

未知の状況にも対応できる

思考力，判断力，表現力などの育成

- ▶周りの人と対話して考えを広める
- ▶意見をわかりやすく表現する
- ▶相手や目的・場面にふさわしい表現をする

学習指導要領とは

小・中・高校などで教える教育の目標のほか，学年ごとの教科の学習内容や習得目標をまとめた，国が定める教育課程の基準となるもの。社会や時代の変化に合わせ，ほぼ10年に一度大改訂されます。教科書も学習指導要領をもとに新しくなります。

【これまでの小学校学習指導要領の全面実施年度と主なポイント】

平成 4 年度　個性重視：1995 年より学校週 5 日制に
平成 14 年度　ゆとり：小・中学校のカリキュラムを 3 割減
平成 23 年度「生きる力」育成：「脱・ゆとり教育」
令和 2 年度　主体的・対話的で深い学び（アクティブ・ラーニング）

学習指導要領のねらいを実現するために，学校では「主体的･対話的で深い学び（アクティブ･ラーニング）」の視点から授業が行われます。アクティブ・ラーニングとは，学習者が能動的に学ぶことができるように指導者が支援することです。授業では，得た知識と関連する情報を自ら発展させ（主体的な学び），子どもどうしや先生，社会の大人たちとの対話を通して自分の意見を広げ（対話的な学び），これらの活動を通して知識を多角的でより深いものにする（深い学び）ことが重視されます。子どもたちがより豊かな未来を自分で切りひらいていく人間に成長できるように，『自由自在』は子どもたちの学びを支援します。

アクティブ・ラーニング ― 主体的・対話的で深い学び

●自分の学びをふり返って次の学習につなげる

●学ぶことへの興味・関心を持ち，ねばり強く取り組む

●周りの人と話して考える
●自分の意見をわかりやすく表現する

どうしてそう思うの？
わたしは こうだと思うよ。

主体的な学び

対話的な学び

深い学び

●TPO や人に合わせた表現をする

たのしーい！
あれとこれが
つながった！

●知識をつなげる

●自分で調べる

■ 知りたいことが何でもわかる幅広い内容
■ 基礎から入試まで対応できる深みのある内容
■ 思考力・記述力も高める工夫された内容

自由自在がサポート

英語の基本ルール

単語の書き方

●単語はふつう，小文字で書くよ。

エッグ
egg
「卵」

ワッチ
watch
「時計」

英文の書き方

●文のはじめの単語は大文字で書き始めるよ。
●文の最後には，ピリオド(.)やクエスチョンマーク(?)をつけるよ。

I(わたし)はいつも大文字で書く。　文の最後はピリオド。

アイ　ハぁヴ　うどん
I have *Udon*.

単語と単語の間は小文字１文字分ぐらいあける。
英語になっていない日本語の単語はイタリック(斜体)にする。

わたしはうどんをたべます。

アー　ユー　ケン
Are you Ken?

人の名前は，文の途中でも大文字で書き始める。
たずねる文の最後はクエスチョンマーク。

あなたはケンですか。

記号の種類

[,] コンマ(カンマ)…英文の間に入れ，文の区切りや数字の区切りで使用するよ。
Luke, this is my friend Aki.　　1,000 yen

[!] エクスクラメーションマーク…命令や声を大きく発するときに，文の最後に入れるよ。
Be quiet!　　This flower is very beautiful!

[“ ”] クォーテーションマーク…人の話した言葉をそのままの形で表すときや言葉を強調したいときに使用するよ。
Mika said, “I like sushi very much.”

発音記号

単語の発音のしかたを，英語の発音記号と，カタカナ・ひらがなを使って示しているよ。カタカナ・ひらがなの太字部分は，強く発音する部分だよ。

母音(ア・イ・ウ・エ・オのような音)

かな表示	発音記号	例
イ	[i]	fish [fíʃ ふィッシ]
エ	[e]	egg [ég エッグ]
あ	[æ]	apple [ǽpl あプる]
ア	[ɑ]	ox [ɑ́ks アックス]
イー	[iː]	eat [íːt イート]
アー	[ɑː]	father [fɑ́ːðər ふァーざ]
オー	[ɔː]	all [ɔ́ːl オーる]
エイ	[ei]	eight [éit エイト]
アイ	[ai]	eye [ái アイ]
オイ	[ɔi]	oil [ɔ́il オイる]
アウ	[au]	out [áut アウト]

かな表示	発音記号	例
ア	[ʌ]	love [lʌ́v らヴ]
ア	[ə]	about [əbáut アバウト]
ウ	[u]	book [búk ブック]
ア〜	[əːr]	girl [gə́ːrl ガ〜る]
ウー	[uː]	cool [kúːl クーる]
オウ	[ou]	goal [góul ゴウる]
イア	[iər]	ear [íər イア]
エア	[eər]	air [éər エア]
ウア	[uər]	your [júər ユア]

子音(母音以外の音)

かな表示	発音記号	例
プ	[p]	plant [plǽnt プらぁント]
ブ	[b]	blue [blúː ブるー]
ト	[t]	cat [kǽt キぁット]
トゥ	[t]	try [trái トゥライ]
ド	[d]	bed [béd ベッド]
ドゥ	[d]	dress [drés ドゥレス]
ク	[k]	look [lúk るック]
グ	[g]	bag [bǽg バぁッグ]
チ	[tʃ]	chair [tʃéər チエア]
ヂ	[dʒ]	large [lɑ́ːrdʒ らーヂ]
ツ	[ts]	cats [kǽts キぁッツ]
ヅ	[dz]	beds [bédz ベッヅ]
ふ	[f]	face [féis ふエイス]
ヴ	[v]	vase [véis ヴェイス]
ス	[s]	ski [skíː スキー]
ズ	[z]	zoo [zúː ズー]

かな表示	発音記号	例
す	[θ]	three [θríː すリー]
ず	[ð]	with [wíð ウィず]
シ	[ʃ]	ship [ʃíp シップ]
ジ	[ʒ]	garage [gərɑ́ːʒ ガラージ]
ハ	[h]	happy [hǽpi ハぁピ]
ム	[m]	movie [múːvi ムーヴィ]
ン	[m]	stamp [stǽmp スタぁンプ]
ナ	[n]	nine [náin ナイン]
ン	[n]	again [əgén アゲン]
ンヶ	[ŋ]	ring [ríŋ リンヶ]
る	[l]	lose [lúːz るーズ]
ル	[r]	roof [rúːf ルーふ]
イ	[j]	yes [jés イエス]
ユ	[j]	you [júː ユー]
ウ	[w]	way [wéi ウエイ]
ワ	[w]	want [wɑ́nt ワント]

もくじ

Part 1 英語の音を学ぼう

Part 2 いろいろな英単語を知ろう

Part 3 いろいろな表現を学ぼう

Part 4 英語のルールを学ぼう

Part 5 英語で物語を読もう

Part 6 英検®問題にチャレンジしよう

本書に関する最新情報は，当社ホームページにある**本書の「サポート情報」**をご覧ください。
（開設していない場合もございます。）

プロローグ Hello, Mika!!!

今回はこの小学自由自在英語を使ってミッションを行うリス！
じゃーん！
自由自在 英語
この6つのパートをこなせば，Mikaはきっと Lukeと仲良くなれるリス！
小学自由自在英語
Part 1: 英語の音
Part 2: 英単語
Part 3: 会話表現
Part 4: 英語のルール
Part 5: 物語
Part 6: 英検問題
なかなか厳しい道のりだぜ
でもボクらがサポートすればダイジョーブだぞう！
ボクの力はPart 5のKeyになるな
アッ，でも宇宙船は修理中じゃ…？
Don't worry!
E4
地球にはこれで向かうリスよ！
みんな！もっと強いまほうで小さくなるリス！
Sam, あと20%は小さくならないと無理だぞ！
ぎゅう
ぎゅう
ぎゅう
小さくなるのは苦手だぞう…
Let's go!! English Four!!
思ったよりせまいリス〜！
E4
このパンパンのお腹はだれだよ！
おれはスリムだ！
地球
Mikaの家の庭に落ちていた
なんだろう，これ…
Hello, Mika!!!
Hi!!
おれたちと英語の勉強しようぜ！
こうして，英語が上手になりたいMikaのもとにEnglish Fourがやってきた！
We are here to help you!
Good morning, Luke!
Good morning, Mika!
はたしてMikaの英語は上達するのだろうか！？
くわしいお話はPart 5(p.392〜)で！

ここからスタート！

Part 1

英語の音を学ぼう

フォニックス

つづりと発音との間のルールを理解し，正しい読み方を学習する方法です。この学習方法によって，発音とともに英単語が書けるようになります。

学習することがら

1. アルファベットの文字と音を学ぶ
2. さまざまなルールにそった読み方を学ぶ

二人とも，いったい何してるの…？
こわい…
うおおおお
私たち，フェニックスって鳥を探しているの！
先生がフェニックスで英語が上手になるっていうから，つかまえようと思ってんだ！
ええ…？どういうこと??
Phoenix…？
あっ
もしかしてそれ，フォニックスじゃないの？
え，Luke知ってるの？
フォニックスでつづりと発音のルールを覚えれば，英語の正しい読み方をマスターできるんだ！
ボクもアメリカでならったよ！
ae
u:
A
i:
c
な，なんだ，鳥じゃないのかよ…

1 アルファベットチャート/ABC ソング

解答 p.443

1 文字(もじ)を指(ゆび)さしながら ABC ソングを歌(うた)いましょう。

d
f
g
e
c
h
b
i
j
GOAL
START
a
k
z
l
m
y
x
n
o
w
p
v
q
u
s
r
t

2 大文字

解答 p.443

A ~ M

1 p.22 を見ながら ABC ソングを歌いましょう。

2 聞こえた文字をさわりましょう。

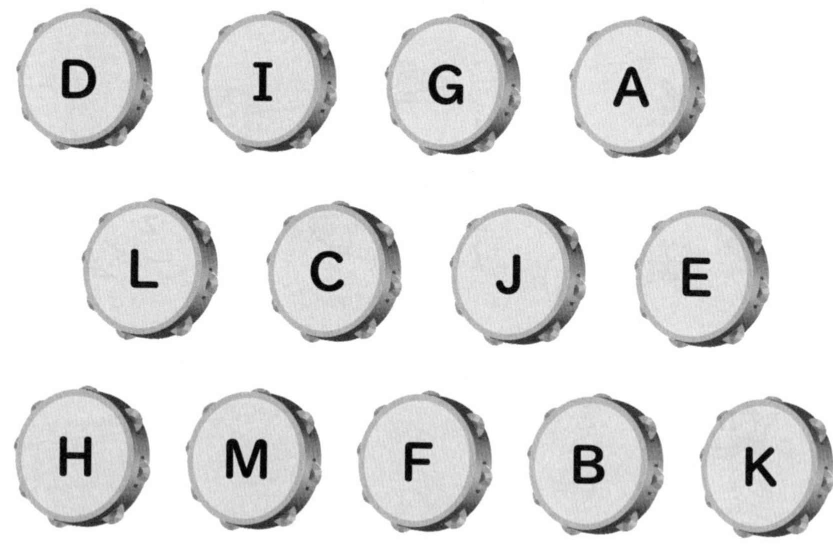

3 聞こえた文字に○をしましょう。

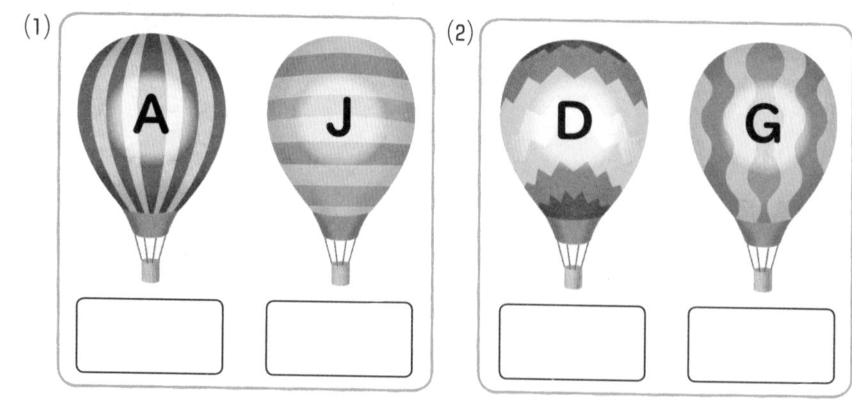

N~Z

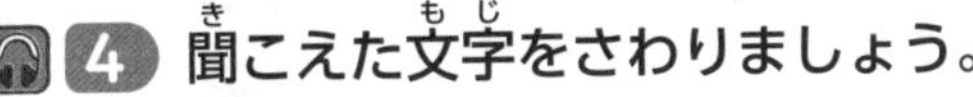

4 聞こえた文字をさわりましょう。

PとR, UとVなど形のにている文字に注意しよう。

5 聞こえた文字に○をしましょう。

(1)

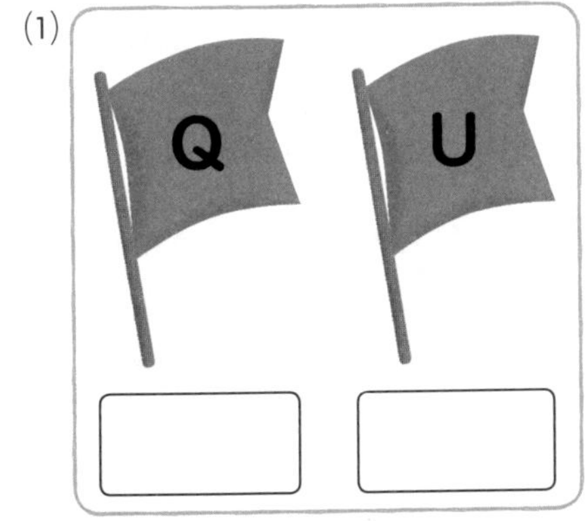

(2)

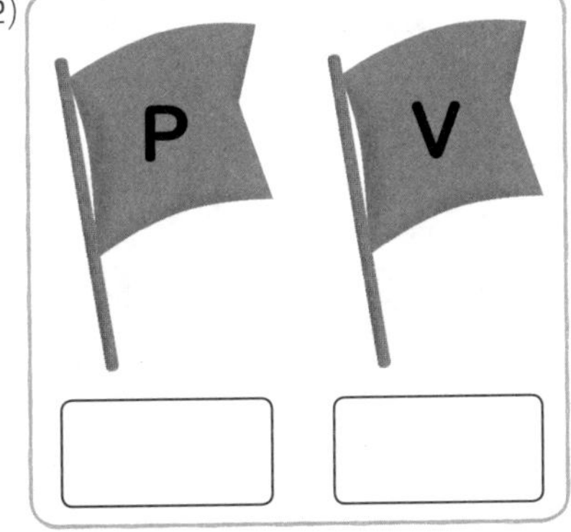

3 小文字(こもじ)

解答 p.443

a ~ m

1 p.23 を見(み)ながら ABC ソングを歌(うた)いましょう。

2 聞(き)こえた文字(もじ)を全部(ぜんぶ)ぬりましょう。

e	e	f	c	b
e	e	f	c	b
k	k	f	g	b
k	a	l	g	b
h	a	m	i	h
h	a	j	i	h
h	d	d	d	d

3 聞(き)こえた文字(もじ)に○をしましょう。

(1)

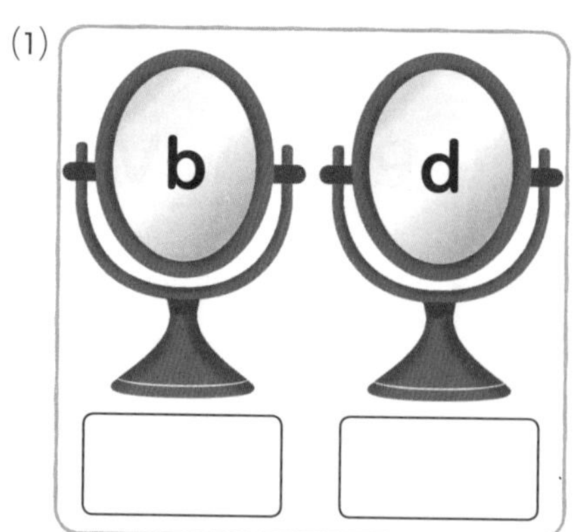

(2)

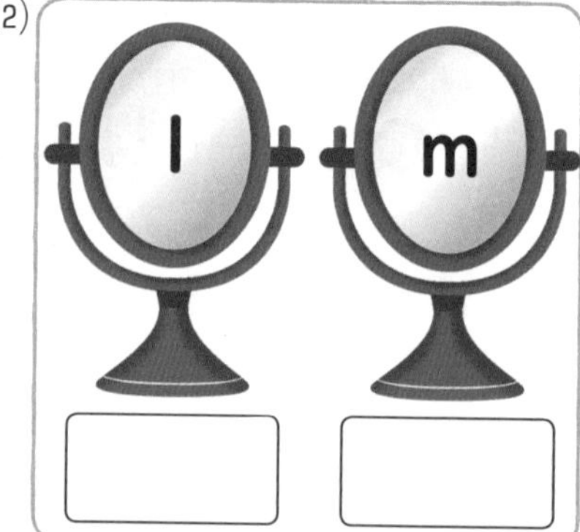

n ~ z

4 聞(き)こえた文字(もじ)を全部(ぜんぶ)ぬりましょう。

p	x	x	x	r
p	q	q	y	r
p	t	z	y	r
u	t	o	o	r
u	v	v	w	s
u	v	v	w	s
n	n	n	w	s

どんな文字(もじ)になるかな…

5 聞(き)こえた文字(もじ)に○をしましょう。

(1)

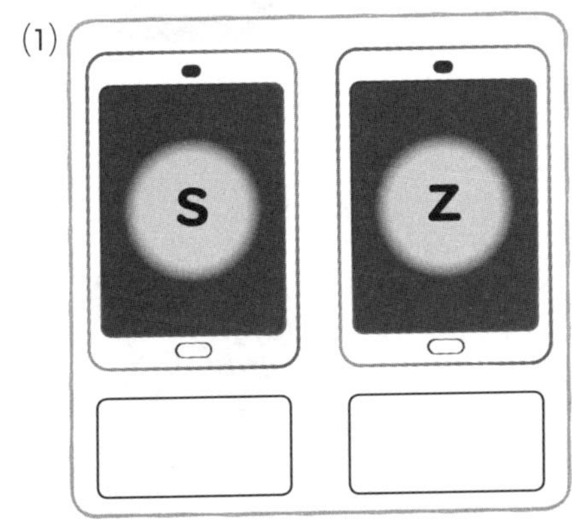

(2)

4 ジングル / アルファベット(Aa ～ Zz)

解答 p.444

1 絵(え)を指(さ)してジングル 1，2，3 に合(あ)わせて言(い)いましょう。

音楽(おんがく)に合(あ)わせて言(い)ってみよう！

Aa

apple

Bb

bear

Cc

cat

Dd

dog

Ee

egg

Ff

fan

Gg
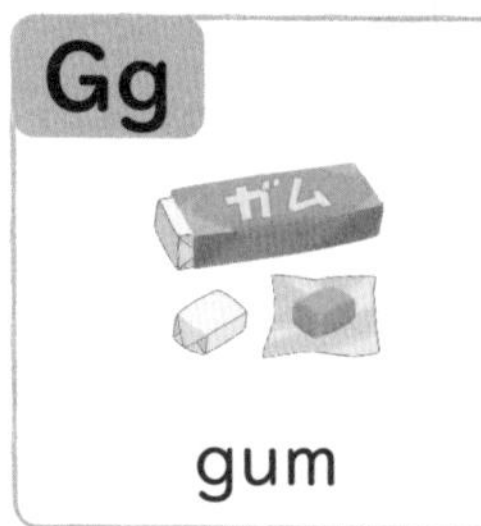

gum

Hh

hat

Ii

ink

Jj

jam

Kk

king

Ll

lion

Mm

milk

Nn

nut

Oo

orange

Pp

pig

Qq

queen

Rr

racket

Ss

sun

Tt

ten

Uu

umbrella

Vv

vest

Ww

watch

Xx

fox

Yy

yes

Zz

zebra

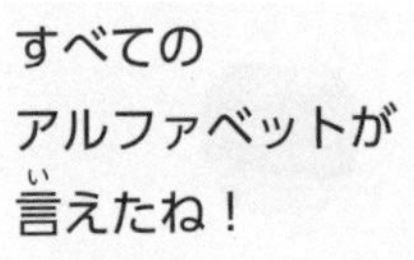

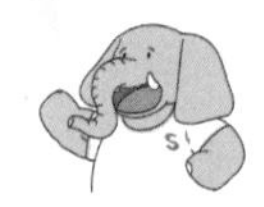

5 アルファベット(a～h)

解答 p.445

a～d

アルファベットの音をひとつずつ確認していこう。

1 音声を聞いて，絵を指しながら言いましょう。

2 単語の音声を聞いて，最初の文字を小文字で書きましょう。

3 ある単語の最初の音声を聞き，その音に合う絵をすべて指しましょう。

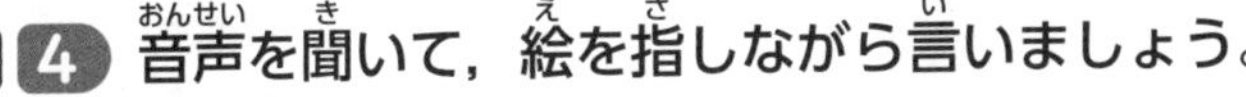

4 音声を聞いて，絵を指しながら言いましょう。

5 単語の音声を聞いて，最初の文字を小文字で書きましょう。

6 ある単語の最初の音声を聞き，その音に合う絵をすべて指しましょう。

6 アルファベット(i～p)

解答 p.445

1 音声を聞いて，絵を指しながら言いましょう。

2 単語の音声を聞いて，最初の文字を小文字で書きましょう。

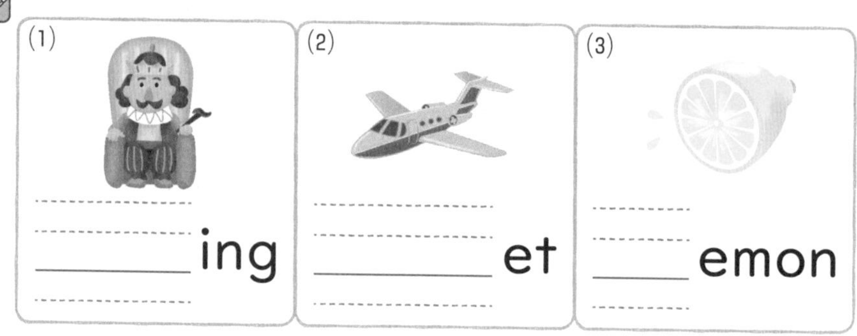

3 ある単語の最初の音声を聞き，その音に合う絵をすべて指しましょう。

m ~ p

4 音声を聞いて，絵を指しながら言いましょう。

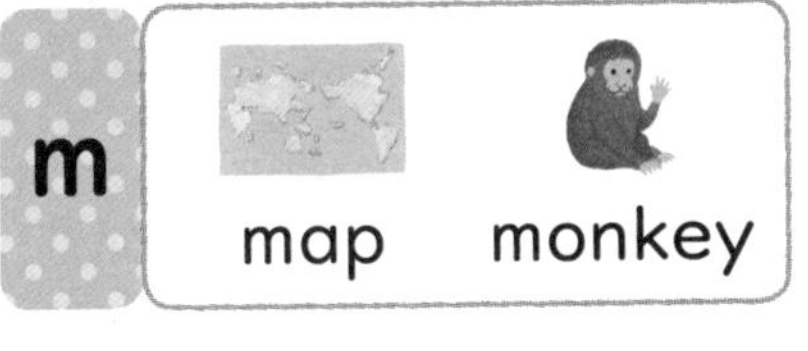

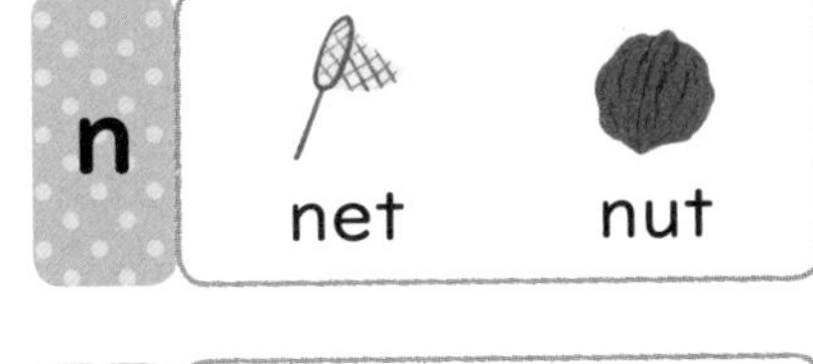

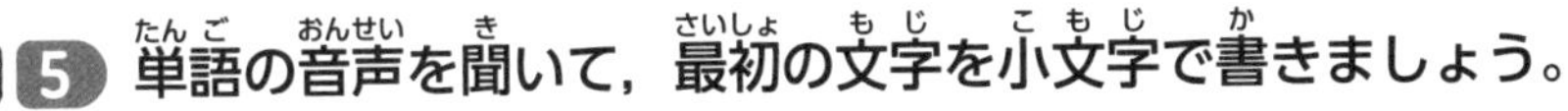

5 単語の音声を聞いて，最初の文字を小文字で書きましょう。

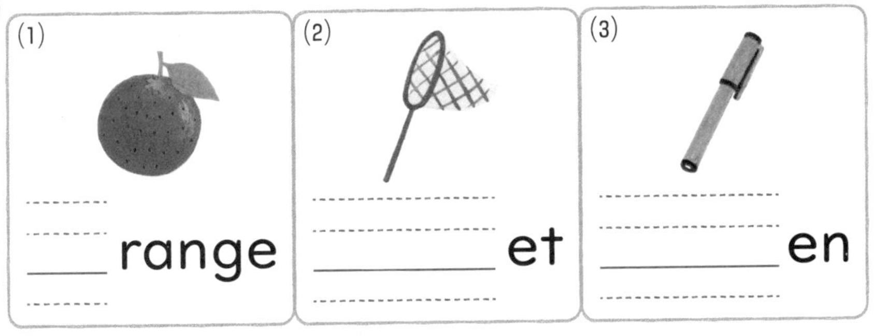

6 ある単語の最初の音声を聞き，その音に合う絵をすべて指しましょう。

7 アルファベット（q～z）

解答 p.446

q～t

1 音声を聞いて，絵を指しながら言いましょう。

2 単語の音声を聞いて，最初の文字を小文字で書きましょう。

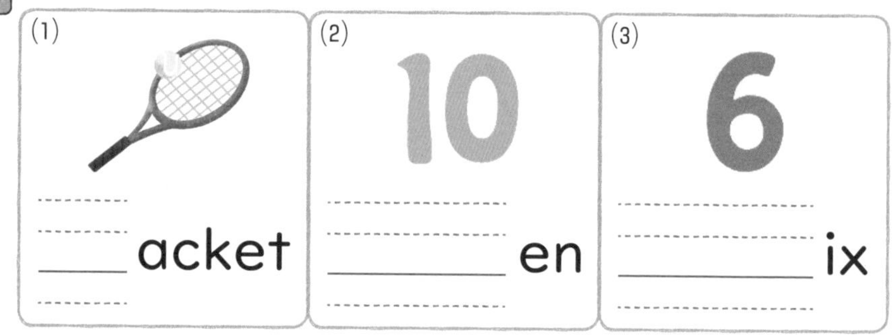

3 ある単語の最初の音声を聞き，その音に合う絵をすべて指しましょう。

u ~ z

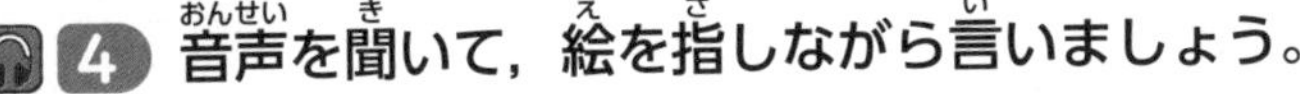
4 音声を聞いて，絵を指しながら言いましょう。

u
12345
umbrella
up

v
van
vest

w
window
wolf

x
box
fox

y
yacht
yes

z
zebra
zoo

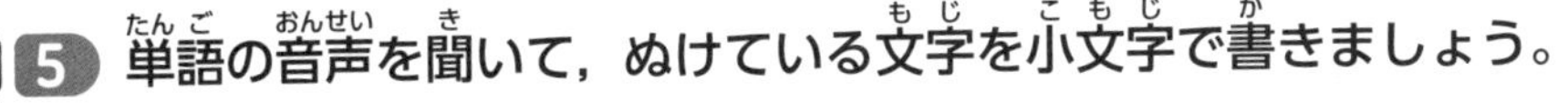
5 単語の音声を聞いて，ぬけている文字を小文字で書きましょう。

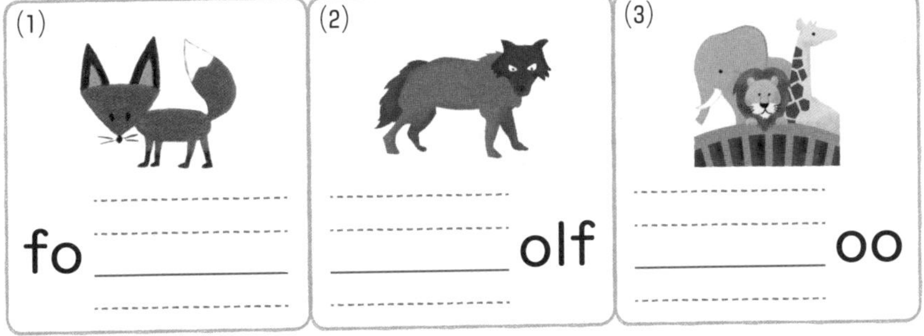
(1)
fo ____
(2)
____ olf
(3)
____ oo

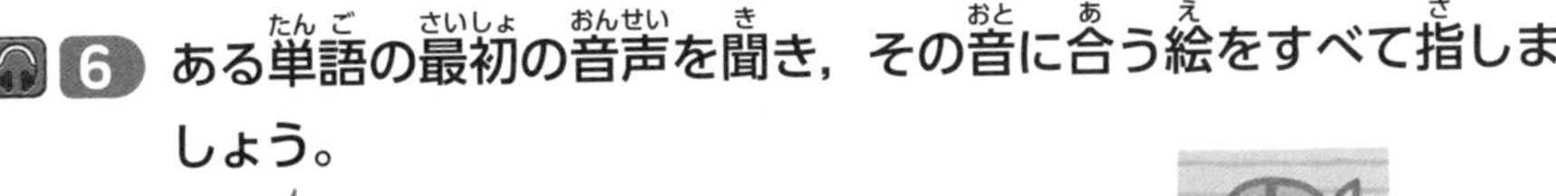
6 ある単語の最初の音声を聞き，その音に合う絵をすべて指しましょう。

8 母音＋子音①

解答 p.446

am an ap at

単語のあとの音(ライム)に注意しよう！

1 音声を聞いて，絵を指しながら言いましょう。

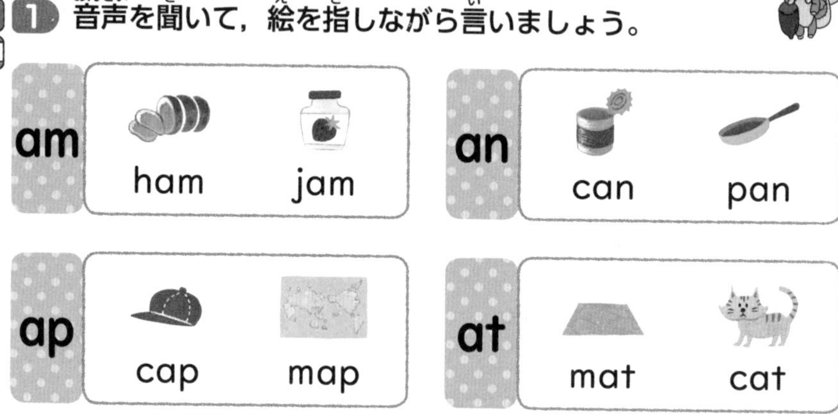

2 聞こえた音を○でかこみ，下から正しい絵を選び，記号を書きましょう。

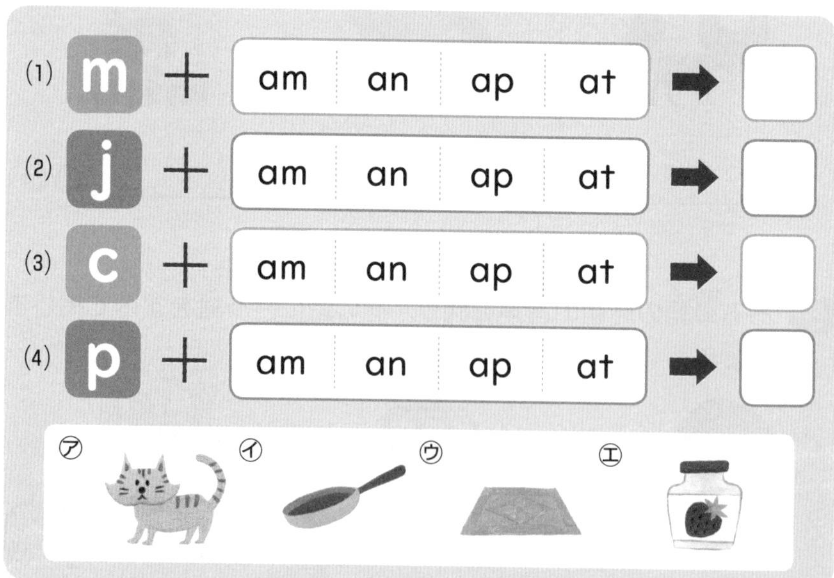

(1) m ＋ am an ap at →
(2) j ＋ am an ap at →
(3) c ＋ am an ap at →
(4) p ＋ am an ap at →
ア
イ
ウ
エ

3 音声を聞いて，絵を指しながら言いましょう。

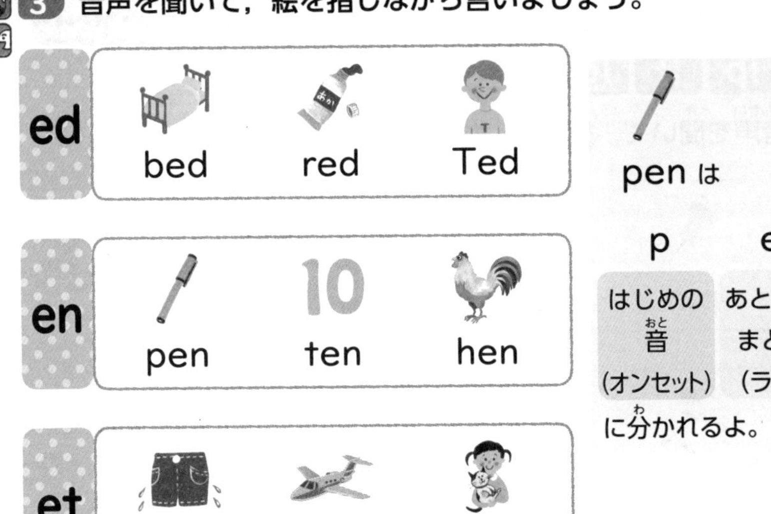

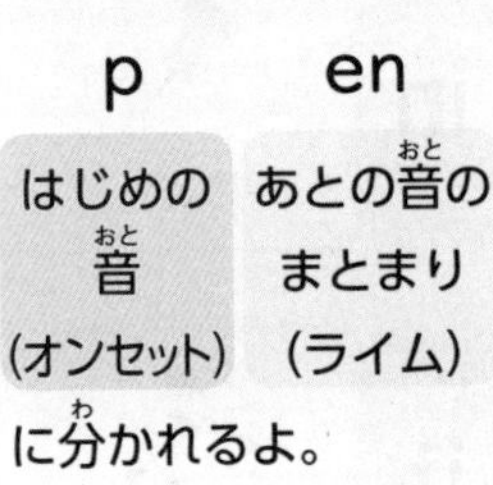

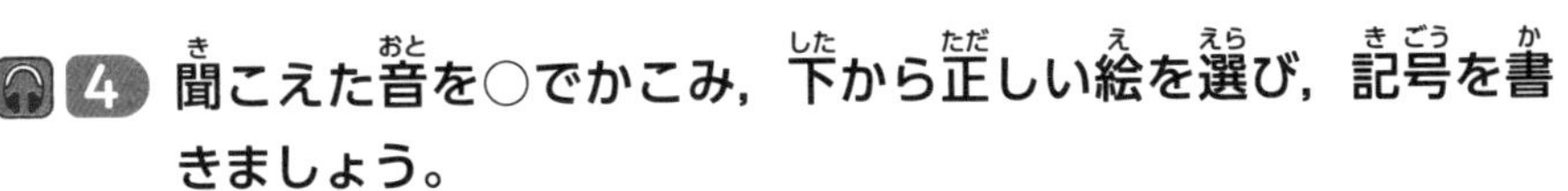

4 聞こえた音を○でかこみ，下から正しい絵を選び，記号を書きましょう。

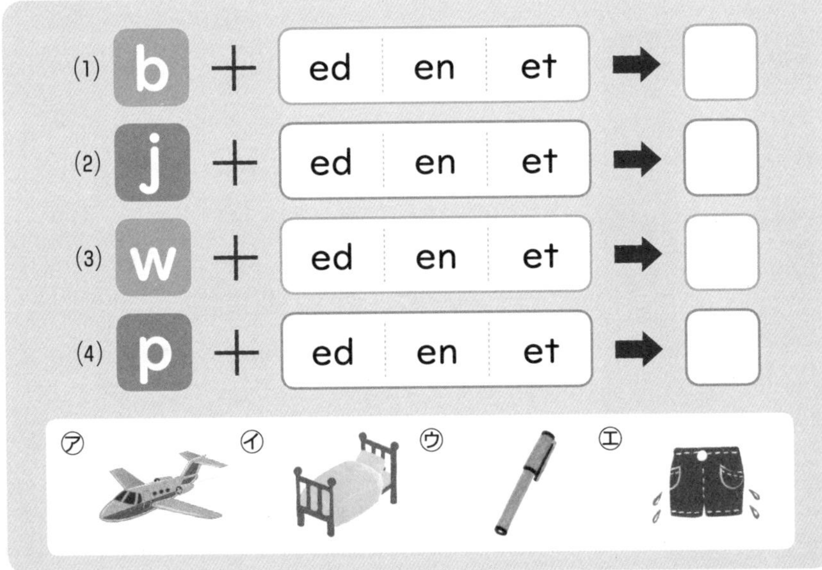

(1) b ＋ ed en et ➡ □

(2) j ＋ ed en et ➡ □

(3) w ＋ ed en et ➡ □

(4) p ＋ ed en et ➡ □

㋐ ㋑ ㋒ ㋓

解答 p.446

1 音声(おんせい)を聞(き)いて，絵(え)を指(さ)しながら言(い)いましょう。

2 聞(き)こえた音(おと)を○でかこみ，下(した)から正(ただ)しい絵(え)を選(えら)び，記号(きごう)を書(か)きましょう。

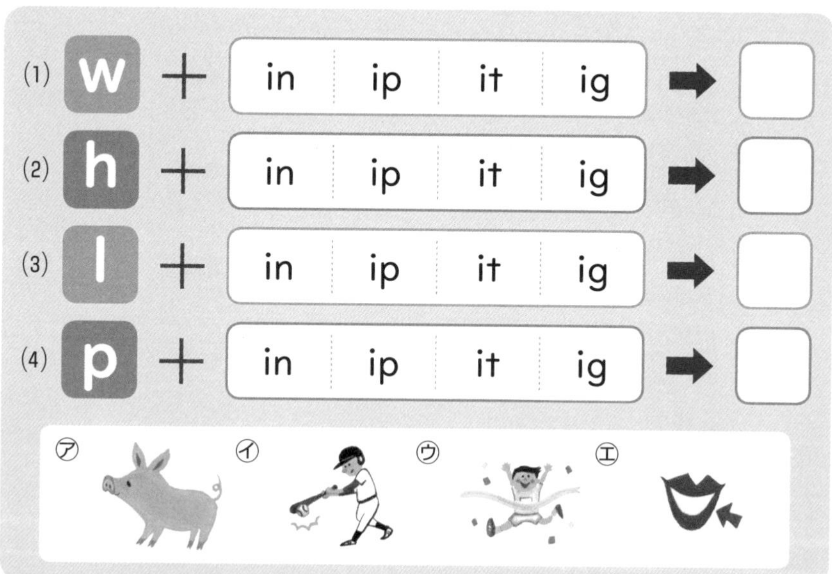

(1) w + in ip it ig →
(2) h + in ip it ig →
(3) l + in ip it ig →
(4) p + in ip it ig →
ア
イ
ウ
エ

3 音声を聞いて，絵を指しながら言いましょう。

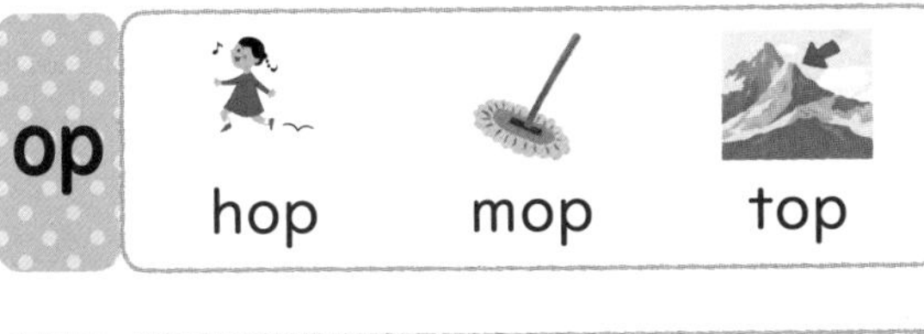

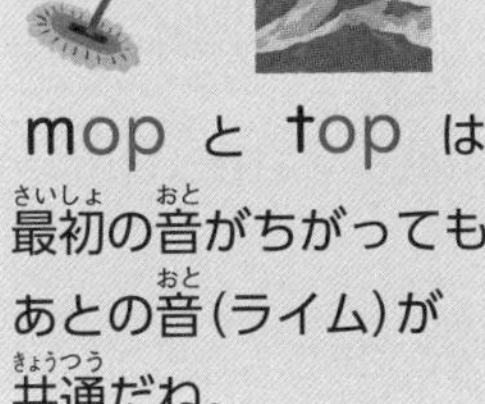

4 聞こえた音を○でかこみ，下から正しい絵を選び，記号を書きましょう。

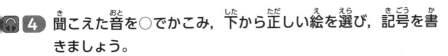

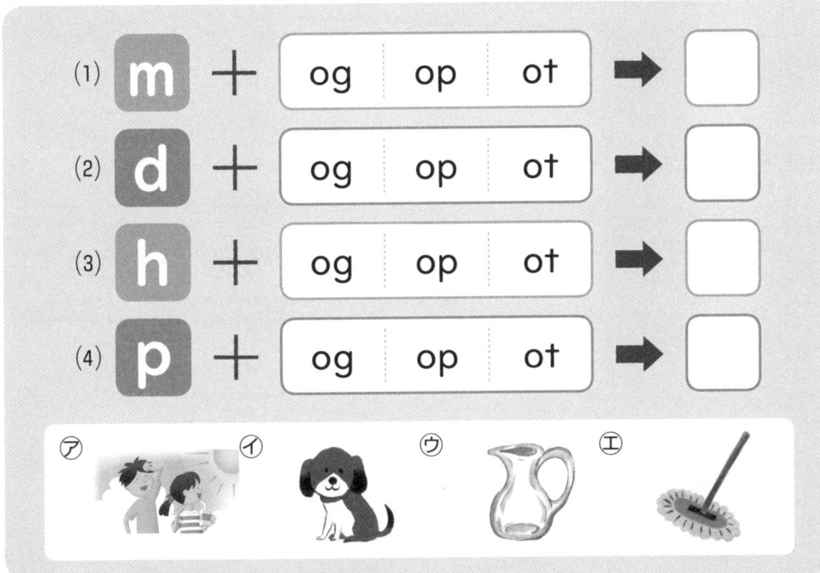

10 母音＋子音③

解答 p.446

ug un ut up

1 音声を聞いて，絵を指しながら言いましょう。

2 聞こえた音を○でかこみ，下から正しい絵を選び，記号を書きましょう。

11 Challenge! ①

解答 p.446

1 単語を読んで，その単語を表す絵をア〜ウから選びましょう。

(1) pan 

ア  イ  ウ 

(2) cut

ア  イ 

ウ 

(3) cap

ア  イ  ウ 

2 音声を聞いて，＿＿に小文字を書きましょう。

(1) 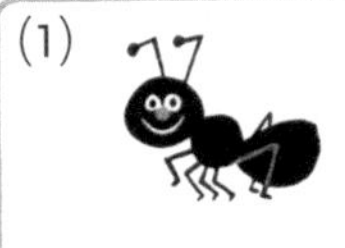

___nt

(2) 

___ ___s

(3) 

___ ___g

(4) 

___a___

(5) ink

___n___

(6) 

___et

(7) 

___i___

(8) 6

___ix

(9) 10

___ ___n

(10) 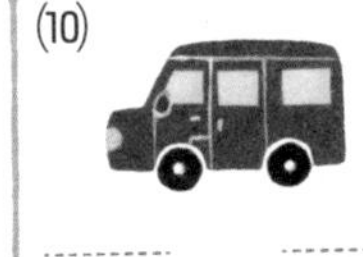

___a___

(11) 

___o___

(12) 

___oo

12 Magic-e ①

解答 p.447

「魔法の e」について学ぼう(1) a-e i-e

最後に e がつくとその前にある
a, e, i, o, u の読み方が名前読みに変わるよ！
このeを「魔法の e」というよ。

1 音の変化に気を付けながら書きましょう。

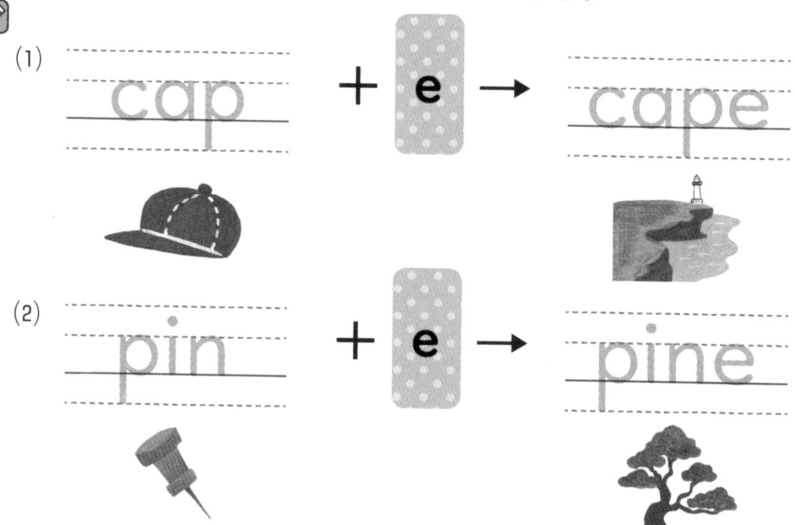

2 絵を指してジングルに合わせて言いましょう。

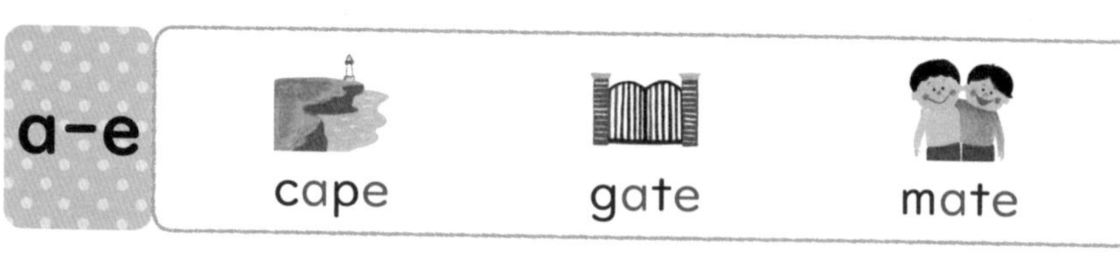

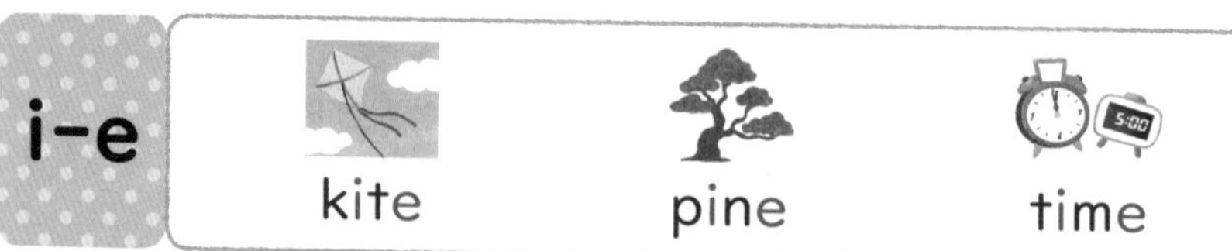

3 音声を聞いて，聞こえた単語の絵に○をつけましょう。

4 「魔法の e」のついた単語に気をつけて，声に出して読みましょう。

My name is Kate. I like cats.
My cat's name is Mike.
Mike is black and white.
I play *hide and seek with him.
Oh, no! There are five *mice in the hat.
I hate mice.

（*hide and seek かくれんぼ　mice ねずみたち）

5 次の絵を表す単語を 4 から探して書きましょう。

(1) K

(2)

(3)

13 Magic-e ②

解答 p.447

「魔法の e」について学ぼう(2) e-e o-e u-e

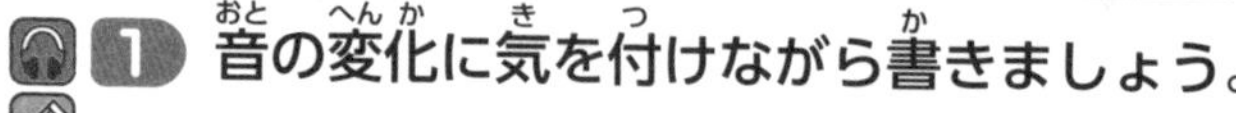

1 音の変化に気を付けながら書きましょう。

(1) not + e → note

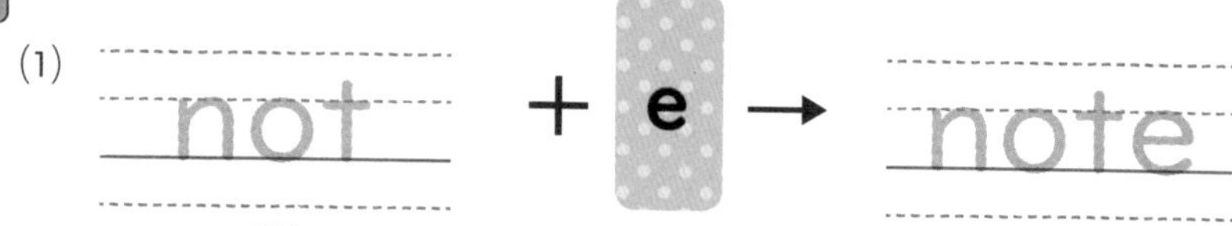

(2) tub + e → tube

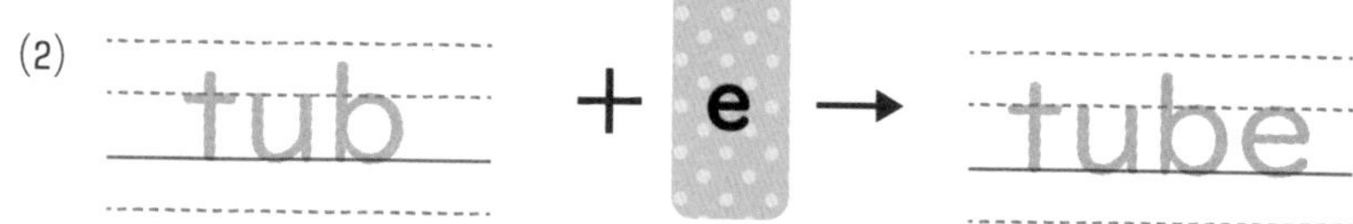

2 絵を指してジングルに合わせて言いましょう。

e-e

Pete

Steve

Eve

o-e

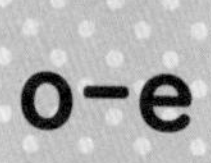

note

rose

cone

u-e

tube

cube

cute

3 音声を聞いて，聞こえた単語の絵に○をつけましょう。

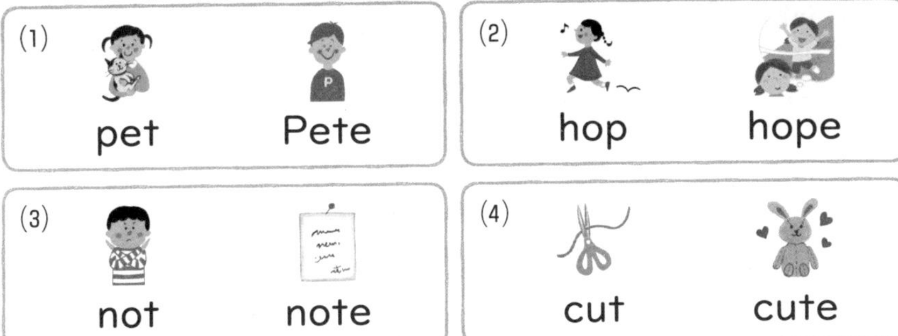

(1) pet　Pete

(2) hop　hope

(3) not　note

(4) cut　cute

4 「魔法の e」のついた単語に気をつけて，声に出して読みましょう。

Kate and Pete are classmates.
They like baseball.
They have a baseball game.
The score is five VS. nine.
Kate just hit a home run. Great job, Kate.
Pete hit too, and he is on second base.
Go! Pete. Go!

5 次の絵を表す単語を 4 から探して書きましょう。

(1) P

(2)

(3)

classmate+s → classmates,
base + ball → baseball
なので単語の最後でなくても
「魔法の e」だよ。

14 2重子音①

解答 p.447

sh ch th th ph wh
[θ] [ð]

2つの文字が合体すると新しい音になるよ！
音に注意して単語を聞いてみよう。

1 音声を聞いて，絵を指しながら言いましょう。

sh	 fish	 ship	 shell
ch	 chick	 chair	 cheese
th [θ]	 bath	 mouth	 three
th [ð]	 this	 that	 they
ph	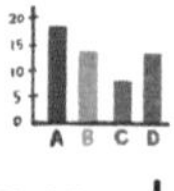 graph	 photo	 telephone
wh	 white	 whale	 what

2 音声(おんせい)を聞(き)いて，＿＿に小文字(こもじ)を書(か)きましょう。

(1) fi ＿ ＿

(2) ＿ ＿ air

(3) ＿ ＿ ip

(4) ba ＿ ＿

(5) ＿ ＿ ite

(6) ＿ ＿ is

(7) gra ＿ ＿

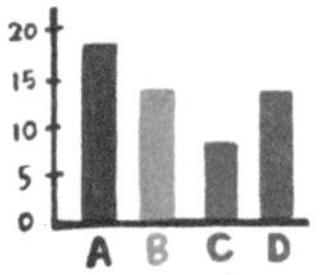

(8) ＿ ＿ eese

15 2重子音②

解答 p.447

bl br cl cr fl fr

2つの文字が合体し，音も合体！
音に注意して単語を聞いてみよう。

1 音声を聞いて，絵を指しながら言いましょう。

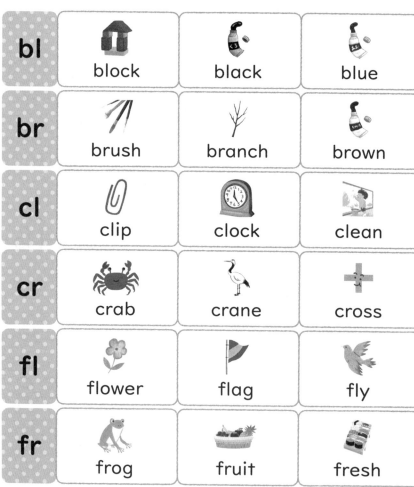

bl	block	black	blue
br	brush	branch	brown
cl	clip	clock	clean
cr	crab	crane	cross
fl	flower	flag	fly
fr	frog	fruit	fresh

2 音声(おんせい)を聞(き)いて，＿＿に小文字(こもじ)を書(か)きましょう。

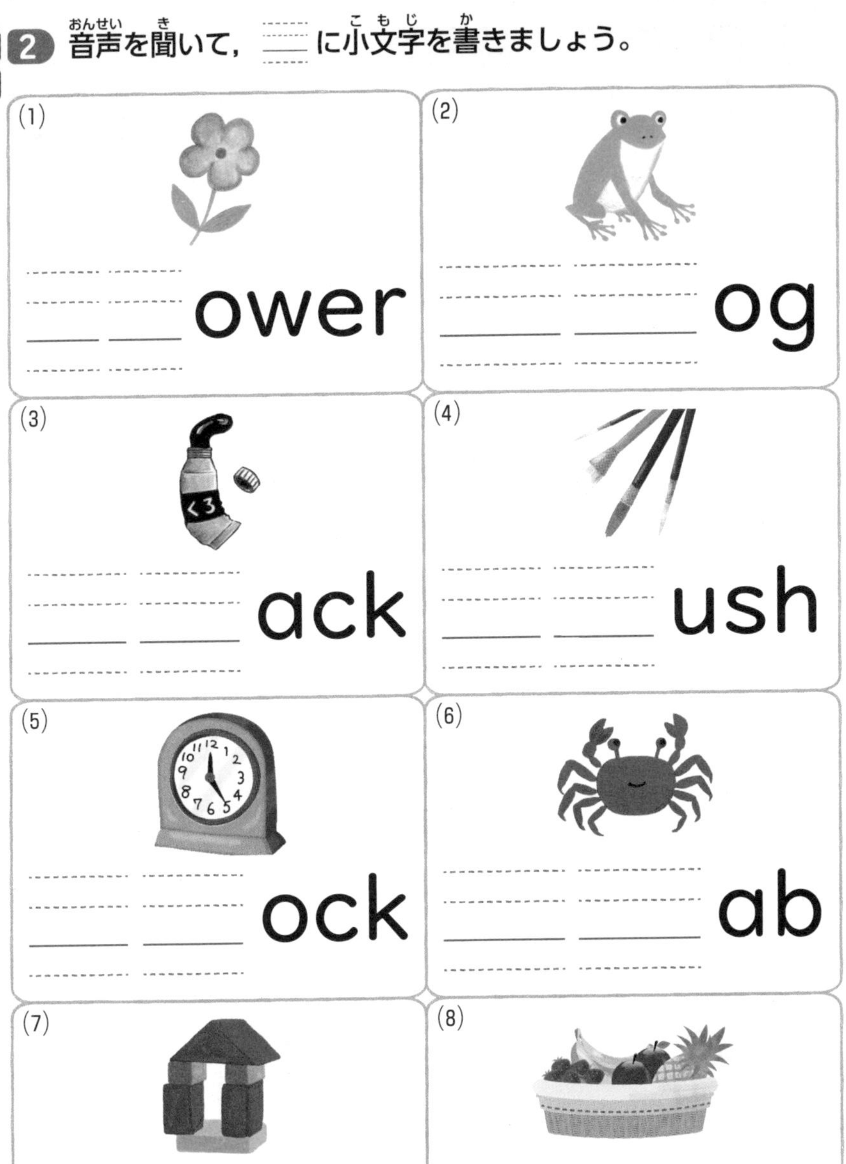

16 Challenge! ②

解答 p.447

1 単語を読んで，その単語を表す絵をア～ウから選びましょう。

(1)  gate　ア 　イ 　ウ 

(2) block　ア 　イ 

　ウ 

(3) ship　ア 　イ 　ウ 

2 音声を聞いて，___ に小文字を書きましょう。

(1) 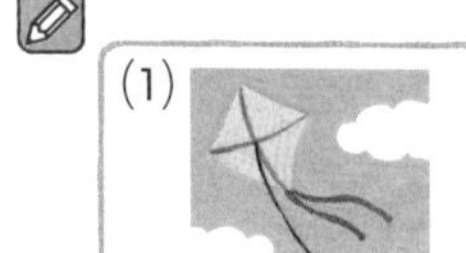 k___te	(2) t___pe	(3) 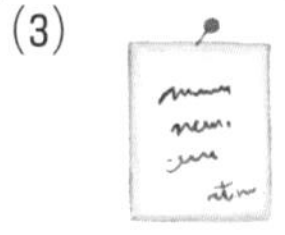 n___te	(4)  c___te
(5) 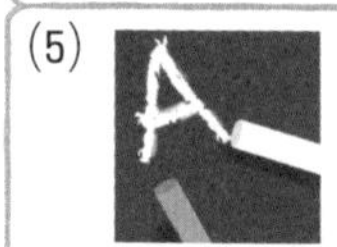 ______alk	(6)  ______oes	(7)  ______at	(8) 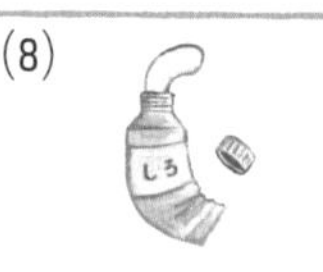 ______ite
(9)  ______ack	(10)  ______og	(11)  ______ab	(12)  ______ock

ここからスタート！

Part 2

いろいろな英単語を知ろう

英単語

身の回りにある基本的な英単語の発音，意味，つづりを学びます。テーマや目的，場面や状況に応じて多くの英単語を知り，使えるようになります。

学習することがら

1. 英単語とその意味を学ぶ
2. 英単語のつづりが分かる
3. 英単語を使った活動・問題に取り組む

1 Hi! How are you?
〈あいさつ〉

解答 p.448

1 みかとルークの話(はなし)を聞(き)きましょう。

Hi! How are you?
やあ！元気(げんき)？
I'm fine, and you?
元気(げんき)だよ，きみは？

2 単語(たんご)の音(おと)を聞(き)いて，声(こえ)に出(だ)して読(よ)んでみましょう。

Hi.
[hái]
やあ，こんにちは。

How are you?
[háu á:*r* jú:]
お元気(げんき)ですか。

Goodbye.
[gu*d*bái]
さようなら。

See you.
[sí: jú:]
さようなら。

Hello.
[helóu, hélou]
やあ，こんにちは。

Good morning.
[gúd mɔ́ːrniŋ]
おはようございます。

Good afternoon.
[gúd æ̀ftərnúːn]
こんにちは。

Good evening.
[gúd íːvniŋ]
こんばんは。

Good night.
[gúd náit]
おやすみなさい。

Good luck!
[gúd lʌ́k]
がんばってね！

Nice to meet you.
[náis túː míːt júː]
はじめまして。

Thank you.
[θǽŋk júː]
ありがとう。

You're welcome.
[júər wélkəm]
どういたしまして。

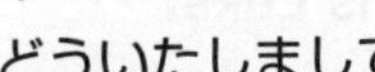

OK.
[òukéi]
いいよ。（だいじょうぶ。）

yes
[jés]
はい

no
[nóu]
いいえ

3 次のような場面でどのように言うか，書きましょう。

場面	あいさつ
(1) 朝起きて家族に会ったとき	
(2) お礼を言うとき	
(3) 夜，寝る前	

2 My name is ～.〈人〉

1 みかとルークの話を聞きましょう。

I'm Mika. What's your name?
わたしはみかです。あなたの名前は何ですか。
My name is Luke.
ぼくの名前はルークです。

2 単語の音を聞いて，声に出して読んでみましょう。

I 5級
[ái]
わたしは〔が〕

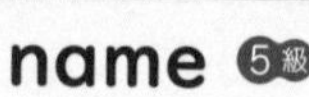

my 5級
[mái]
わたしの

me 5級
[míː]
わたしを〔に〕

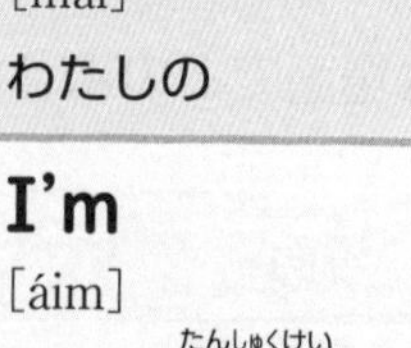

I'm
[áim]
I am の短縮形

name 5級
[néim]
氏名，名前

nickname
[níknèim]
あだ名，ニックネーム

you 5級
[júː]
あなた(たち)は〔を, に〕

your 5級
[júər]
あなた（たち）の

we 5級
[wíː]
わたしたちは

our 5級
[áuər]
わたしたちの

boy 5級
[bɔ́i]
男の子，少年

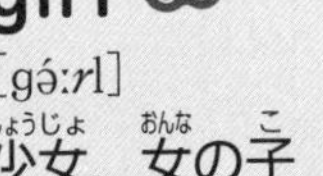

girl 5級
[gə́ːrl]
少女，女の子

he 5級
[híː]
彼は，彼が

she 5級
[ʃíː]
彼女は，彼女が

3 例にならって，自分の名前を紹介してから家族や友だちの名前をたずねて，書きましょう。

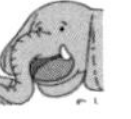

My name is .... What's your name?

どんな人	名前
自分	
(例) 母	Risa

3 English Four starts on Friday night.

〈曜日・時間など〉

1 ルークとみかの話を聞きましょう。

What day is it today?

今日は何曜日？

It's Friday.

English Four starts on Friday night!

金曜日よ。金曜日の夜は English Four ね！

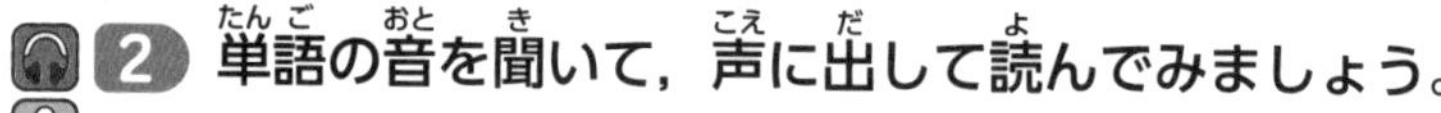

2 単語の音を聞いて，声に出して読んでみましょう。

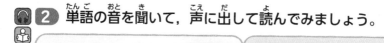

Sunday

[sʌ́ndèi]

日曜日

Monday

[mʌ́ndèi]

月曜日

Tuesday

[tʃú:zdèi]

火曜日

Wednesday

[wénzdèi]

水曜日

Thursday
[θə́ːrzdèi]
木曜日

Friday
[fráidèi]
金曜日

Saturday
[sǽtərdèi]
土曜日

today 5級
[tədéi]
今日

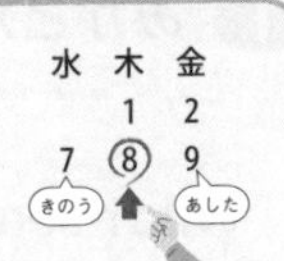

morning 5級
[mɔ́ːrniŋ]
朝，午前

afternoon 5級
[æftərnúːn]
午後

evening 5級
[íːvniŋ]
夕方，晩

night 5級
[náit]
夜，晩

day 5級
[déi]
日，1日

time 5級
[táim]
時刻，時間

o'clock
[əklák]
(ちょうど) ～時

year 5級
[jíər]
年

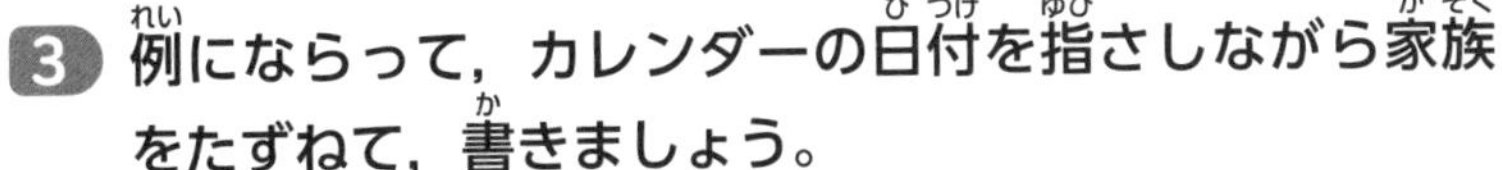

3 例にならって，カレンダーの日付を指さしながら家族に曜日をたずねて，書きましょう。

What day is it (today)?

日付	曜日
(例) 5/15	Friday

4 I like summer.
〈季節・月〉

1 みかとルークの話を聞きましょう。

What season do you like?
どの季節が好き？

I like summer.
ぼくは夏が好きだよ。

When is your birthday?
誕生日はいつ？

My birthday is in August.
8月だよ。

2 単語の音声を聞いて，声に出して読んでみましょう。

season [síːzn] 季節 4級

spring
[spríŋ]
春

summer
[sʌ́mər]
夏

autumn/fall
[ɔ́ːtəm] [fɔ́ːl]
秋

winter
[wíntər]
冬

month [mʌ́nθ] 月(つき)

January [dʒǽnjuèri] 1月(がつ) 	**February** [fébruèri] 2月(がつ) 
March [mɑ́:rtʃ] 3月(がつ) 	**April** [éiprəl] 4月(がつ) 
May [méi] 5月(がつ) 	**June** [dʒú:n] 6月(がつ) 
July [dʒulái] 7月(がつ) 	**August** [ɔ́:gəst] 8月(がつ) 
September [septémbər] 9月(がつ) 	**October** [ɑktóubər] 10月(がつ) 
November [nouvémbər] 11月(がつ) 	**December** [disémbər] 12月(がつ) 

3 例(れい)にならって，家族(かぞく)や友(とも)だちの誕生月(たんじょうづき)や季節(きせつ)をたずねて，書(か)きましょう。

When is your birthday?

名前(なまえ)	誕生月(たんじょうづき)	季節(きせつ)
（例(れい)）Mary	August	summer

5 What color do you have? 〈色〉

1 みかとルークの話を聞きましょう。

What color do you have?
何色を持っているの？

I have blue and white.
青色と白色だよ。

2 単語の音を聞いて，声に出して読んでみましょう。

color 5級
[kʌ́lər]
色

red
[réd]
赤

blue
[blúː]
青

white
[hwáit]
白

green
[gríːn]
緑色

pink
[píŋk]
ピンク，もも色

orange
[ɔ́ːrindʒ]
オレンジ色

yellow
[jélou]
黄色

brown
[bráun]
茶色，かっ色

purple
[pə́ːrpl]
紫色

black
[blǽk]
黒

gray
[gréi]
灰色

gold
[góuld]
金

silver
[sílvər]
銀

sky blue
[skái blúː]
水色

rainbow
[réinbòu]
虹

3 例にならって，家族や友だちが身につけているものの色をたずねて，書きましょう。

名前	身につけているものの色
(例) Makoto	green

6 What shape do you see?
〈形〉

解答 p.448

1 みかとルークの話を聞きましょう。

What shape do you see?
どんな形が見える？
I see a heart.
ハート形が見えるよ。

2 単語の音を聞いて，声に出して読んでみましょう。

shape 3級
[ʃéip]
形

heart
[hɑ́:rt]
ハート形

circle 3級
[sə́:rkl]
円，丸，円形のもの，輪

diamond
[dáiəmənd]
ひし形，ダイヤモンド形

rectangle
[réktæŋgl]
長方形

star 3級
[stɑ́ːr]
星，星印

triangle
[tráiæŋgl]
三角形

square
[skwéər]
真四角，正方形

cross 3級
[krɔ́ːs]
十字形

line 4級
[láin]
線，直線

pentagon
[péntəgɑ̀n]
五角形

oval
[óuvl]
卵形，楕円形

3 例にならって，次の国旗の中にどんな形が見えるか家族や友だちにたずねて，書きましょう。

① 

② 

③ 

④ 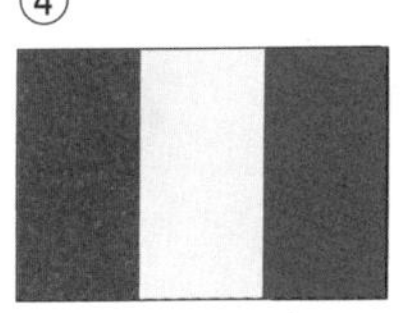

What shape do you see?

国旗の番号	形
①	（例） circle
②	
③	
④	

7 Let's do math!
〈数字〉

解答 p.448

1 みかとルークの話を聞きましょう。

Let's do math!
What is the area of this shape?
算数をしましょう！
この形の面積は？
Three times six is eighteen centimeters squared.
3 × 6 = 18 (cm²) だね。

2 単語の音を聞いて，声に出して読んでみましょう。

number [nʌ́mbər] 数字

one 5級 [wʌ́n] 1	**two** 5級 [túː] 2	**three** 5級 [θríː] 3	**four** 5級 [fɔ́ːr] 4
five 5級 [fáiv] 5	**six** 5級 [síks] 6	**seven** 5級 [sévn] 7	**eight** 5級 [éit] 8

nine 5級
[náin]
9
ten 5級
[tén]
10
eleven 5級
[ilévn]
11
twelve 5級
[twélv]
12
thirteen
[θə̀ːrtíːn]
5級
13
fourteen
[fɔ̀ːrtíːn]
5級
14
fifteen 5級
[fìftíːn]
15
sixteen
[sìkstíːn]
5級
16
seventeen
[sèvntíːn]
5級
17
eighteen
[èitíːn]
5級
18
nineteen
[nàintíːn]
5級
19
twenty
[twénti]
5級
20
thirty 5級
[θə́ːrti]
30
forty 5級
[fɔ́ːrti]
40
fifty 5級
[fífti]
50
sixty 5級
[síksti]
60
seventy
[sévnti]
5級
70
eighty 5級
[éiti]
80
ninety 5級
[náinti]
90
hundred
[hʌ́ndrəd]
5級
100
zero 5級
[zíːrou]
0

3 例にならって，次の計算式を英語で書き，声に出して読みましょう。

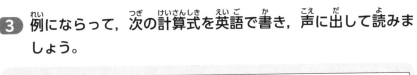

(例)	1+3=4	One plus three is four.
(1)	5+10=15	______ plus ______ is ______.
(2)	16−4=12	______ minus ______ is ______.
(3)	7×10=70	______ times ______ is ______.

8 The second class is English.
〈順番〉

1 みかとルークの話を聞きましょう。

Today, the **second** class is ....
今日の２時間目の授業は…。

2 単語の音を聞いて，声に出して読んでみましょう。

order [ɔ́ːrdər] 順番

first ③級 [fə́ːrst] １番目，１日	**second** [sékənd] ２番目，２日	**third** [θə́ːrd] ３番目，３日
fourth [fɔ́ːrθ] ４番目，４日	**fifth** [fífθ] ５番目，５日	**sixth** [síksθ] ６番目，６日

seventh [sévnθ] 7番目，7日	**eighth** [éiθ] 8番目，8日	**ninth** [náinθ] 9番目，9日
tenth [ténθ] 10番目，10日	**eleventh** [ilévnθ] 11番目，11日	**twelfth** [twélfθ] 12番目，12日
thirteenth [θə̀:*r*tí:nθ] 13番目，13日	**fourteenth** [fɔ̀:*r*tí:nθ] 14番目，14日	**fifteenth** [fiftí:nθ] 15番目，15日
sixteenth [sìkstí:nθ] 16番目，16日	**seventeenth** [sèvntí:nθ] 17番目，17日	**eighteenth** [èití:nθ] 18番目，18日
nineteenth [nàintí:nθ] 19番目，19日	**twentieth** [twéntiəθ] 20番目，20日	**thirtieth** [θə́:*r*tiəθ] 30番目，30日

3 例にならって，カレンダーを見ながら家族や友だちに日付を指さしてもらって，書きましょう。

曜日	日付
（例）最初の月曜日	April sixth
2週目の金曜日	
3週目の土曜日	

9 What's the weather today?
〈天気〉

1 ルークとエマの話を聞きましょう。

What's the weather today?
今日の天気はどう？

It's cloudy.
くもりよ。

2 単語の音を聞いて，声に出して読んでみましょう。

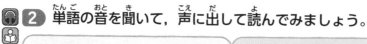

weather 5級
[wéðər]
天気，天候

sunny 5級
[sʌ́ni]
晴れた

cloudy 3級
[kláudi]
くもった，くもりの

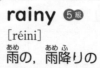

rainy 5級
[réini]
雨の，雨降りの

snowy 3級

[snóui]

雪(ゆき)の多(おお)い

windy

[wíndi]

風(かぜ)のふく，風(かぜ)の強(つよ)い

warm 3級

[wɔ́ːrm]

暖(あたた)かい，温(あたた)かい

cold

[kóuld]

寒(さむ)い，冷(つめ)たい

sun 4級

[sʌ́n]

太陽(たいよう)，日光(にっこう)

cloud 4級

[kláud]

雲(くも)

rain 5級

[réin]

雨(あめ)，雨(あめ)が降(ふ)ること

snow 5級

[snóu]

雪(ゆき)

wind 3級

[wínd]

風(かぜ)

stormy

[stɔ́ːrmi]

あらしの

thunder

[θʌ́ndər]

かみなり

typhoon 3級

[taifúːn]

台風(たいふう)

3 例(れい)にならって，家族(かぞく)や友(とも)だちに色々(いろいろ)な地域(ちいき)の天気(てんき)をたずねて，書(か)きましょう。

What's the weather in Tokyo?

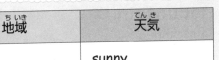

名前(なまえ)	地域(ちいき)	天気(てんき)
（例(れい)）Lisa	Tokyo	sunny

10 Try outdoor activities! 〈自然・植物〉

1 みかとルークの話を聞きましょう。

Are you interested in mountains?
山に興味がある？
Yes. Let's try outdoor activities together!
あるよ。いっしょに野外活動しようよ！

2 単語の音を聞いて，声に出して読んでみましょう。

mountain 5級
[máuntn]
山

beach 5級
[bíːtʃ]
（海・湖の）はま，はまべ

sea 4級
[síː]
海

river 5級
[rívər]
川

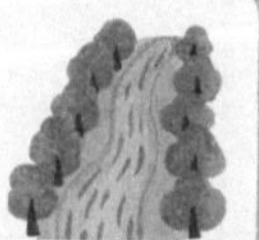

lake
[léik]
湖

nature 3級
[néitʃər]
自然

tree 5級
[trí:]
木

forest 3級
[fɔ́:rist]
森林

flower 5級
[fláuər]
花

tulip
[tjú:lip]
チューリップ

wild animal
[wáild ǽnəml]
野生の動物

grass 3級
[grǽs]
草，しばふ

camp 5級
[kǽmp]
キャンプ

picnic
[píknik]
ピクニック

sky 4級
[skái]
空

barbecue 3級
[bá:rbikjù:]
バーベキュー

3 例にならって，家族や友だちが次のような場所や活動に興味があるかたずねて，書きましょう。

Are you interested in rivers?

場所や活動	名前	興味があるか
(例) river	Alex	○
sea		

11 What kind of pet do you want?

〈動物〉

1 みかとルークの話を聞きましょう。

What kind of pet do you want?
どんなペットがほしい？
I want to have a rabbit.
ぼくはウサギを飼いたいな。

2 単語の音を聞いて，声に出して読んでみましょう。

animal 5級
[ǽnəml]
動物

rabbit
[rǽbit]
〔動物〕ウサギ

dog
[dɔ́(:)g]
〔動物〕犬

cat
[kǽt]
〔動物〕ネコ

bear
[béər]
〔動物〕クマ

cow
[káu]
〔動物〕めすのウシ

panda ③級 [pǽndə] 〔動物〕パンダ 	**horse** ③級 [hɔ́:rs] 〔動物〕ウマ 
sheep [ʃí:p] 〔動物〕ヒツジ 	**tiger** ③級 [táigər] 〔動物〕トラ 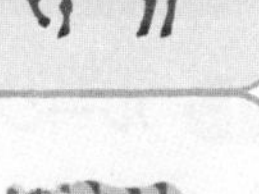
elephant ③級 [éləfənt] 〔動物〕ゾウ 	**gorilla** [gəríIə] 〔動物〕ゴリラ 
lion [láiən] 〔動物〕ライオン 	**monkey** [mʌ́ŋki] 〔動物〕サル 
fox [fáks] 〔動物〕キツネ 	**zebra** [zí:brə] 〔動物〕シマウマ 
squirrel [skwə́:rəl] 〔動物〕リス 	**pig** [píg] 〔動物〕ブタ 

3 例にならって，家族や友だちにどんな動物を飼いたいかたずねて，書きましょう。

What kind of pet do you want?

名前	飼いたい動物
（例）Tom	cat

12 Where do they live?

〈鳥・魚・昆虫・他生き物〉

1 ルークとみかの話を聞きましょう。

Look. Those are **sharks**. Where do they live?
見てごらん。あれらはサメだよ。
彼らはどこにすんでいるのかな？

In the sea.
海の中よ。

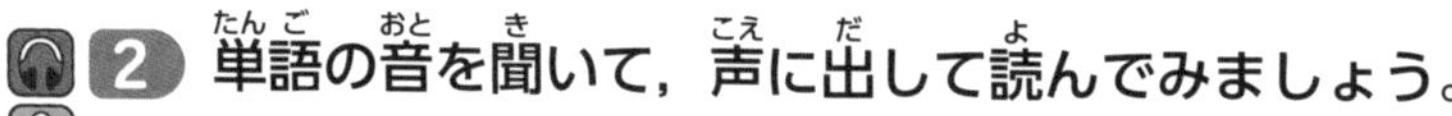

2 単語の音を聞いて，声に出して読んでみましょう。

shark
[ʃáːrk]
〔魚〕サメ類

bird 5級
[bə́ːrd]
鳥

penguin
[péŋgwin]
〔鳥〕ペンギン

owl
[ául]
〔鳥〕フクロウ

duck
[dʌ́k]
〔鳥〕アヒル，カモ
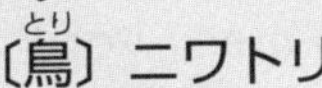

swallow
[swɑ́lou]
〔鳥〕ツバメ

chicken 5級
[tʃíkin]
〔鳥〕ニワトリ

salmon
[sǽmən]
〔魚〕サケ

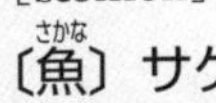

bug
[bʌ́g]
虫，昆虫

butterfly
[bʌ́tərflài]
〔昆虫〕チョウ

ant
[ǽnt]
〔昆虫〕アリ

bee
[bíː]
〔昆虫〕ミツバチ，ハチ

grasshopper
[grǽshɑ́pər]
〔昆虫〕キリギリス

beetle
[bíːtl]
〔昆虫〕カブトムシ

spider
[spáidər]
クモ

dragon
[drǽgən]
りゅう，ドラゴン

3 例にならって，いろいろな生き物のすんでいる場所を家族や友だちにたずねて，書きましょう。

Where do ducks live?

生き物	すんでいる場所
（例）ducks	near the lake

13 Show them around school!

〈学校・教室〉

1 ルークとみかの話を聞きましょう。

Nice to meet you!
はじめまして。

I'll show you around our school!
Here is the classroom.
わたしたちの学校を案内するわ！
ここが教室よ。

2 単語の音を聞いて，声に出して読んでみましょう。

school 5級
[skúːl]
学校

classroom
[klǽsrùːm]
教室

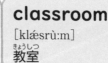

entrance 3級
[éntrəns]
玄関，昇降口

playground
[pléigràund]
運動場

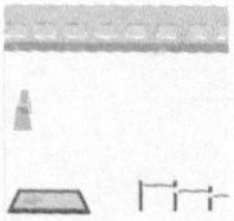

gym 3級
[dʒím]
たいいくかん
体育館

library 3級
[láibreri]
と しょかん　と しょしつ
図書館，図書室

music room
[mjú:zik rú:m]
おんがくしつ
音楽室

English room
[íŋgliʃ rú:m]
えい ご きょうしつ
英語教室

home economics room
[hóum ì:kənámiks rú:m]
か てい か しつ
家庭科室

corridor
[kɔ́:ridər]
ろうか

school nurse's office
[skú:l nə́:rsiz ɔ́:fis]
しつ
ほけん室

school principal's office
[skú:l prinsəplz ɔ́:fis]
こうちょうしつ
校長室

teachers' office
[tí:tʃərz ɔ́:fis]
しょくいんしつ
職員室
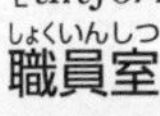

hall 4級
[hɔ́:l]
こうかいどう
ホール，公会堂

stairs 3級
[stéərz]
かいだん
階段

swimming pool
[swímiŋ pú:l]
すいえいよう
（水泳用の）プール

student 5級
[stjú:dnt]
がくせい　せい と
学生，生徒

homeroom teacher
[hóumrù:m tí:tʃər]
たんにん　せんせい
担任の先生

school nurse
[skú:l nə́:rs]
しつ　せんせい
ほけん室の先生

principal
[prínsəpl]
こうちょうせんせい
校長先生

classmate 5級
[klǽsmèit]
きゅうゆう
級友，クラスメート
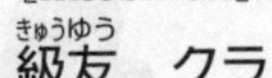

class 5級
[klǽs]
じゅぎょう
授業，クラス

blackboard
[blǽkbɔ̀ːrd]
黒板(こくばん)

alphabet
[ǽlfəbèt]
アルファベット

club activities
[klʌ́b æktívətiz]
クラブ活動(かつどう)

stage
[stéidʒ]
舞台(ぶたい)，ステージ

tennis court
[ténis kɔ́ːrt]
テニスコート

cafeteria
[kæ̀fətíriə]
カフェテリア（セルフサービス式(しき)の食堂(しょくどう)）

locker
[lɑ́kər]
ロッカー

computer 5級
[kəmpjúːtər]
コンピュータ

shoe box
[ʃúː bɑ́ks]
くつ箱(ばこ)

garbage can
[gɑ́ːrbidʒ kǽn]
ごみ箱(ばこ)

中学校(ちゅうがっこう) (junior high school) でのクラブ活動(かつどう)にはこんなものがあるよ。

- baseball team(野球部(やきゅうぶ))
- soccer team(サッカー部(ぶ))
- judo team(柔道部(じゅうどうぶ))
- badminton team(バドミントン部(ぶ))
- basketball team(バスケットボール部(ぶ))
- track and field team(陸上部(りくじょうぶ))
- softball team(ソフトボール部(ぶ))
- volleyball team(バレーボール部(ぶ))
- science club(科学部(かがくぶ))
- art club(美術部(びじゅつぶ))
- chorus(合唱部(がっしょうぶ))
- brass band(吹奏楽部(すいそうがくぶ))
- calligraphy club(書道部(しょどうぶ))
- broadcasting club(放送部(ほうそうぶ))
- computer club(コンピュータ部(ぶ))
- newspaper club(新聞部(しんぶんぶ))

3 例にならって，自分の学校の案内図を作って，家族や友だちにしょうかいしましょう。

I'll show you around my school!
Here is the swimming pool.

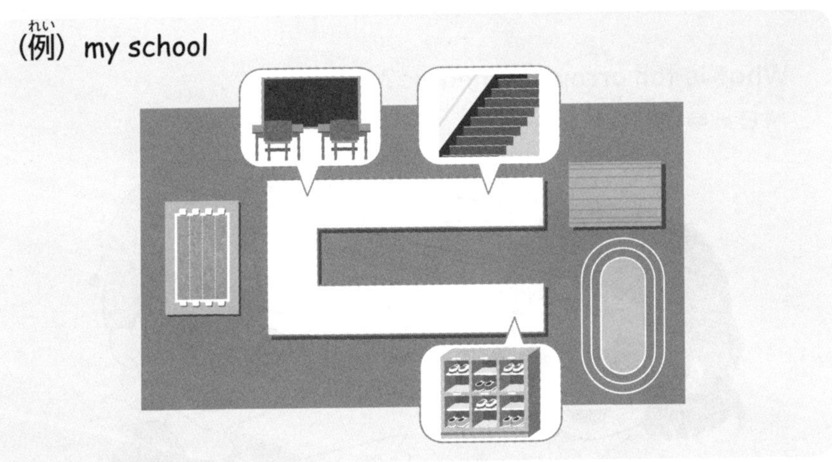

14 What is tomorrow's schedule?
〈教科〉

1 みかとルークの話を聞きましょう。

What is tomorrow's schedule?
明日の時間割は何だっけ？

時間割

We have P.E. and English!
体育と英語だよ！

2 単語の音を聞いて，声に出して読んでみましょう。

subject 5級
[sʌ́bdʒikt]
教科，科目

P.E.
[píːíː]
〔教科〕体育

English 5級
[íŋgliʃ]
〔教科〕英語

Japanese
[dʒæ̀pəníːz]
〔教科〕国語

math 5級
[mǽθ]
〔教科〕算数，数学

social studies
[sóuʃl stʌ́diz]
〔教科〕社会科

home economics
[hóum ìːkənɑ́miks]
〔教科〕家庭科

calligraphy
[kəlígrəfi]
〔教科〕書道

moral education
[mɔ́ːrəl èdʒəkéiʃən]
〔教科〕道徳

science 3級
[sáiəns]
〔教科〕科学，自然科学，理科

arts and crafts
[ɑ́ːrts ənd krǽfts]
〔教科〕図画工作

music
[mjúːzik]
〔教科〕音楽

school lunch
[skúːl lʌ́ntʃ]
給食

schedule 3級
[skédʒuːl]
予定（表）

	月	火	水	木	金	土
1						
2						
3						
4						

3 例にならって，家族や友だちに時間割をたずねて，時間割表を完成させましょう。

	Mon	Tue	Wed	Thu	Fri
1	(例)math				
2	English				
3	P.E.				
4	science				
5	Japanese				
6	moral education				

15 Do you have a brown crayon?

〈文房具〉

1 みかとルークの話を聞きましょう。

Do you have a brown crayon?
Can I borrow it?
茶色のクレヨンを持ってる？
貸してもらえる？

Sure. Here you are.
いいよ。はい，どうぞ。

2 単語の音を聞いて，声に出して読んでみましょう。

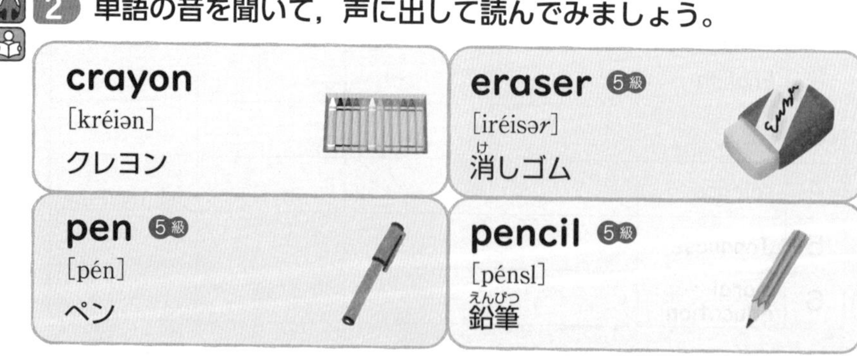

ink 5級
[íŋk]
インク

glue stick
[glú: stík]
接着剤，のり

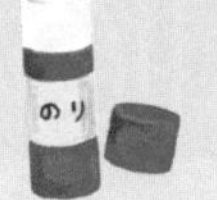

ruler
[rú:lər]
定規

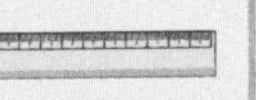

scissors 3級
[sízərz]
はさみ

marker
[má:rkər]
マーカー

stapler
[stéiplər]
ホッチキス

pencil case
[pénsl kèis]
筆箱

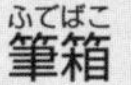

magnet
[mǽgnit]
磁石

dictionary 5級
[díkʃənèri]
辞書，辞典

letter 5級
[létər]
手紙

notebook 5級
[nóutbùk]
ノート

textbook 5級
[tékstbùk]
教科書，教本

3 例にならって，2つの文房具について，家族や友だちが持っているかどうかたずねて，書きましょう。

名前	持っている文房具			
(例) Jane	ruler	○	dictionary	×

16 When is the sports day?
〈学校行事〉

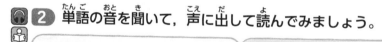

1 ルークとみかの話を聞きましょう。

When is the sports day?
運動会はいつだっけ？
10 October
1 2 3
4 5 6 7 8 9 10
11 12 13 14 15 16 17
18 19 20 21 22 23
Luke
Mika
It's October 3rd.
My family will come to the event!
10月3日よ。
その行事にわたしの家族が来る予定なの！

2 単語の音を聞いて，声に出して読んでみましょう。

event 3級
[ivént]
行事

sports day
[spɔ́:rts dèi]
運動会

school trip
[skú:l tríp]
修学旅行

field trip
[fí:ld trìp]
遠足

entrance ceremony
[éntrəns sérəmòuni]
入学式

graduation ceremony
[grædʒuéiʃn sérəmòuni]
卒業式

music festival
[mjú:zik féstəvl]
音楽祭

drama festival
[drá:mɑ féstəvl]
えんげき祭

volunteer day
[vɑ̀ləntíər déi]
ボランティアの日

swimming meet
[swímiŋ mí:t]
水泳大会

speech contest
[spí:tʃ kántest]
スピーチコンテスト

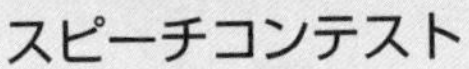

spring vacation
[spríŋ veikéiʃn]
春休み

summer vacation
[sʌ́mər veikéiʃn]
夏休み

winter vacation
[wíntər veikéiʃn]
冬休み

3 例にならって，家族や友だちに学校行事の日程をたずねて，行事と日付を書きましょう。

When is the entrance ceremony?

(例) entrance ceremony			
April ninth			

17 What sports are there in the Olympics?

〈スポーツ・クラブ名〉

1 みかとルークの話を聞きましょう。

What sports are there in the Olympics?
オリンピックにはどんな競技があるの？
祝
オリンピック
Soccer, swimming, tennis ... so many!
I want to watch archery in the Olympics.
サッカー，水泳，テニス…たくさんあるね！
ぼくはオリンピックでアーチェリーを見たいな。

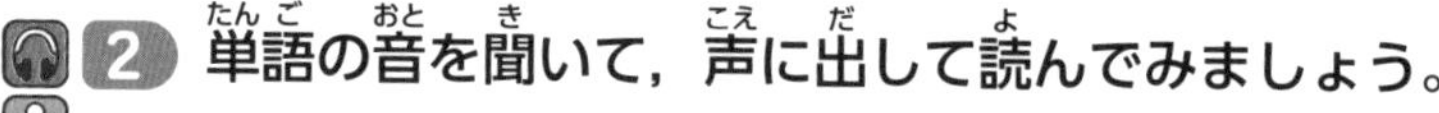

2 単語の音を聞いて，声に出して読んでみましょう。

the Olympics
[ði əlímpiks]
オリンピック競技大会

the Paralympics
[ðə pæ̀rəlímpiks]
パラリンピック競技大会

sport 5級
[spɔ́:rt]
スポーツ

archery
[ɑ́:rtʃəri]
アーチェリー

athletics
[æθlétiks]
運動競技

badminton
[bǽdmintən]
バドミントン

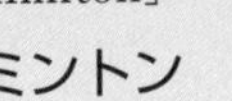

baseball
[béisbɔ̀:l]
野球

basketball
[bǽskitbɔ̀:l]
バスケットボール

wheelchair basketball
[*h*wí:ltʃèər bǽskitbɔ̀:l]
車いすバスケットボール

boxing
[bɑ́ksiŋ]
ボクシング

canoe
[kənú:]
カヌー

cycling 4級
[sáikliŋ]
サイクリング

diving
[dáiviŋ]
とびこみ

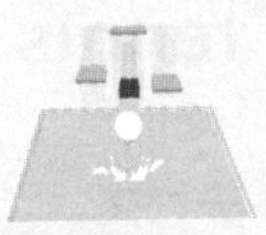

dodgeball
[dɑ́dʒbɔ̀:l]
ドッジボール

fencing
[fénsiŋ]
フェンシング

figure skating
[fígjər skèitiŋ]
フィギュアスケート

football 5級
[fútbɔ̀:l]
フットボール

gymnastics
[dʒimnǽstiks]
体操

ice hockey
[áis hɑ̀ki]
アイスホッケー

judo
[dʒú:dou]
柔道

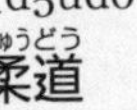

marathon
[mǽrəθɑ̀n]
マラソン

rugby
[rʌ́gbi]
ラグビー

sailing
[séiliŋ]
ヨット競技

ski jumping
[skí: dʒʌ́mpiŋ]
スキージャンプ

snowboarding
[snóubɔ̀:rdiŋ]
スノーボード（競技）

soccer
[sákər]
サッカー

blind soccer
[bláind sákər]
ブラインドサッカー

softball
[sɔ́:ftbɔ̀:l]
ソフトボール

surfing
[sə́:rfiŋ]
サーフィン

swimming
[swímiŋ]
水泳

table tennis
[téibl tènis]
卓球

tennis
[ténis]
テニス

wheelchair tennis
[hwí:ltʃèər ténis]
車いすテニス

track and field
[trǽk ən fí:ld]
陸上競技

triathlon
[tràiǽθlən]
トライアスロン

volleyball
[válibɔ̀:l]
バレーボール

sitting volleyball
[sítiŋ válibɔ̀:l]
シッティングバレーボール

weightlifting
[wéitlìftiŋ]
重量挙げ

wrestling
[résliŋ]
レスリング

team 5級
[tí:m]
チーム

3 自分がオリンピックやパラリンピックで見てみたい競技を書きましょう。また，例にならって，家族や友だちにどんな競技を見たいかたずねて，書きましょう。

archery
badminton
baseball
basketball
wheelchair basketball
canoe
diving
soccer
judo
swimming
table tennis
tennis
wheelchair tennis
volleyball
sitting volleyball
wrestling

What sports do you want to watch in the Olympics / the Paralympics?

名前	見たい競技
（例）Kate	swimming, sitting volleyball
自分：	

18 A big house with a red roof 〈家〉

1 みかとルークの話を聞きましょう。

What is your dream house?
あなたの夢のマイホームはどんな家？

I want a big house with a red roof!
ぼくは大きくて赤い屋根の家がほしいな！

2 単語の音を聞いて，声に出して読んでみましょう。

house 5級
[háus]
家

roof
[rú:f]
屋根，屋上

home 5級
[hóum]
家，家庭

bicycle 3級
[báisikl]
自転車

fence 3級
[féns]
さく，フェンス

wall 5級
[wɔ́:l]
かべ，へい

window
[wíndou]
窓（まど）

garage
[gərά:ʒ]
ガレージ，車庫（しゃこ）

door
[dɔ́:*r*]
ドア，戸（と）

doghouse 5級
[dɔ́ghàus]
犬小屋（いぬごや）

garden 5級
[gά:*r*dn]
庭（にわ），畑（はたけ）

chimney
[tʃímni]
えんとつ

gate 3級
[géit]
門（もん），出入り口（でいりぐち）

building 4級
[bíldiŋ]
建物（たてもの）

tower 5級
[táuə*r*]
とう，タワー

hot spring
[hát spríŋ]
温泉（おんせん）

3 例（れい）にならって，家族（かぞく）や友（とも）だちの夢（ゆめ）のマイホームはどんな家（いえ）かたずねて，書（か）きましょう。

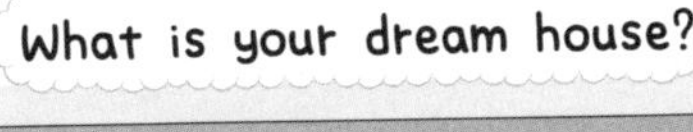
What is your dream house?

名前（なまえ）	夢（ゆめ）のマイホーム
（例（れい））Matt	a small house with a bicycle

19 Living room, dining room, and kitchen 〈家の中〉

1 ルークとみかの話を聞きましょう。

What rooms do you want to have?
どんな部屋がほしい？

I want to have a living room, a dining room, and a nice kitchen!
リビング，ダイニング，すてきな台所がほしいな！

2 単語の音を聞いて，声に出して読んでみましょう。

room 5級
[rú:m]
部屋

living room 3級
[líviŋ rù:m]
居間

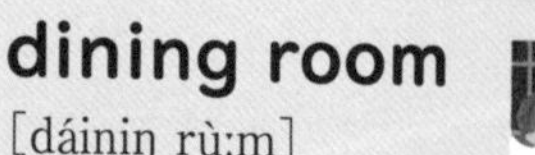

dining room
[dáiniŋ rù:m]
ダイニングルーム，食堂

kitchen 5級
[kítʃən]
台所，キッチン

restroom
[réstrùːm]
トイレ，洗面所

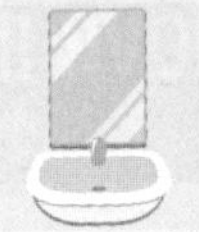

bath 4級
[bǽθ]
ふろ

bathroom 5級
[bǽθrùːm]
浴室，トイレ，お手洗い

closet 3級
[klɑ́zit]
物置，収納室，クローゼット

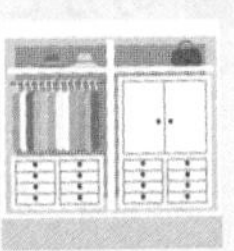

bedroom 5級
[bédrùːm]
寝室

tearoom
[tíːrùːm]
喫茶室

elevator 3級
[éləvèitər]
エレベーター

escalator
[éskəlèitər]
エスカレーター

theater 3級
[θíːətər]
劇場，映画館

karaoke
[kæ̀rəóuki]
カラオケ

hobby 4級
[hɑ́bi]
趣味

track
[trǽk]
（競技場の）トラック

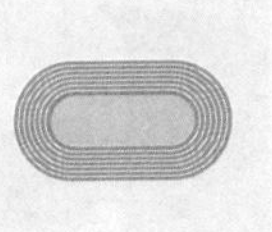

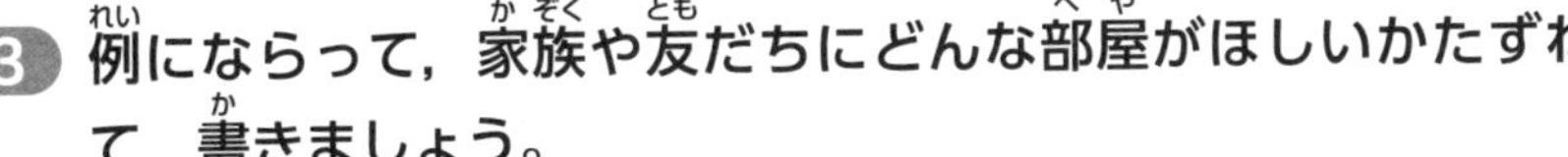

3 例にならって，家族や友だちにどんな部屋がほしいかたずねて，書きましょう。

What rooms do you want to have?

名前	ほしい部屋
（例）Kaori	karaoke room

20 What do you have in your room?

〈部屋の中〉

1 みかとルークの話を聞きましょう。

What do you have in your room?
あなたの部屋にはどんなものがあるの？

I have a clock.
時計があるよ。

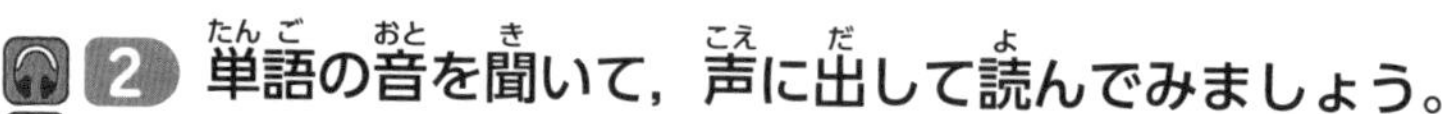

2 単語の音を聞いて，声に出して読んでみましょう。

box 5級
[báks]
箱

chair
[tʃéər]
いす

cup 5級
[kʌ́p]
（コーヒー・紅茶などの）カップ

desk
[désk]
（勉強・事務用の）机

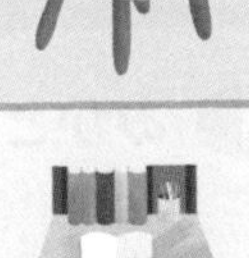

dish 5級
[díʃ]
皿，はち

fan 5級
[fǽn]
扇風機，せんす

garbage 3級
[gɑ́:rbidʒ]
（台所から出る）生ごみ，ごみ

map 3級
[mǽp]
地図

newspaper 5級
[njú:zpèipər]
新聞

table 5級
[téibl]
テーブル

telephone 5級
[téləfòun]
電話

TV
[tí:ví:]
テレビ

3 自分の部屋にあるものを３つ書きましょう。

部屋にあるもの

21 I love this umbrella!

〈衣類・身につけるもの・持ち物〉

1 みかとルークの話を聞きましょう。

Your umbrella is beautiful.

あなたのかさ，きれいね。

Thank you. I love this umbrella!

ありがとう。ぼくはこのかさが大好きなんだ！

2 単語の音を聞いて，声に出して読んでみましょう。

umbrella 5級

[ʌmbrélə]

かさ，雨がさ

cap 5級

[kǽp]

（ふちなしか，ひさしのついた）帽子

hat 5級

[hǽt]

（ふちのある）帽子

shirt 5級

[ʃə́ːrt]

ワイシャツ，シャツ

T-shirt 5級
[tíːʃə̀ːrt]
Tシャツ

sweater 5級
[swétər]
セーター

gloves 5級
[glʌ́vz]
手袋

pants 5級
[pǽnts]
ズボン

scarf 5級
[skɑ́ːrf]
スカーフ，マフラー

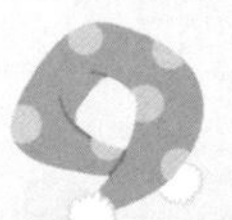

shoes 5級
[ʃúːz]
くつ

boots 5級
[búːts]
長ぐつ

sneakers 5級
[sníːkərz]
スニーカー，運動ぐつ

raincoat 5級
[réinkòut]
レインコート

watch 5級
[wátʃ]
うで時計

glasses 5級
[glǽsiz]
眼鏡

wheelchair 5級
[hwíːltʃèər]
車いす

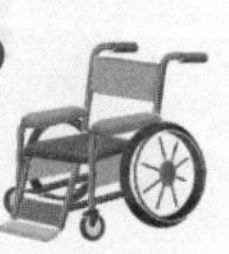

3 例にならって，家族や友だちの持ち物を書き，ほめてみましょう。

・I like your cute T-shirt.
・Your hat is cool.

名前	ほめる持ち物
(例) Lisa	cute T-shirt

22 My family!〈家族〉

1 みかとルークの話を聞きましょう。

I'll show you my family!
This is my brother, Toshi.
わたしの家族をしょうかいするわ！
この人が兄のとしよ。

Nice to meet you.
よろしく。

2 単語の音を聞いて，声に出して読んでみましょう。

father 5級
[fɑ́ːðər]
お父さん，父，父親

mother 5級
[mʌ́ðər]
お母さん，母，母親

brother 5級
[brʌ́ðər]
兄，弟，兄弟

sister 5級
[sístər]
姉，妹，姉妹

son 5級
[sʌ́n]
むすこ，男の子ども

daughter 5級
[dɔ́:tə*r*]
むすめ，女の子ども

uncle 5級
[ʌ́ŋkl]
おじ

aunt 5級
[ǽnt]
おば

grandfather 5級
[grǽn*d*fɑ̀:ðə*r*]
おじいさん，祖父

grandmother 5級
[grǽn*d*mʌ̀ðə*r*]
おばあさん，祖母

grandparents 5級
[grǽn*d*pèərənts]
祖父母

friend 5級
[frénd]
友だち

family 5級
[fǽməli]
家族

baby 5級
[béibi]
赤ちゃん

child 5級
[tʃáild]
子ども

pet 5級
[pét]
ペット

3 例にならって，家族写真を指さしながら，自分の家族をしょうかいしましょう。

This is my younger sister, Yuki.

家族	名前
（例） younger sister	Yuki

23 Touch your head! 〈体〉

解答 p.448

1 ルークとみかの話を聞きましょう。

Simon says ... touch your head!
サイモンの命令です…頭をさわって！

Yes!
はい！

※ Simon says とは，Simon 役の人の命令にしたがって，体を動かす遊びだよ。

2 単語の音を聞いて，声に出して読んでみましょう。

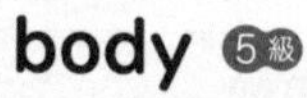

body 5級
[bádi]
（人，動物の）体，肉体

head 5級
[héd]
頭

hair 5級
[héər]
かみの毛

shoulder 5級
[ʃóuldər]
かた

arm 5級
[áːrm]
うで

elbow 5級
[élbou]
ひじ

hand 5級
[hǽnd]
手

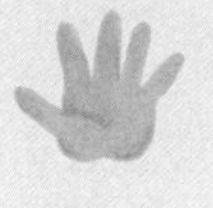

finger 5級
[fíŋgər]
(手の) 指

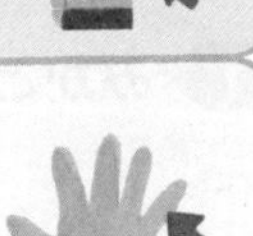

nail 5級
[néil]
つめ

back 5級
[bǽk]
背中

waist 5級
[wéist]
腰

hip 5級
[híp]
腰，腰回り

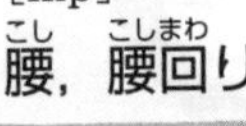
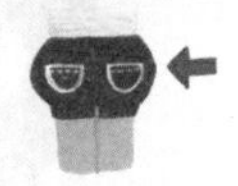

leg 5級
[lég]
足，あし

knee 5級
[níː]
ひざ（がしら）

foot 5級
[fút]
足，足首から下の部分

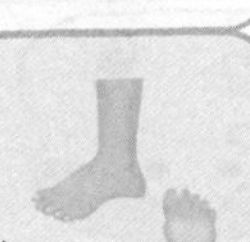

toe 5級
[tóu]
足の指，つま先

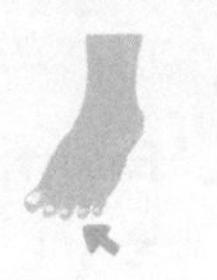

3 次の体の部位を英語で書きましょう。

日本語	英語
(1) 頭	
(2) 手	
(3) かた	
(4) ひざ	

24 Let's make a nice face!

〈顔(かお)〉

1 みかとルークの話(はなし)を聞(き)きましょう。

Let's make a nice face!
福笑(ふくわら)いしましょう！

I'll try the mouth. Here?
口(くち)をやってみるよ。ここ？

Right, right!
もっと，右(みぎ)，右(みぎ)！

2 単語(たんご)の音(おと)を聞(き)いて，声(こえ)に出(だ)して読(よ)んでみましょう。

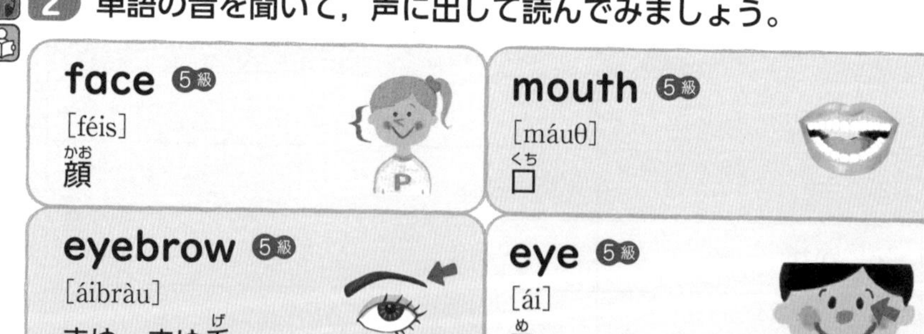

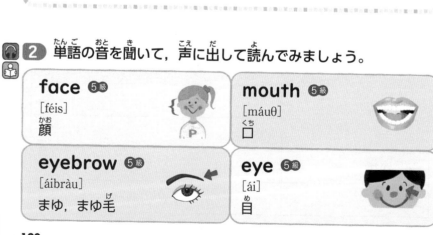

face 5級
[féis]
顔(かお)

mouth 5級
[máuθ]
口(くち)

eyebrow 5級
[áibràu]
まゆ，まゆ毛(げ)

eye 5級
[ái]
目(め)

eyelash 5級

[áilæʃ]

まつ毛(げ)

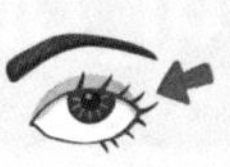

nose 5級

[nóuz]

鼻(はな)

tooth 5級

[tú:θ]

歯(は)

forehead 5級

[fɔ́:rid]

額(ひたい)

dimple 5級

[dímpl]

えくぼ

ear 5級

[íər]

耳(みみ)

pupil 5級

[pjú:pl]

ひとみ，瞳孔(どうこう)

lip 5級

[líp]

唇(くちびる)

tongue 5級

[tʌ́ŋ]

舌(した)

cheek 5級

[tʃí:k]

ほお

chin 5級

[tʃín]

下(した)あご，あご先(さき)

neck 5級

[nék]

首(くび)

3 次(つぎ)の顔(かお)のパーツを英語(えいご)で言(い)いましょう。

日本語(にほんご)	英語(えいご)
目(め)	eye
鼻(はな)	nose
口(くち)	mouth
耳(みみ)	ear

25 What is your breakfast?
〈食べ物〉

1 みかとルークの話を聞きましょう。

What is your breakfast?
あなたの朝食は何？

ヨーグルト

I have bread, bacon and yogurt.
ぼくはパン，ベーコン，ヨーグルトを食べるよ。

2 単語の音を聞いて，声に出して読んでみましょう。

breakfast 5級
[brékfəst]
朝食

lunch 5級
[lʌ́ntʃ]
昼食

dinner 5級
[dínər]
夕食

food 5級
[fú:d]
食べ物

bacon 5級
[béikən]
ベーコン

beef 5級
[bí:f]
牛肉

bread 5級
[bréd]
パン，食パン

chicken 5級
[tʃíkin]
とり肉，チキン

egg 5級
[ég]
卵
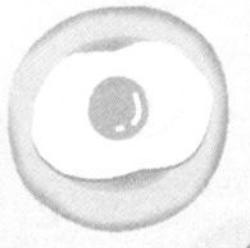

ham 5級
[hǽm]
ハム

meat 5級
[mí:t]
（食用の）肉

milk 5級
[mílk]
牛乳

macaroni 5級
[mækəróuni]
マカロニ

pork 5級
[pɔ́:rk]
豚肉

rice 5級
[ráis]
米，ご飯

yogurt 5級
[jóugərt]
ヨーグルト

3 例にならって，家族や友だちに次の食事の内容をたずねて，書きましょう。

What is your lunch?

名前	食事の種類	内容
（例）Daisuke	lunch	rice and chicken
	breakfast	
	dinner	

26 Lotus roots have many holes!
〈野菜〉

解答 p.448

1 みかとルークの話を聞きましょう。

What's this vegetable?
この野菜は何でしょう？
It's a lotus root.
Lotus roots have many holes!
れんこんだ。れんこんには穴がたくさんあるよね！

2 単語の音を聞いて，声に出して読んでみましょう。

vegetable 5級
[védʒətəbl]
野菜

lotus root 5級
[lóutəs rú:t]
れんこん

broccoli 5級
[brákəli]
ブロッコリー

cabbage 5級
[kǽbidʒ]
キャベツ

carrot 5級
[kǽrət]
ニンジン

corn 5級
[kɔ́:rn]
トウモロコシ

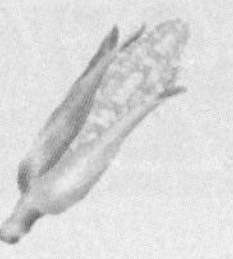

cucumber 5級
[kjú:kʌmbər]
キュウリ

green pepper 5級
[grí:n pépər]
ピーマン

lettuce 5級
[létis]
レタス

onion 5級
[ʌ́njən]
タマネギ

potato 5級
[pətéitou]
ジャガイモ

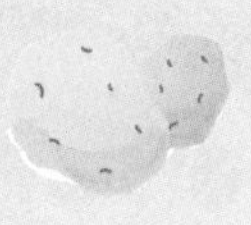

pumpkin 5級
[pʌ́mpkin]
カボチャ

radish 5級
[rǽdiʃ]
ハツカダイコン

tomato 5級
[təméitou]
トマト

mushroom 5級
[mʌ́ʃru:m]
マッシュルーム

nut 5級
[nʌ́t]
木の実，ナッツ

3 例にならって，次のイラストが何の野菜か，書きましょう。

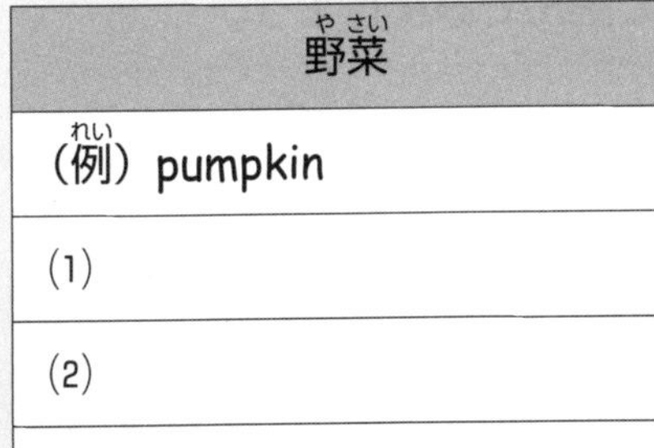

野菜
（例）pumpkin
(1)
(2)
(3)

（例）

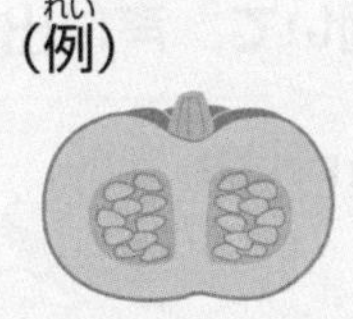

(1)

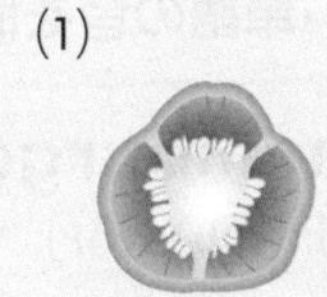

(2)

(3)

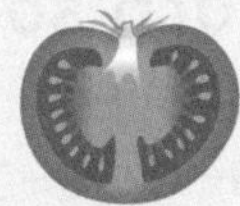

27 What do you want to eat?
〈料理〉

1 みかとルークの話を聞きましょう。

What do you want to eat?
何を食べたい？
I want a hamburger. I'm very hungry!
ぼくはハンバーガーがいいな。おなかペコペコだ！

2 単語の音を聞いて，声に出して読んでみましょう。

hamburger 5級
[hǽmbə̀ːrgər]
ハンバーガー

curry and rice 5級
[kə́ːri ənd ráis]
カレーライス

corn soup 5級
[kɔ́ːrn súːp]
コーンスープ

rice ball 5級
[ráis bɔ́ːl]
おにぎり

rice cake 5級
[ráis kéik]
もち

fried chicken 5級
[fráid tʃíkin]
フライドチキン

salad 5級
[sǽləd]
サラダ

steak 5級
[stéik]
ステーキ

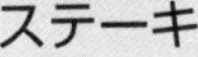

dumpling 5級
[dʌ́mpliŋ]
餃子

sandwich 5級
[sǽn(d)witʃ]
サンドイッチ

omelet 5級
[ɑ́mlit]
オムレツ

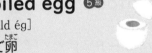

scrambled eggs 5級
[skrǽmbld égz]
いり卵

stew 5級
[stjúː]
シチュー

French fries 5級
[fréntʃ fráiz]
フライドポテト

grilled fish 5級
[gríld fíʃ]
焼き魚

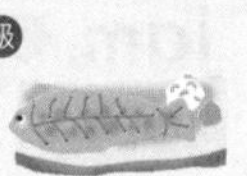

spaghetti 5級
[spəgéti]
スパゲッティ

noodles 5級
[núːdlz]
ラーメン，めん類

pizza 5級
[píːtsə]
ピザ

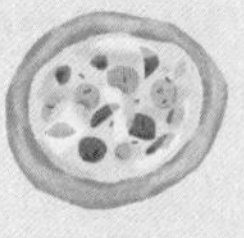

toast 5級
[tóust]
トースト

boiled egg 5級
[bɔ́ild ég]
ゆで卵

fried egg 5級
[fráid ég]
目玉焼き

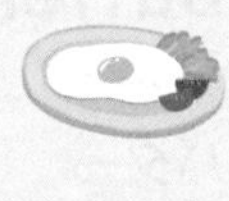

Hamburg steak 5級
[hǽmbəːrg stéik]
ハンバーグ

soup 5級
[sú:p]
スープ

cheese 5級
[tʃí:z]
チーズ

jam 5級
[dʒǽm]
ジャム

sugar
[ʃúgər]
砂糖（さとう）

sauce 5級
[sɔ́:s]
ソース

soy sause
[sɔ́i sɔ̀:s]
しょうゆ

salt 5級
[sɔ́:lt]
塩（しお）

pepper 5級
[pépər]
コショウ

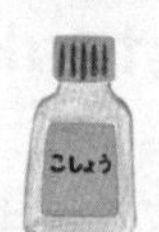

vinegar 5級
[vínigər]
〔調味料（ちょうみりょう）〕す

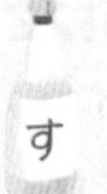

meat pie 5級
[mí:t pái]
ミートパイ

miso soup 5級
[mí:sou sú:p]
みそ汁（しる）

roast beef 5級
[róust bí:f]
ローストビーフ

seafood 5級
[sí:fù:d]
シーフード

tom yum kung
[tám jʌ́m kúŋ]
トムヤムクン

butter 5級
[bʌ́tər]
バター

lunch box 5級
[lʌ́ntʃ bàks]
弁当箱（べんとうばこ）

hot dog
[hát dɔ̀:g]
ホットドッグ

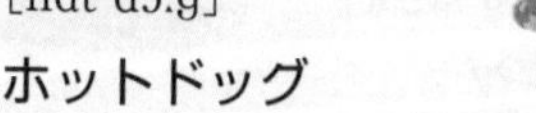

sausage
[sɔ́:sidʒ]
ソーセージ

3 次のような場面で食べたいメニューを，それぞれ例にならって家族や友だちにたずねて，書きましょう。

① 夕食(dinner)

What do you want to eat for dinner?

名前	食べたいメニュー
(例) Kelly	dumpling

② ピクニック(picnic)

What do you want to eat on a picnic?

名前	食べたいメニュー

③ パーティー(party)

What do you want to eat at a party?

名前	食べたいメニュー

28 Colorful fruits!

〈果物〉

1 みかとルークの話を聞きましょう。

There are colorful fruits!
What color is the lemon?
カラフルな果物ね！ レモンはどんな色？
That's yellow.
黄色だよ。

2 単語の音を聞いて，声に出して読んでみましょう。

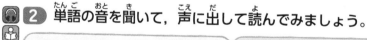

fruit 5級
[frúːt]
果物

lemon 5級
[lémən]
レモン

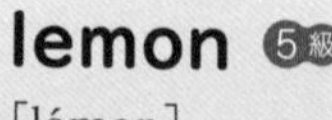

apple 5級
[ǽpl]
リンゴ

banana 5級
[bənǽnə]
バナナ

blueberry 5級
[blú:bèri]
ブルーベリー

cherry 5級
[tʃéri]
サクランボ

grapes 5級
[gréips]
ブドウ

kiwi fruit 5級
[kí:wi: frù:t]
キウイ
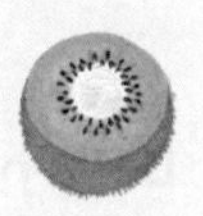

mango 5級
[mǽŋgou]
マンゴー

melon 5級
[mélən]
メロン

orange 5級
[ɔ́:rindʒ]
オレンジ

peach 5級
[pí:tʃ]
モモ

pear 5級
[péər]
洋(よう)ナシ

pineapple 5級
[páinæ̀pl]
パイナップル

strawberry 5級
[strɔ́:bèri]
イチゴ

watermelon 5級
[wɔ́tərmèlən]
スイカ

3 例(れい)にならって，自分(じぶん)の好(す)きな果物(くだもの)とその色(いろ)を書(か)きましょう。

果物(くだもの)	色(いろ)
(例(れい)) peach	pink

29 Prepare for the party!
〈おやつと飲み物〉

1 みかとルークの話を聞きましょう。

Let's prepare for the party! What do you buy?
パーティーの準備をしましょう！　何を買う？

I buy donuts!
ぼくはドーナツを買うよ！

2 単語の音を聞いて，声に出して読んでみましょう。

dessert [dizə́ːrt] デザート

donut 5級
[dóunʌ̀t]
ドーナツ

cake 5級
[kéik]
ケーキ

candy 5級
[kǽndi]
キャンディー，砂糖菓子
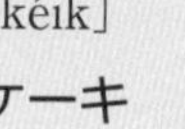

chocolate 5級
[tʃɔ́ːkəlit]
チョコレート（菓子）

pancake 5級
[pǽnkèik]
パンケーキ，ホットケーキ

parfait 5級
[pɑːrféi]
パフェ

pie 5級
[pái]
パイ

popcorn 5級
[pɑ́pkɔ̀ːrn]
ポップコーン

pudding 5級
[púdiŋ]
プリン

snack 5級
[snǽk]
軽い食事，軽食

drink [dríŋk] 飲み物

coffee 5級
[kɔ́ːfi]
コーヒー

green tea 5級
[gríːn tíː]
緑茶

juice 5級
[dʒúːs]
ジュース

soda 5級
[sóudə]
サイダー

tea 5級
[tíː]
（紅）茶

water 5級
[wɔ́ːtər]
水

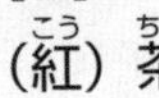 **3** 例にならって，誕生日パーティーに何を買って行くか家族や友だちにたずねて，書きましょう。

What do you buy for the birthday party?

名前	買って行くもの
（例）Hiroko	popcorn and coffee

30 Who am I? 〈職業〉

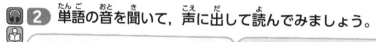

1 みかとルークの話を聞きましょう。

I help sick people. Who am I?
わたしは病気の人を助けます。わたしはだれでしょう？

You are a nurse!
きみは看護師だ！

2 単語の音を聞いて，声に出して読んでみましょう。

job 5級
[dʒɑ́b]
仕事

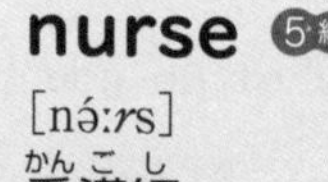

nurse 5級
[nə́:rs]
看護師

artist 5級
[ɑ́:rtist]
画家，芸術家

astronaut 5級
[ǽstrənɔ̀:t]
宇宙飛行士

baker 5級
[béikər]
パンを焼(や)く人(ひと)

baseball player 5級
[béisbɔ̀:l pléiər]
野球選手(やきゅうせんしゅ)

comedian 5級
[kəmí:diən]
コメディアン

cook 5級
[kúk]
コック，料理人(りょうりにん)

dancer 5級
[dǽnsər]
ダンサー

dentist 5級
[déntist]
歯科医(しかい)，歯医者(はいしゃ)

designer 5級
[dizáinər]
デザイナー

doctor 5級
[dáktər]
医者(いしゃ)

dream 5級
[drí:m]
夢(ゆめ)

farmer 5級
[fá:rmər]
農場経営者(のうじょうけいえいしゃ)

figure skater 5級
[fígjər skéitər]
フィギュアスケーター

fire fighter 5級
[fáiər fàitər]
消防士(しょうぼうし)

flight attendant 5級
[fláit ətèndənt]
客室乗務員(きゃくしつじょうむいん)

florist 5級
[flɔ́(:)rist]
花屋(はなや)（の主人(しゅじん)）

game creator 5級
[géim kriéitər]
ゲームクリエイター

hero 5級
[hí:rou]
英雄(えいゆう)

illustrator 5級
[íləstrèitər]
イラストレーター

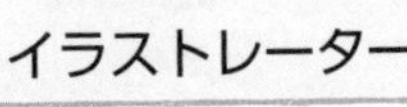

journalist 5級
[dʒə́:rnəlist]
ジャーナリスト

king 5級
[kíŋ]
王（おう）

magician 5級
[mədʒíʃn]
マジシャン，手品師（てじなし）

musician 5級
[mjuːzíʃn]
音楽家（おんがくか），ミュージシャン

pianist 5級
[piǽnist]
ピアニスト

pilot 5級
[páilət]
パイロット

police officer 5級
[pəlíːs ɔ́ːfisər]
警察官（けいさつかん）

queen 5級
[kwíːn]
女王（じょおう），王妃（おうひ）

salesclerk 5級
[séilzkləːrk]
店員（てんいん）

scientist 5級
[sáiəntist]
科学者（かがくしゃ）

singer 5級
[síŋər]
歌手（かしゅ）

soccer player 5級
[sɑ́kər pléiər]
サッカー選手（せんしゅ）

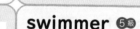

swimmer 5級
[swímər]
水泳選手（すいえいせんしゅ）

teacher 5級
[tíːtʃər]
先生（せんせい），教師（きょうし）

tour conductor 5級
[túər kəndʌ́ktər]
ツアーコンダクター

vet 5級
[vét]
獣医（じゅうい）

writer 5級
[ráitər]
作家（さっか），ライター

zoo keeper 5級
[zúː kíːpər]
動物園（どうぶつえん）の飼育係（しいくがかり）

future 5級
[fjúːtʃər]
未来（みらい），将来（しょうらい）

3 例(れい)にならって，家族(かぞく)や友(とも)だちに，自分(じぶん)の職業(しょくぎょう)を当(あ)てるクイズを出(だ)しましょう。

baseball player

use a bat and a ball

flight attendant

give some drinks to the passengers on the airplane

cook

make delicious food at the restaurant

astronaut

go to space by rocket

I use a bat and a ball. Who am I?

名前(なまえ)	自分(じぶん)の職業(しょくぎょう)	正解(せいかい)・不正解(ふせいかい)
(例(れい)) Liz	baseball player	○

31 Where is the post office?

〈場所・施設〉

解答 p.448

1 ルークと田中先生の話を聞きましょう。

Where is the post office?
郵便局はどこですか。

Here, this way.
ここです，この道ね。

2 単語の音を聞いて，声に出して読んでみましょう。

post office 5級
[póust ɔ̀:fis]
郵便局

airport 5級
[éərpɔ̀:rt]
空港

amusement park 5級
[əmjú:zmənt pɑ̀:rk]
遊園地

aquarium 5級
[əkwéəriəm]
水族館

bakery 5級
[béikəri]
パン屋（や）

bank 5級
[bǽŋk]
銀行（ぎんこう）

bookstore 5級
[búkstɔ̀ːr]
書店（しょてん），本屋（ほんや）

bridge 5級
[brídʒ]
橋（はし）

bus stop 5級
[bʌ́s stɑ̀p]
バス停（てい）

castle 5級
[kǽsl]
城（しろ）

city hall 5級
[síti hɔ́ːl]
市役所（しやくしょ）

convenience store 5級
[kənvíːnjəns stɔ̀ːr]
コンビニエンスストア

department store 5級
[dipɑ́ːrtmənt stɔ̀ːr]
デパート，百貨店（ひゃっかてん）

exit 5級
[égzit]
出口（でぐち）

fire station 5級
[fáiər stéiʃn]
消防署（しょうぼうしょ）

flower shop 5級
[fláuər ʃɑ́p]
花屋（はなや）

gas station 5級
[gǽs stèiʃn]
ガソリンスタンド

hospital 5級
[hɑ́spitl]
病院（びょういん）

hotel 5級
[houtél]
ホテル

movie theater 5級
[múːvi θíːətər]
映画館（えいがかん）

museum 5級
[mjuːzíəm]
博物館（はくぶつかん），美術館（びじゅつかん）

park 5級
[pɑ́ːrk]
公園（こうえん）

place 5級
[pléis]
場所(ばしょ)

police station 5級
[pəlíːs stéiʃn]
警察署(けいさつしょ)

restaurant 5級
[réstərənt]
レストラン，食堂(しょくどう)

shopping center 5級
[ʃápiŋ séntə*r*]
ショッピングセンター

shrine 5級
[ʃráin]
(日本(にほん)の) 神社(じんじゃ)

stadium 5級
[stéidiəm]
スタジアム，競技場(きょうぎじょう)，野球場(やきゅうじょう)

station 5級
[stéiʃn]
駅(えき)

stationery store 5級
[stéiʃənèri stɔ́ː*r*]
文房具店(ぶんぼうぐてん)

store 5級
[stɔ́ː*r*]
店(みせ)

street 5級
[stríːt]
通(とお)り

supermarket 5級
[súːpə*r*màː*r*kit]
スーパーマーケット

temple 5級
[témpl]
寺(てら)，寺院(じいん)

way 5級
[wéi]
道(みち)

zoo 5級
[zúː]
動物園(どうぶつえん)

left 5級
[léft]
左(ひだり)の，左(ひだり)へ〔に〕

right 5級
[ráit]
右(みぎ)の，右(みぎ)へ〔に〕

straight
[stréit]
まっすぐな，まっすぐに

corner
[kɔ́ː*r*nə*r*]
角(かど)，曲(ま)がり角(かど)

3 例(れい)にならって，次(つぎ)の地図(ちず)にいろいろな施設(しせつ)の名前(なまえ)を書(か)きましょう。

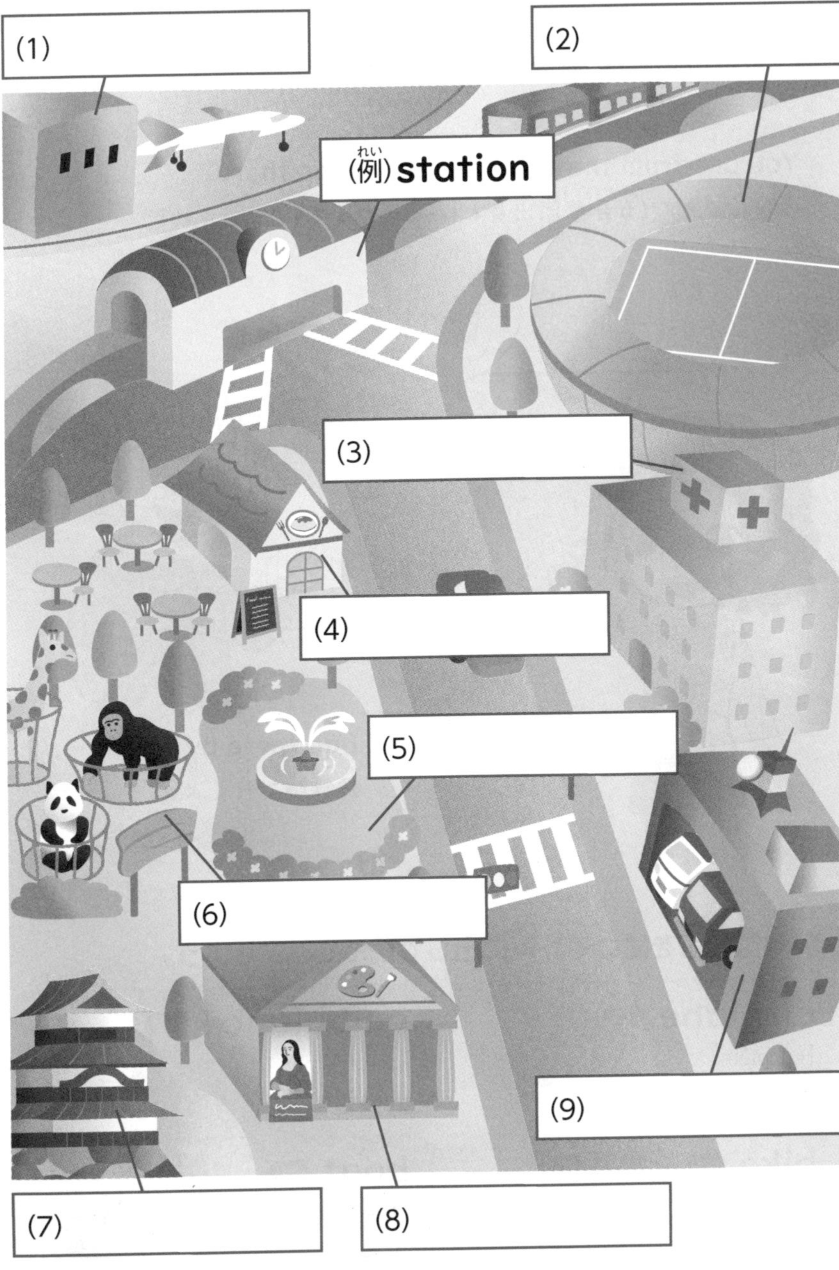

32 How do you go there? 〈乗り物〉

1 みかとルークの話を聞きましょう。

You are from the US. How do you go there?
あなたはアメリカ合衆国出身よね。どうやってそこに行くの？

I go there by **airplane**.
飛行機で行くよ。

2 単語の音を聞いて，声に出して読んでみましょう。

airplane 5級
[éərplèin]
飛行機

ambulance 5級
[ǽmbjələns]
救急車

bike 5級
[báik]
自転車

boat 5級
[bóut]
ボート

bus 5級

[bʌ́s]

バス

car 5級

[kɑ́ːr]

車，自動車，乗用車

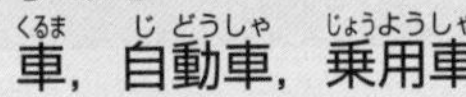

jet 5級

[dʒét]

ジェット機

motorcycle 5級

[móutərsàikl]

オートバイ

police car 5級

[pəlíːs kɑ́ːr]

パトカー

ship 5級

[ʃíp]

(大型の) 船

spaceship 5級

[spéisʃìp]

宇宙船

subway 5級

[sʌ́bwèi]

地下鉄

taxi 5級

[tǽksi]

タクシー

train 5級

[tréin]

列車，電車

truck 5級

[trʌ́k]

トラック

yacht 5級

[ját]

大型ヨット

3 例にならって，いろいろな施設への移動手段を家族や友だちにたずねて，書きましょう。

How do you go to the station?

名前	施設	移動手段
(例) Aki	station	bus

33 He can play the violin!

〈楽器(がっき)〉

1 ルークとみかの話(はなし)を聞(き)きましょう。

This is Toshi! Can he play the piano?
これはとしだね！ 彼(かれ)はピアノをひけるの？
Yes, he can. He can play the violin, too!
ええ，ひけるわ。彼(かれ)はバイオリンもひけるのよ！

2 単語(たんご)の音(おと)を聞(き)いて，声(こえ)に出(だ)して読(よ)んでみましょう。

piano 5級
[piǽnou]
〔楽器(がっき)〕ピアノ

violin 5級
[vàiəlín]
〔楽器(がっき)〕バイオリン

castanets 5級
[kæ̀stənéts]
〔楽器(がっき)〕カスタネット

clarinet 5級
[klæ̀rənét]
〔楽器(がっき)〕クラリネット

drum 5級
[drʌ́m]
〔楽器(がっき)〕太鼓(たいこ)，ドラム

flute 5級
[flúːt]
〔楽器(がっき)〕フルート

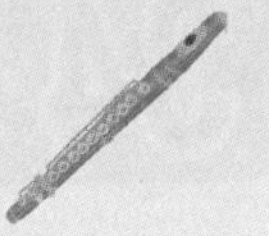

guitar 5級
[gitɑ́ːr]
〔楽器(がっき)〕ギター

harmonica 5級
[hɑːrmɑ́nikə]
〔楽器(がっき)〕ハーモニカ

organ 5級
[ɔ́ːrgən]
〔楽器(がっき)〕（パイプ）オルガン

recorder 5級
[rikɔ́ːrdər]
〔楽器(がっき)〕リコーダー

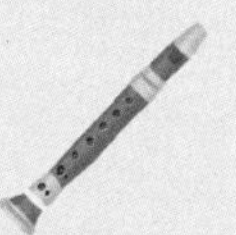

tambourine 5級
[tæ̀mbəríːn]
〔楽器(がっき)〕タンバリン

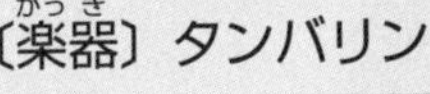

triangle 5級
[tráiæ̀ŋgl]
〔楽器(がっき)〕トライアングル

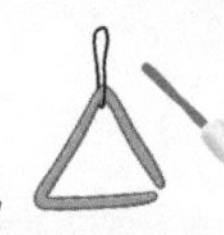

trumpet 5級
[trʌ́mpit]
〔楽器(がっき)〕トランペット

xylophone 5級
[záiləfòun]
〔楽器(がっき)〕木(もっ)きん

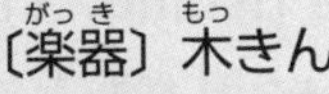

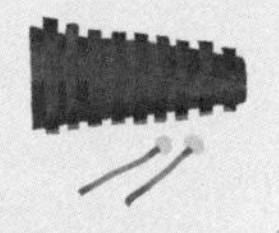

song 5級
[sɔ́ːŋ]
歌(うた)

chorus 5級
[kɔ́ːrəs]
合唱(がっしょう)

3 例(れい)にならって，家族(かぞく)や友(とも)だちがどんな楽器(がっき)をひけるのかたずねて，書(か)きましょう。

Can you play the guitar?

名前(なまえ)	ひける楽器(がっき)
（例(れい)）Tomo	guitar, triangle, drum

34 Let's go fishing!

〈趣味・遊び〉

1 みかとルークの話を聞きましょう。

What do you like to do?
あなたは何をするのが好き？

I like fishing. Let's go fishing together!
ぼくはつりが好きだよ。いっしょにつりに行こうよ！

2 単語の音を聞いて，声に出して読んでみましょう。

fishing 5級
[fíʃiŋ]
魚つり

camping 5級
[kǽmpiŋ]
キャンプ（すること）

hiking 5級
[háikiŋ]
ハイキング

jogging 5級
[dʒάgiŋ]
ジョギング

playing 5級
[pléiiŋ]
遊び

reading 5級
[rí:diŋ]
読書

shopping ⑤級
[ʃápiŋ]
買い物

singing ⑤級
[síŋiŋ]
歌うこと

walking ⑤級
[wɔ́:kiŋ]
歩くこと，ウォーキング

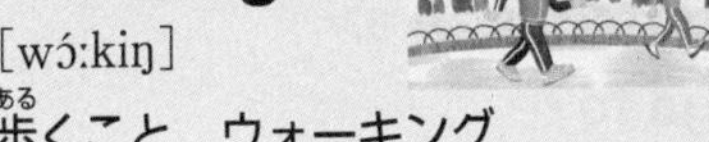

cards ⑤級
[ká:rdz]
トランプ（の札）

festival ⑤級
[féstəvl]
祭り

fireworks ⑤級
[fáiərwə̀:rks]
花火

game ⑤級
[géim]
ゲーム，遊び

jump rope ⑤級
[dʒʌ́mp ròup]
縄跳び遊び

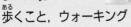

hide and seek
[háid ənd sí:k]
かくれんぼ

tag ⑤級
[tǽg]
おにごっこ

slide ⑤級
[sláid]
すべり台

unicycle ⑤級
[jú:nəsàikl]
一輪車

3 例にならって，家族や友だちの趣味をたずねて，書きましょう。

名前	趣味
（例）Nancy	shopping

35 I want to go to Germany. 〈国名〉

1 ルークとみかの話を聞きましょう。

What country do you want to go to?
どの国に行ってみたい？
I want to go to Germany.
わたしはドイツに行ってみたいわ。

2 単語の音を聞いて，声に出して読んでみましょう。

Germany 5級
[dʒə́ːrməni]
ドイツ

Australia 5級
[ɔːstréiljə]
オーストラリア

Brazil 5級
[brəzíl]
ブラジル

Canada 5級
[kǽnədə]
カナダ

the US 5級
[ðə júːés]
アメリカ合衆国

the US は the United States of America [ðə ju(ː)náitid stéits əv əmérikə] の略だよ。America や the USA と言うこともできるよ。

China 5級
[tʃáinə]
中国

Egypt 5級
[íːdʒipt]
エジプト

France 5級
[fræns]
フランス

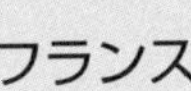

India 5級
[índiə]
インド

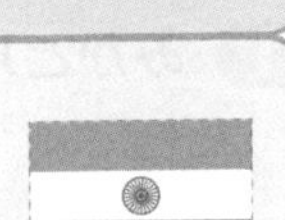

Italy 5級
[ítəli]
イタリア

Japan 5級
[dʒəpǽn]
日本

Korea 5級
[kəríːə]
韓国

Russia 5級
[rʌ́ʃə]
ロシア

Spain 5級
[spéin]
スペイン

Thailand 5級
[táilænd]
タイ

the UK 5級
[ðə júːkéi]
イギリス

the UK は the United Kingdom [ðə ju(ː)náitid kiŋdəm] の略だよ。

3 例にならって，どの国に行ってみたいか家族や友だちにたずねて，書きましょう。

What country do you want to go to?

名前	行ってみたい国
(例) Susumu	Australia

36 How do you say “山の日” in English?

〈行事・祝日〉

1 みかとルークの話を聞きましょう。

How do you say “山の日” in English?
「山の日」は英語でどう言うの？
It’s Mountain Day.
「Mountain Day」だよ。

2 単語の音を聞いて，声に出して読んでみましょう。

holiday 5級
[hɑ́lədèi]
休日，祝日

Mountain Day
[máuntn déi]
山の日

birthday 5級
[bə́:rθdèi]
誕生日

Bon Festival 5級
[bɑn féstəvl]
ぼん祭り

Christmas 5級
[krísməs]
クリスマス

Doll’s Festival 5級
[dɑ́lz féstəvl]
ひな祭り

Halloween ⑤級
[hæ̀louíːn]
ハロウィン

Snow Festival ⑤級
[snóu féstəvl]
雪まつり

Star Festival ⑤級
[stáːr féstəvl]
七夕

Children's Day ⑤級
[tʃíldrənz déi]
子どもの日

Mother's Day
[mʌ́ðərz dèi]
母の日

Father's Day
[fáːðərz dèi]
父の日

Valentine's Day
[vǽləntainz dèi]
バレンタインデー

Health-Sports Day ⑤級
[hélθspɔ́ːrts déi]
体育の日

Marine Day ⑤級
[məríːn déi]
海の日

New Year's Day ⑤級
[njúː jìərz déi]
元日

New Year's Eve ⑤級
[njúː jìərz íːv]
おおみそか

New Year は「新年」という意味だよ。

3 次の祝日や行事を英語で言いましょう。

日付	日本語	英語
1/1	元旦	New Year's Day
3/3	ひな祭り	Doll's Festival
12/25	クリスマス	Christmas

37 What do you do on Sunday? 〈動作〉

1 ルークとみかの話を聞きましょう。

What do you do on Sunday?
日曜日は何をするの？

I cook dinner with my mother!
お母さんと夕食を作るのよ！

2 単語の音を聞いて，声に出して読んでみましょう。

cook 5級
[kúk]
～を料理する

brush 5級
[brʌ́ʃ]
～を（ブラシで）みがく

buy 5級
[bái]
～を買う

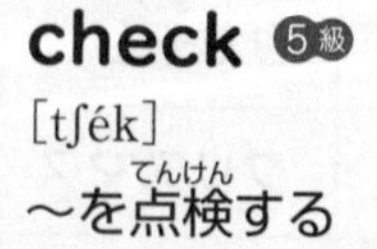

check 5級
[tʃék]
～を点検する

clean 5級
[klíːn]
～を掃除(そうじ)する

dance 5級
[dǽns]
おどる

do 5級
[dúː]
～をする

draw 5級
[drɔ́ː]
(絵(え)・図(ず)) をかく

drink 5級
[dríŋk]
(飲(の)み物(もの)) を飲(の)む

eat 5級
[íːt]
～を食(た)べる

enjoy 5級
[indʒɔ́i]
～を楽(たの)しむ

get 5級
[gét]
～を手(て)に入(い)れる，もらう

go 5級
[góu]
行(い)く

have 5級
[hǽv]
～を持(も)っている

join 5級
[dʒɔ́in]
(～に) 参加(さんか)する

jump 5級
[dʒʌ́mp]
とぶ，ジャンプする

leave 5級
[líːv]
～を去(さ)る，出発(しゅっぱつ)する

like 5級
[láik]
～を好(この)む，～が好(す)きだ

live 5級
[lív]
住(す)んでいる

look 5級
[lúk]
(注意(ちゅうい)して) 見(み)る

make 5級
[méik]
～を作(つく)る

meet 5級
[míːt]
～に会(あ)う

plant 5級
[plǽnt]
～を植(う)える

play 5級
[pléi]
遊(あそ)ぶ

practice 5級
[prǽktis]
～を練習(れんしゅう)する

put 5級
[pút]
～を置(お)く

read 5級
[ríːd]
～を読(よ)む

ride 5級
[ráid]
(乗(の)り物(もの)・馬(うま)など) に乗(の)る

run 5級
[rʌ́n]
走(はし)る

see 5級
[síː]
～が見(み)える, ～を見(み)る

sing 5級
[síŋ]
(歌(うた)を) 歌(うた)う

sit 5級
[sít]
すわる

skate 5級
[skéit]
スケートをする

ski 5級
[skíː]
スキーをする

speak 5級
[spíːk]
話(はな)す

spell 5級
[spél]
(語(ご)) をつづる

stand 5級
[stǽnd]
たつ, たっている

stop 5級
[stáp]
～を止(と)める, やめる, 止(と)まる

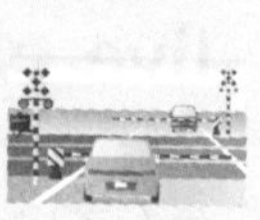

study 5級
[stʌ́di]
～を勉強(べんきょう)する

swim 5級
[swím]
泳(およ)ぐ

take 5級

[téik]

～を（手に）取る，持っていく

thank 5級

[θǽŋk]

～に感謝する，礼を言う

think 5級

[θíŋk]

～だと思う，考える

touch 5級

[tʌ́tʃ]

～にさわる

try 5級

[trái]

～を試す，～しようとする

turn 5級

[tə́ːrn]

～を回す，曲がる

visit 5級

[vízit]

（人）を訪問する，（場所）を訪れる

wake 5級

[wéik]

目が覚める，～を起こす

walk 5級

[wɔ́ːk]

歩く，散歩する〔させる〕

want 5級

[wánt]

～がほしい

wash 5級

[wáʃ]

～を洗う

watch 5級

[wátʃ]

～をじっと見る

3 例にならって，家族や友だちに曜日ごとに何をするのかたずねて，書きましょう。

名前	曜日	何をするのか
（例）John	Wednesday	watch TV

38 My perfect schedule of a day
〈一日の行動〉

1 みかとルークの話を聞きましょう。

What's your schedule today?
あなたの今日の予定は何？

At 3:00, I go home. At 3:30, I read a book.
Look, this is my perfect schedule of a day!
3時に家に帰る。3時半に本を読む。
見て，これはかんぺきな一日の予定でしょう！

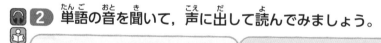

2 単語の音を聞いて，声に出して読んでみましょう。

go home 5級 家に帰る 	**read a book** 5級 本を読む 
wash my face 5級 顔を洗う	**brush my teeth** 5級 歯をみがく 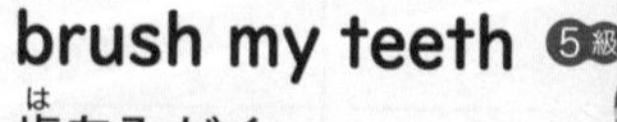

put away my futon 5級
布団を片付ける

drink coffee 5級
コーヒーを飲む

make lunch 5級
昼食を作る

leave my house 5級
家を出る

go to school 5級
学校に行く

study math 5級
算数〔数学〕を勉強する

speak English 5級
英語を話す

get the newspaper 5級
新聞を手に入れる

play the piano 5級
ピアノをひく

have breakfast 5級
朝食を食べる

eat sandwiches 5級
サンドイッチを食べる

check my school bag 5級
学校のかばんを確認する

take out the garbage 5級
ごみを出す

sit on the chair 5級
いすに座る

practice kanji 5級
漢字を練習する

do my homework 5級
宿題をする

clean my room 5級
自分の部屋を掃除する

play the recorder 5級
リコーダーをふく

play cards 5級
トランプをする

watch TV 5級
テレビを見(み)る

listen to music 5級
音楽(おんがく)をきく

sing well 5級
上手(じょうず)に歌(うた)う

write a letter 5級
手紙(てがみ)を書(か)く

walk to the station 5級
駅(えき)まで歩(ある)く

run fast 5級
速(はや)く走(はし)る

jump high 5級
高(たか)くとぶ

ride a bicycle 5級
自転車(じてんしゃ)に乗(の)る

ride a unicycle 5級
一輪車(いちりんしゃ)に乗(の)る

take a picture 5級
写真(しゃしん)をとる

buy some fruits 5級
果物(くだもの)をいくつか買(か)う

swim in the pool 5級
プールで泳(およ)ぐ

visit the museum 5級
博物館(はくぶつかん)を訪(おとず)れる

see a doctor 5級
医者(いしゃ)にかかる

take a bus 5級
バスに乗(の)る

meet my grandparents 5級
祖父母(そふぼ)に会(あ)う

draw a picture 5級
絵(え)をかく

join the soccer team 5級
サッカーチームに参加する

practice judo 5級
柔道を練習する

help my mother 5級
お母さんを手伝う

enjoy the festival 5級
お祭りを楽しむ

play catch 5級
キャッチボールをする

drive a car 5級
車を運転する

talk with friends 5級
友だちと話す

cook dinner 5級
夕食を作る

set the table 5級
テーブルを準備する

wash the dishes 5級
皿を洗う

take a bath 5級
入浴する

go to bed 5級
寝る

3 例にならって，次の予定表に一日の予定を書きましょう。

時間	予定
(例) 7:00	have breakfast

39 Which do you like, bitter chocolate or sweet one?

〈気持ち・様子・状態〉

1 みかとルークの話を聞きましょう。

Which do you like, bitter chocolate or sweet?
苦いチョコレートが好き？　それともあまいのが好き？

I like bitter chocolate.
ぼくは苦いチョコレートが好きだよ。

2 単語の音を聞いて，声に出して読んでみましょう。

bad 5級
[bǽd]
悪(わる)い

beautiful 5級
[bjú:təfl]
美(うつく)しい，きれいな

best 5級
[bést]
最(もっと)もよい

big 5級
[bíg]
大(おお)きい

brave 5級
[bréiv]
ゆうかんな

busy 5級
[bízi]
(人(ひと)などが) いそがしい

cheerful 5級
[tʃíərfl]
機嫌(きげん)のいい

closed 5級
[klóuzd]
閉(と)じた

cool 5級
[kú:l]
すずしい，かっこいい

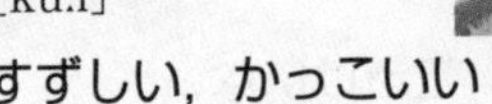

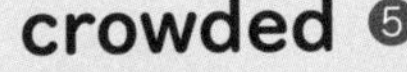

crowded 5級
[kráudid]
こみあった

cute 5級
[kjú:t]
(小(ちい)さくて) かわいい

deep 5級
[dí:p]
深(ふか)い

delicious 5級
[dilíʃəs]
とてもおいしい

difficult
[dìfikəlt]
難(むずか)しい

easy 5級
[í:zi]
かんたんな

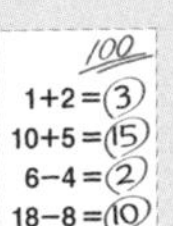

empty 5級
[émpti]
空(から)の

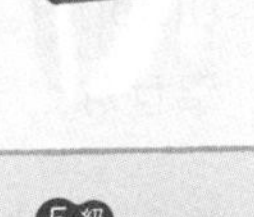

excellent 5級
[éksələnt]
すばらしい

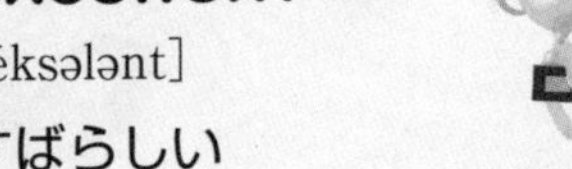

exciting [iksáitiŋ] 5級
興奮(こうふん)させるような，はらはらさせるような，わくわくさせるような

famous 5級
[féiməs]
有名(ゆうめい)な

fantastic
[fæntǽstik]
空想的(くうそうてき)な，奇想天外(きそうてんがい)な

fast 5級
[fǽst]
速(はや)い

favorite 5級
[féivərit]
お気(き)に入(い)りの，大好(だいす)きな

fine 5級
[fáin]
すばらしい，元気(げんき)な

free
[fríː]
自由(じゆう)な，ひまな

fresh 5級
[fréʃ]
しんせんな

friendly 5級
[fréndli]
友好的(ゆうこうてき)な

fun 5級
[fʌ́n]
愉快(ゆかい)な

funny 5級
[fʌ́ni]
おかしい，こっけいな

furry 5級
[fə́ːri]
やわらかい毛(け)の

gentle 5級
[dʒéntl]
優(やさ)しい，親切(しんせつ)な

good 5級
[gúd]
よい，上手(じょうず)な，おいしい

great 5級
[gréit]
偉大(いだい)な，すばらしい

happy 5級
[hǽpi]
幸(しあわ)せな，うれしい

hard 5級
[háːrd]
かたい，難(むずか)しい

healthy 5級
[hélθi]
健康(けんこう)な

heavy 5級
[hévi]
重(おも)い

helpful 5級

[hélpfl]
役立つ，助けになる

high 5級
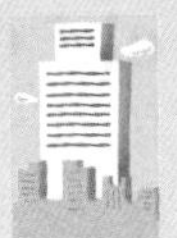
[hái]
高い

hot 5級

[hát]
暑い，熱い，からい

hungry 5級

[hʌ́ŋgri]
おなかがすいた

interesting 5級

[íntərəstiŋ]
おもしろい

junior 5級

[dʒúːnjər]
年下の，下級の

kind 5級

[káind]
親切な

large 5級

[láːrdʒ]
大きい

light 5級
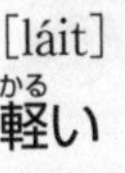

[láit]
軽い

little 5級
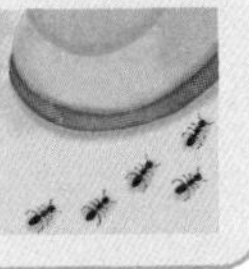
[lítl]
小さな

long 5級

[lɔ́ːŋ]
長い

lovely 5級

[lʌ́vli]
あいらしい，かわいい

many 5級

[méni]
（数が）たくさんの

much 5級

[mʌ́tʃ]
（量が）たくさんの

native 5級

[néitiv]
その土地に生まれた

new 5級

[njúː]
新しい

nice 5級
[náis]
すてきな，よい，親切な

noisy 5級

[nɔ́izi]
さわがしい

old 5級
[óuld]
年(とし)をとった，古(ふる)い

open 5級
[óupn]
開(あ)いて

popular 5級
[pápjələr]
人気(にんき)のある

pretty 5級
[príti]
かわいらしい

right 5級
[ráit]
正(ただ)しい

round 5級
[ráund]
丸(まる)い

sad 5級
[sǽd]
悲(かな)しい，悲(かな)しそうな

salty 5級
[sɔ́:lti]
塩(しお)の，塩(しお)を含(ふく)む

scary 5級
[ské(ə)ri]
おそろしい

shiny 5級
[ʃáini]
輝(かがや)く，光(ひか)る

short 5級
[ʃɔ́:rt]
短(みじか)い
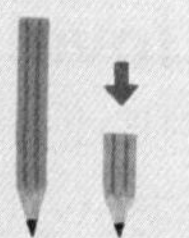

shy 5級
[ʃái]
はずかしがりの

sick 5級
[sík]
病気(びょうき)の

sleepy 5級
[slí:pi]
ねむい，ねむそうな

small 5級
[smɔ́:l]
小(ちい)さい，少(すく)ない

soft 5級
[sɔ́:ft]
やわらかい，おだやかな

sorry 5級
[sári]
すまなく思(おも)って，残念(ざんねん)で

sour 5級
[sáuər]
すっぱい，酸味(さんみ)のある

special 5級
[spéʃl]
特別な，特殊な

strong 5級
[strɔ́:ŋ]
強い

tall 5級
[tɔ́:l]
背が高い

thirsty 5級
[θə́:rsti]
のどのかわいた

tired 5級
[táiərd]
つかれた

traditional 5級
[trədíʃənl]
伝統的な

welcome 5級
[wélkəm]
かんげいされる

wild 5級
[wáild]
野生の

wonderful 5級
[wʌ́ndərfl]
すばらしい

young
[jʌ́ŋ]
若い，年下の

3 例にならって，家族や友だちにどちらのタイプが好きかたずねて，書きましょう。

Which do you like, hot drinks or cold ones?

名前	好きなタイプ			
（例）Taichi	hot drink		cold drink	○

40 I always have some candies!

〈副詞〉

1 ルークとみかの話を聞きましょう。

What do you always have?
きみはいつも何を持ち歩いているの？
I always have some candies!
わたしはいつもキャンディーを持ち歩いているのよ！

2 単語の音を聞いて，声に出して読んでみましょう。

always 5級

[ɔ́:lweiz]

いつも

日	月	火	水	木	金	土
	1	2	3	4	5	6
7	8	9	10	11	12	13
14	15	16	17	18	19	20
21	22	23	24	25	26	27
28	29	30	31			

often 5級

[ɔ́:fn]

しばしば，よく

日	月	火	水	木	金	土
	1	2	3	4	5	6
7	8	9	10	11	12	13
14	15	16	17	18	19	20
21	22	23	24	25	26	27
28	29	30	31			

usually 5級

[jú:ʒuəli]

たいてい，ふつう

日	月	火	水	木	金	土
	1	2	3	4	5	6
7	8	9	10	11	12	13
14	15	16	17	18	19	20
21	22	23	24	25	26	27
28	29	30	31			

sometimes 5級

[sʌ́mtàimz]

ときどき

日	月	火	水	木	金	土
	1	2	3	4	5	6
7	8	9	10	11	12	13
14	15	16	17	18	19	20
21	22	23	24	25	26	27
28	29	30	31			

not 5級
[nát]
～ではない

never 5級
[névər]
決して～ない

again 5級
[əgén]
もう一度，再び

here 5級
[híər]
ここに〔で〕

away 5級
[əwéi]
はなれて

out 5級
[áut]
外へ，なくなって

so 5級
[sóu]
そんなに，そのように

off 5級
[ɔ́:f]
（～から）はなれて

very 5級
[véri]
非常に，とても

well 5級
[wél]
上手に，よく

up 5級
[ʌ́p]
上へ〔に〕

down 5級
[dáun]
下へ〔に〕

3 次の副詞を英語で言いましょう。

日本語	英語
いつも	always
しばしば	often
たいてい	usually
ときどき	sometimes

41 Where is my dictionary?

〈前置詞〉

1 みかとルークの話を聞きましょう。

Where is my dictionary?
わたしの辞書はどこかしら？

It is on the desk.
机の上にあるよ。

2 単語の音を聞いて，声に出して読んでみましょう。

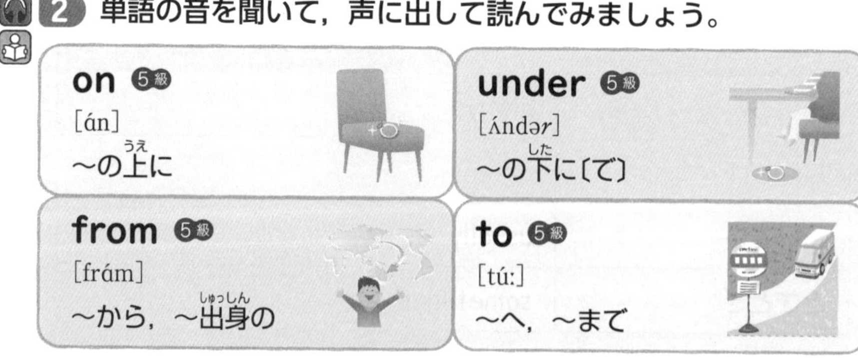

inside 5級

[ìnsáid]

～の内側(うちがわ)に

outside 5級

[àutsáid]

～の外側(そとがわ)に

before 5級

[bifɔ́ːr]

～の前(まえ)に

after 5級

[ǽftər]

～のあとに

about 5級

[əbáut]

～について

for 5級

[fɔ́ːr]

～のために，～の間(あいだ)

around 5級

[əráund]

～の周(まわ)りに〔で〕

near 5級

[níər]

～の近(ちか)くに〔で〕

at 5級

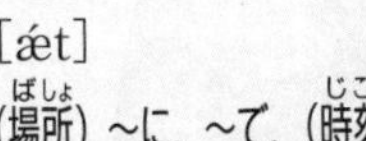

[ǽt]

(場所(ばしょ)) ～に，～で，(時刻(じこく)) ～に

by 5級

[bái]

～のそばに，～までに，～によって

in 5級

[ín]

～の中(なか)に

with 5級

[wíð]

～といっしょに，～を使(つか)って

3 例(れい)にならって，自分(じぶん)の身(み)の回(まわ)りのものがどこにあるか，書(か)きましょう。

身(み)の回(まわ)りのもの	場所(ばしょ)
(例(れい)) bag	under the table

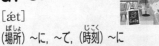

42 Why do you think so?

〈ぎもん詞・接続詞〉

1 ルークとみかの話を聞きましょう。

Summer is a good season.
夏はいい季節だね。

Why do you think so?
なぜそう思うの？

Because I can swim in the sea!
なぜなら海で泳げるからさ！

2 単語の音を聞いて，声に出して読んでみましょう。

why 5級
[*h*wái]
なぜ，どうして

because 5級
[bikɔ́:z]
（なぜなら）～だから，～なので

what 5級
[*h*wát]
何，何の

when 5級
[*h*wén]
いつ

where 5級
[*h*wéə*r*]
どこ（に），どこで，どこへ

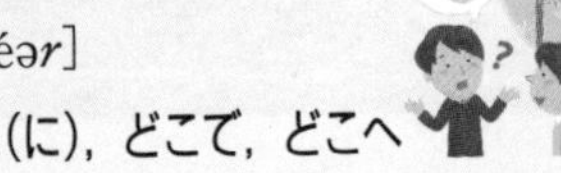

who 5級
[hú:]
だれ，だれが

how 5級
[háu]
どのようにして，どんな，どれくらい

and 5級
[ǽnd]
～と…，そうすれば

as 5級
[ǽz]
～と同じくらい…，～のとおりに

but 5級
[bʌ́t]
しかし，けれども，でも

if 5級
[íf]
もし～ならば

or 5級
[ɔ́:*r*]
～かまたは…，あるいは

so 5級
[sóu]
だから，それで

while 5級
[*h*wáil]
～する間に

3 例にならって，家族や友だちの好きなものとその理由をたずねて，書きましょう。

What do you like?
Why do you like it(them)?

名前	好きなもの	理由
（例）Chris	cats	cute and clever

事前準備 ～音の変化～

What time～? って「ホワット　タイム？」って発音するのかな？

それはこうやって発音するよ！

Good job. は「グッド　ジョブ」って言うの？

それはこうだよ！

なるほど！でも，単語も発音がちがうように聞こえるけど，“food”は「フード」，“pilot”は「パイロット」って言うの？

その単語はこうだよ！ You can do it!

英語の音の変化

英語を発音するとき，ある単語の一番後ろの音が消えたり，音と音がくっついて，ちがう音に聞こえたりすることがあるよ！左下のQRコードを読み取り，スピーカーのアイコンから音声を聞いて，何度も発音の練習をしてみよう！

ここから スタート！

Part 3

いろいろな表現を学ぼう

会話表現

あいさつ，好きなこと，放課後にすること，道案内，夏休みの思い出，明日することなど，日常生活でよく使われる表現について学びます。

学習することがら

1. 日常生活でよく使う会話表現を学ぶ
2. いろいろな表現を使った問題に取り組む

1 Good morning.

いろいろなあいさつを言ってみよう。

解答 p.448

1 イラストを見ながら，会話を聞きましょう。

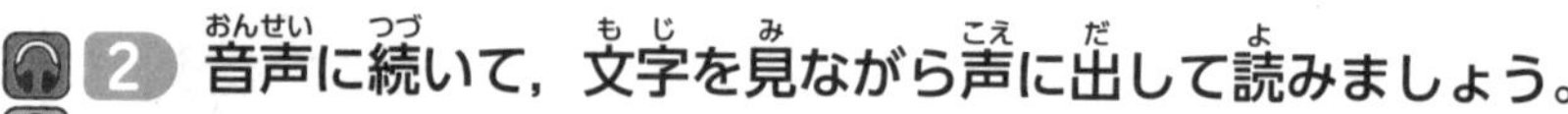

2 音声に続いて，文字を見ながら声に出して読みましょう。

Good morning, Luke.

Good morning, Mika.

「おはようございます。」→ **Good morning.**
「こんにちは。」→ **Good afternoon.**
「こんばんは。」→ **Good evening.**
「おやすみなさい。」→ **Good night.**

Good morning. は朝のあいさつの表現です。あいさつは時間によって異なります。Hello.（こんにちは。）や Hi.（やあ。）という表現は一日のどの時間でも使うことができます。寝る前には，Good night.（おやすみなさい。）とあいさつします。

3 次の会話を聞いて，みかとルークが何時にあいさつをしたか，正しいものを下から選び記号で答えましょう。

ア

イ

ウ

(1)（　　）　(2)（　　）　(3)（　　）

4 次のイラストに合うように，あいさつをしましょう。

(1)

(2)

(3)

(4)
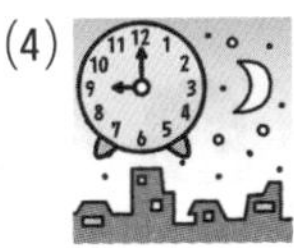

2 Thank you.

お礼(れい)を言(い)おう。

解答 p.449

1 イラストを見(み)ながら，会話(かいわ)を聞(き)きましょう。

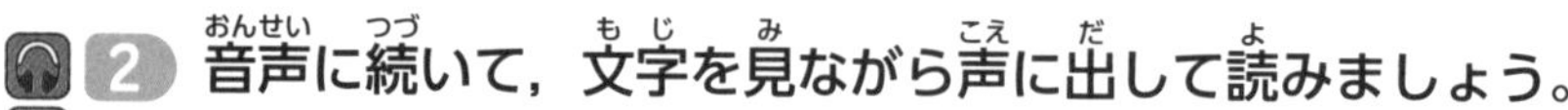

2 音声(おんせい)に続(つづ)いて，文字(もじ)を見(み)ながら声(こえ)に出(だ)して読(よ)みましょう。

This is a rice ball. Please try it.

Thank you.

You're welcome.

「ありがとう。」→　**Thank you.**

お礼を言うときは，Thank you.（ありがとう。）と言います。また，Thank you. と相手に言われたら，You’re welcome.（どういたしまして。）と返事をします。
「本当にありがとう。」と言いたいときは，Thank you very much. という表現を使いましょう。また，友達どうしでは，Thanks. というくだけた表現を使うこともあります。

3 **次の会話を聞いて，どんな場面で会話をしているか，正しいものを下から選び記号で答えましょう。**

ア

イ

（　　）

4 **次のイラストに合うことばをふきだしに入れて，言いましょう。**

(1)

(2)

3 I am ～.
気持ち(きもち)を伝え(つたえ)よう。

解答 p.449

1 イラストを見(み)ながら，会話(かいわ)を聞(き)きましょう。

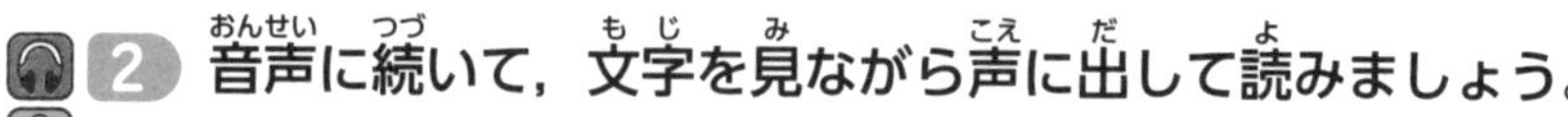

2 音声(おんせい)に続(つづ)いて，文字(もじ)を見(み)ながら声(こえ)に出(だ)して読(よ)みましょう。

 How are you, Luke?

 I'm happy. It's my birthday today.

 Happy birthday, Luke!

「わたしは～です。」→ I am ～.

気持ちや状態を伝えるときには，I am ～. という表現を使います。～には下の[　　]内にある気持ちや状態を表すことばが入ります。

I am hungry.（わたしはお腹がすいています。）

I am not hungry.（わたしはお腹がすいていません。）

ただし，I am は I'm と短縮できます。

happy（幸せ）　sad（悲しい）　thirsty（のどがかわいている）
sleepy（眠たい）　tired（つかれている）　angry（怒っている）

相手に気持ちや状態をたずねるときは，Are you (happy)？（あなたは(幸せ)ですか？）と聞きます。答えるときは，Yes, I am.（はい，幸せです。）や No, I am not.（いいえ，幸せではありません。）と言います。

p.268~273 へgo!

3 次の会話を聞いて，みかはどんな気持ち（状態）か，正しいものを下から選び記号で答えましょう。

ア

イ

ウ

エ

（　　）

4 次のイラストに合うように，気持ちをことばで言いましょう。

例

(1)

(2)

4 What do you like?

何が好きか聞いてみよう。

解答 p.450

1 イラストを見ながら，会話を聞きましょう。

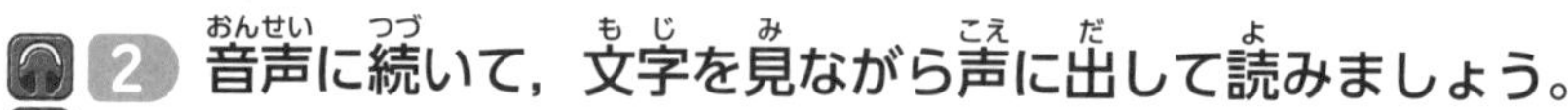

2 音声に続いて，文字を見ながら声に出して読みましょう。

 What do you like?

 I like cakes. How about you, Mika?

 I like donuts very much.

「あなたは何が好きですか。」→ **What do you like?**

家で食事をしたりするときなど，相手の好きなものをたずねる場合は，What do you like? という表現を使います。

答えるときには, I like (orange juice). (わたしは(オレンジジュース)が好きです。）のように言います。また，What food/dessert/drink do you like?（あなたはどんな食べ物 / デザート / 飲み物が好きですか？）という表現もあります。

p.302~303 へgo!

3 次の会話を聞いて，みかは何が好きか，正しいものを下から選び記号で答えましょう。

ア

イ

ウ

(　　)

4 みかに何が好きかたずねましょう。また，みかになったつもりで答えましょう。

(　　　　　　　　), Mika?

—— I like (　　　　).

5 次の質問に英語で答えましょう。

What do you like?

....

5 What do you want to do?
何(なに)がしたいか聞(き)いてみよう。

解答 p.450

1 イラストを見(み)ながら，会話(かいわ)を聞(き)きましょう。

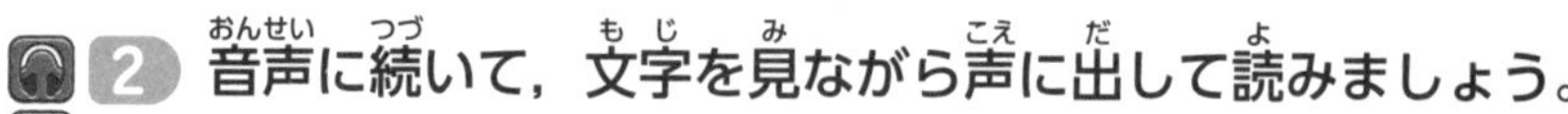

2 音声(おんせい)に続(つづ)いて，文字(もじ)を見(み)ながら声(こえ)に出(だ)して読(よ)みましょう。

 It's Sunday. What do you want to do, Mika?

 I want to go on a picnic.

 Sounds very nice!

「何がしたいですか」→ **What do you want to do?**
「～がしたいです。」→ **I want to ～.**

相手に何がしたいかをたずねるときは，What do you want to do? という表現を使いましょう。答えるときは，I want to (watch movies).（私は(映画をみたいです)。）のように言います。～には下の[ ]内のように自分がしたいことを表す語句が入ります。

play soccer/tennis/baseball（サッカー / テニス / 野球をする） read books（本を読む） go to the park（公園に行く） go on a picnic（ピクニックに行く） go fishing（釣りに行く） make a cake（ケーキを作る）

p.372~373 へgo!

3 次の会話を聞いて，みかが日曜日に何をしたいか，正しいものを下から選び記号で答えましょう。

ア

イ

ウ

(　　)

4 みかとルークになったつもりで，会話を完成させましょう。

(1) Mika: ....

Luke: I want to watch TV.

(2) Luke: What do you want to do?

Mika: ....

6 Hello. This is ～.

電話(でんわ)をかけよう。

解答 p.451

1 イラストを見(み)ながら，会話(かいわ)を聞(き)きましょう。

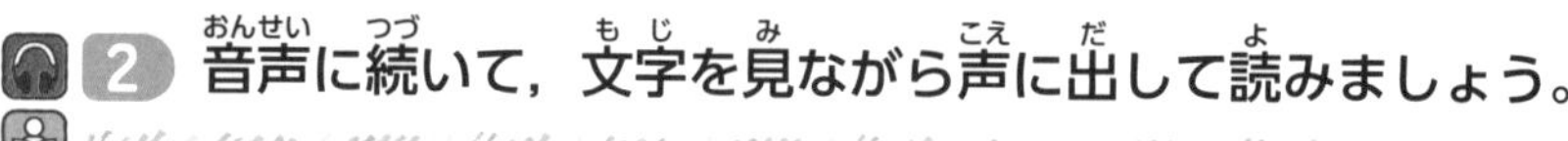

2 音声(おんせい)に続(つづ)いて，文字(もじ)を見(み)ながら声(こえ)に出(だ)して読(よ)みましょう。

 Hello.

 Hello. This is Luke.

 Hi, Luke.

 Are you free now? Let's play soccer!

「もしもし，わたしは～です。」→ Hello. This is ～.

電話をかけるときに使う表現です。電話で名前を言うときは，I am ～. ではなく，This is ～. という表現を使います。電話に，話したい人ではなく別の人が出てきたときは，May I speak to ～(名前)？(～はいらっしゃいますか。) とたずねましょう。

3 次の会話を聞いて，だれが電話をかけているか，正しいものを下から選び記号で答えましょう。

ア

みか

イ

ルーク

はな

(　　)

4 電話をかけて，名前を名乗ります。(1)～(3)の指示に従って，(　　) にことばを入れて文を完成させましょう。

(1) ルークになったつもりで名乗る。

Hello. (　　) is Luke.

(2) みかになったつもりで名乗る。

Hello. (　　) (　　) Mika.

(3) 自分の名前を名乗る。

Hello. (　　) (　　) (　　).

7 Do you want to leave a message?

伝言を残すか聞いてみよう。

解答 p.451

1 イラストを見ながら，会話を聞きましょう。

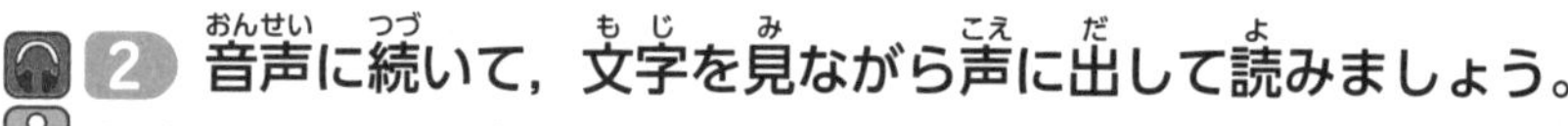

2 音声に続いて，文字を見ながら声に出して読みましょう。

Hello.

Hello. This is Luke. May I speak to Mika?

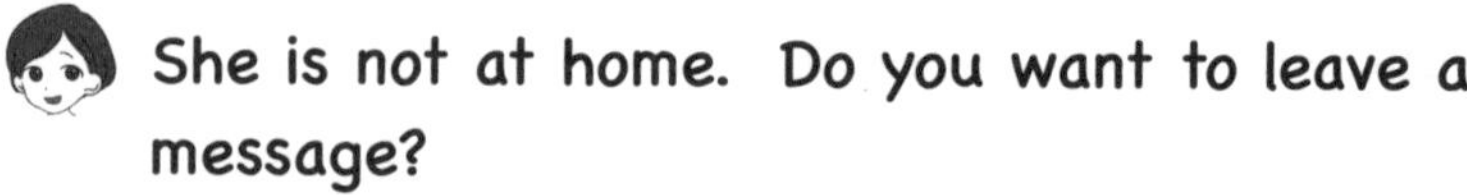

She is not at home. Do you want to leave a message?

Yes, I do.

「伝言を残しますか。」→

Do you want to leave a message?

電話での会話で使う表現です。伝言を残したいかどうかをたずねるときに使います。丁寧な言い方では，Would you like to leave a message? という表現も使うことができます。

p.372~373 へgo!

3 次の会話を聞いて，ルークが伝言を残す場合は○をつけましょう。残さない場合は×をつけましょう。

(1) (　　　)　　(2) (　　　)

4 あなたがみかに電話をかけたところ，みかのお母さんが出ました。(　　) にことばを入れて会話を完成させましょう。

Mika's mother: Hello!
You: Hello. (　　) (　　) (　　).
May I speak to (　　)?
Mika's mother: I'm sorry, but she is not at home.

5 みかのお母さんになったつもりで，「伝言を残しますか。」とたずねましょう。

Mika's mother: Hello.
Luke: Hello. This is Luke. Is Mika at home?
Mika's mother: No, she isn't. ....

8 When is your birthday?

誕生日について聞いてみよう。

解答 p.452

1 イラストを見ながら，会話を聞きましょう。

2 音声に続いて，文字を見ながら声に出して読みましょう。

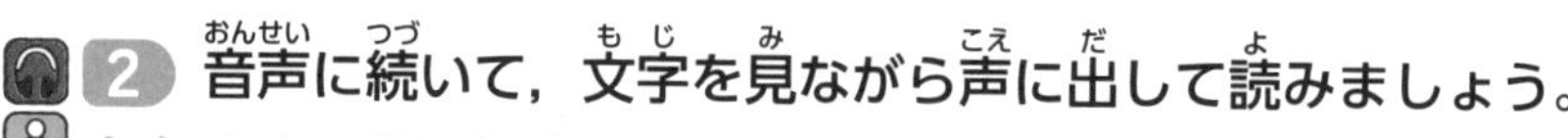

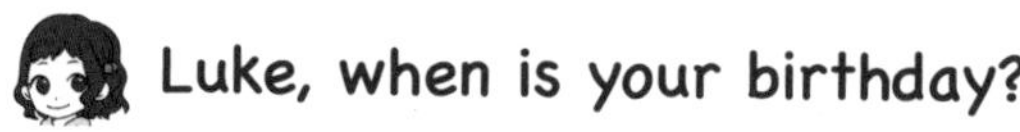
Luke, when is your birthday?

My birthday is July ninth. How about yours?

My birthday is tomorrow. It's May fifth.

Happy birthday!

「誕生日はいつですか。」→ **When is your birthday?**

相手の誕生日をたずねるときに使う表現です。この質問には，My birthday is (April sixth). (わたしの誕生日は(4月6日)です。) という表現を使って誕生日を答えましょう。日付は「序数」で表すことに気をつけましょう。「序数」とは first, second, third, fourth, fifth, sixth, seventh, eighth, ninth, tenth, …のような順番を表すことばです。

3 次の会話を聞いて，みかの家族の誕生日はいつか，正しいものを下から選び記号で答えましょう。

(1) じゅん (　　)　(2) はな (　　)　(3) とし (　　)

ア. January eighth
イ. November twenty fourth
ウ. June twenty third

4 次のイラストに合うことばをふきだしに入れて，誕生日はいつかたずねましょう。また自分の誕生日を答えましょう。

(1)

(2)

9 My name is ~. Nice to meet you.

はじめまして。

解答 p.453

1 イラストを見ながら，会話を聞きましょう。

2 音声に続いて，文字を見ながら声に出して読みましょう。

My name is Luke. Nice to meet you. What is your name?

My name is Mika. Nice to meet you, too.

「わたしの名前は～です。」→ **My name is ～.**
「はじめまして。」→ **Nice to meet you.**

初めて会った人に，自分の名前を言うときに使います。相手の名前をたずねるときは，What is your name?（あなたの名前は何ですか。）と言いましょう。目上の人にたずねるときには May I have your name? という表現を使います。
また，Nice to meet you.（はじめまして。）と言われたら，Nice to meet you, too.（こちらこそはじめまして。）と返しましょう。そのときは“too”の部分をやや強めに言いましょう。

3 次の英文を聞いて，だれが自己紹介をしているか，正しいものを下から選び記号で答えましょう。また，好きなスポーツも選びましょう。

ア 
けん

イ
じゅん

ウ 
ルーク

エ 
田中先生

オ　野球　　カ　テニス　　キ　バスケットボールク　サッカー

（　　　　）

4 初めて会った人に紹介するつもりで，自己紹介しましょう。

Hello.

____

____

10 Hi. How are you? I am fine.

元気ですか。ぼくは元気です。

解答 p.453

1 イラストを見ながら，会話を聞きましょう。

2 音声に続いて，文字を見ながら声に出して読みましょう。

 Hi. How are you, Mika?

 I am fine. Thank you.

「元気ですか。」→ **How are you?**
「元気です。」→ **I am fine.**

How are you?（元気ですか。）は人に会ったときに相手の気分をたずねる表現です。「元気です。」と答えるときは，I am fine. の他にI am good. やI am great. と言うことができます。また，I am OK.（まずまずだよ。），So-so.（まあまあかな。），I am sleepy.（眠たいよ。）という表現も使えます。あわせて，p.161 の「気持ちや状態を伝えるときの表現」も使いましょう。

3 次の会話を聞いて，みかはどんな気分か，正しいものを下から選び記号で答えましょう。

ア　great　　イ　sleepy　　ウ　OK

（　　）

4 次のイラストに合うように，みかとルークになったつもりで答えましょう。

(1) How are you, Mika?

（元気）

(2) How are you, Luke?

（眠たい）

11 Please ～.

～してください。

解答 p.453

1 イラストを見ながら，会話を聞きましょう。

2 音声に続いて，文字を見ながら声に出して読みましょう。

 Oh, I don't have an eraser.

 I have two. Please use this.

 Thank you, Mika.

「～してください。」→　Please ～.

相手に何かをお願いするときや行動をうながすときは，Please ～. という表現を使います。～にはお願いしたいことが入ります。Please stand up.（立ってください。）や Stand up, please. のように文の前後どちらに please をつけてもよいです。また，Stand up.（立ちなさい。）のように please をつけないと，命令・指示をするような表現になります。

p.324~325 へgo!

3 次の会話を聞いて，田中先生は何をお願いしているか，正しいものを下から選び記号で答えましょう。

ア 

イ 

ウ 

(　　)

4 次のイラストに合うように，最初に Please を使ったことばを下線部に入れて，言いましょう。

例　Please open your textbook.（開く）

(1) ＿＿＿＿＿＿ my pen.（使う）

(2) ＿＿＿＿＿＿ this book.（読む）

12 What day is it today?

何曜日ですか。

解答 p.454

1 イラストを見ながら，会話を聞きましょう。

2 音声に続いて，文字を見ながら声に出して読みましょう。

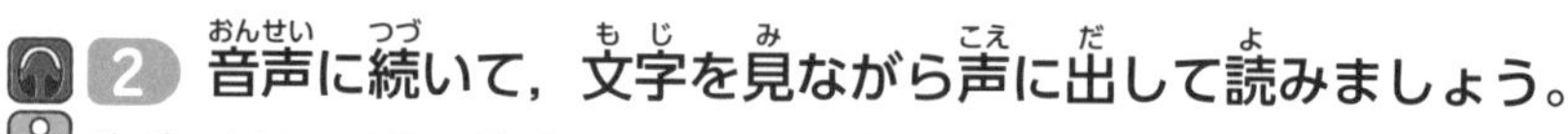

 Good morning, Mika. How are you today?

 I'm fine.

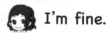

 Great! What day is it today?

 It's Wednesday.

「今日は何曜日ですか。」→ What day is it today?

曜日をたずねるときは，What day is it today? と言います。答えるときは，月曜日であれば It's Monday.（月曜日です。）と言いましょう。また，今日の日付をたずねるときには，What is the date today?（今日は何月何日ですか？）という表現を使います。混同しないように気をつけましょう。It's May fifth.（5月5日です。）などと答えましょう。

3 次の会話を聞いて，曜日と予定を線で結びましょう。

(1) Tuesday ・　　　・ ア テスト

(2) Wednesday ・　　　・ イ 水泳のレッスン

4 次の予定表に合うように，下線部に曜日を入れましょう。

Monday	Tuesday	Wednesday	Thursday	Friday
play soccer	go to the park	play tennis	visit my grandparents	play the piano

例 A: What day is it today?
B: It's Tuesday today. I'll go to the park.

(1) A: What day is it today?

B: It's ________ today. I'll play soccer.

(2) A: What day is it today?

B: It's ________ today. I'll visit my grandparents.

13 Do you have math on Monday?

月曜日に算数はありますか。

解答 p.454

1 イラストを見ながら，会話を聞きましょう。

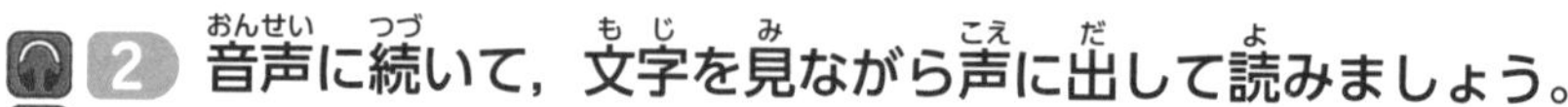

2 音声に続いて，文字を見ながら声に出して読みましょう。

Do you have math on Monday?

Yes, I do. I like math very much.

That's nice.

「…曜日に～はありますか。」→ **Do you have ～ on … ?**

「月曜日に」は on Monday です。「水曜日に音楽はありますか？」は Do you have music on Wednesday? と言います。Yes, I do.（はい，あります。）や No, I don't.（いいえ，ありません。）と答えましょう。また，「水曜日に音楽があります。」は，I have music on Wednesday. です。

3 次の会話を聞いて，みかは火曜日に何の授業があるか，正しいものを下からすべて選び記号で答えましょう。

ア

イ

ウ

エ

（　　　　）

4 次の表は，みかの時間割です。みかに時間割をたずねましょう。

	Monday	Tuesday	Wednesday	Thursday	Friday
1	math	science	math	math	Japanese
2	English	art	Japanese	P.E.	social studies
3	P.E.	social studies	home economics	moral education	calligraphy
4	music	English	science	art	music

例　水曜日に算数があるかどうかをたずねる。

You: Do you have Math on Wednesday? —— Mika: Yes, I do.

(1)　火曜日に英語があるかどうかをたずねる。

You: .... —— Mika: Yes, I do.

(2)　木曜日に音楽があるかどうかをたずねる。

You: .... —— Mika: No, I don't.

14 What time do you get up?

何時に起きますか。

解答 p.455

1 イラストを見ながら，会話を聞きましょう。

2 音声に続いて，文字を見ながら声に出して読みましょう。

Good morning, Mika. You come to school early every day. What time do you get up every day?

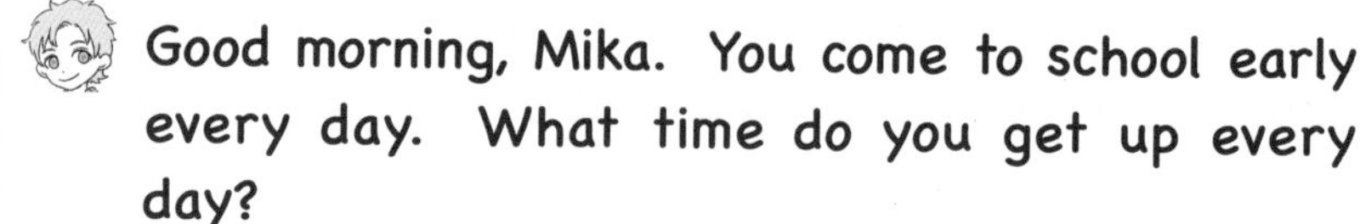

I get up at six every morning.

It's early.

「あなたは何時に～しますか。」
→ **What time do you ～?**

いろいろな日課の時間をたずねるときに使います。起きる時間をたずねるときには，What time do you (get up)?（何時に(起きる)の？）と言います。答え方は，I (get up) at seven.（7 時に(起きます)。）です。時間を表す語句の前には at を忘れないようにしましょう。下の［　］内にある日課を表す語句も練習しましょう。

get up（起きる）　eat breakfast/lunch/dinner（朝食 / 昼食 / 夕食を食べる）　go to school（学校に行く）　go home（家に帰る）　study（勉強する）　watch TV（テレビを見る）　take a bath（ふろに入る）　go to bed（寝る）

p.322~323 へgo!

3 次の英文を聞いて，みかが朝 7 時 30 分に何をするか，正しいものを下から選び記号で答えましょう。

ア　朝ごはんを食べる　　イ　学校に行く
ウ　起きる　　（　　）

4 ルークになったつもりで，会話を完成させましょう。

例　Luke: What time do you get up?
Mika: I get up at six.

Mika: What time do you leave your house?

Luke: ....

15 I am ～ing.

わたしは～しているところです。

解答 p.456

1 イラストを見(み)ながら，会話(かいわ)を聞(き)きましょう。

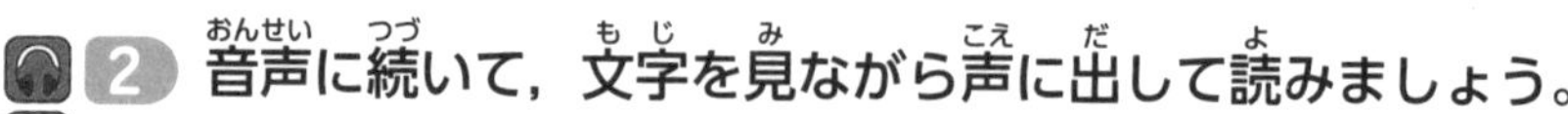

2 音声(おんせい)に続(つづ)いて，文字(もじ)を見(み)ながら声(こえ)に出(だ)して読(よ)みましょう。

Luke, do you want to play outside?

I'm eating lunch now. Just a moment.

OK.

「わたしは～しているところです。」→ I am ~ing.

今，自分がしていることを言うときに使う表現です。I am eating lunch now.（わたしは今，昼ご飯を食べているところです。）というように，now（今）という単語もいっしょに使ってみましょう。「今，何をしていますか。」と相手にたずねるときは，What are you doing now? という表現を使います。

p.354~355 へgo!

3 次の会話を聞いて，はなが今何を作っているか，正しいものを下から 2 つ選び記号で答えましょう。

ア　イ　ウ 　エ

（　　　）

4 みかとルークになったつもりで，会話を完成させましょう。

例 Luke: What are you doing?
Mika: I am reading a book.

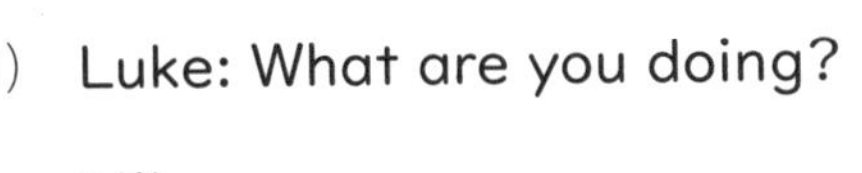

(1) Luke: What are you doing?

Mika: ....

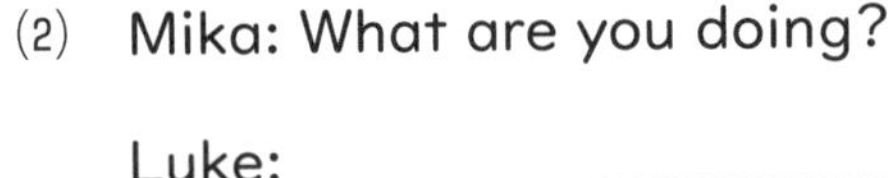

(2) Mika: What are you doing?

Luke: ....

16 How is the weather?

天気はどうですか。

解答 p.456

1 イラストを見ながら，会話を聞きましょう。

2 音声に続いて，文字を見ながら声に出して読みましょう。

 Good morning. How is the weather today?

 It's sunny.

 Yes. It's a very nice day for the field trip.

「天気はどうですか。」 → How is the weather?

天気をたずねるときに使う表現です。How is the weather? と聞かれたら，It's sunny.（晴れです。），It's rainy.（雨です。），It's cloudy.（曇りです。），It's windy.（風が強いです。）などと答えましょう。今日の天気をたずねたいときは，How is the weather today?（今日の天気はどうですか。）と言いましょう。

3 次の会話を聞いて，今日はどんな天気か，正しいものを下から選び記号で答えましょう。

ア 

イ 

ウ 

エ 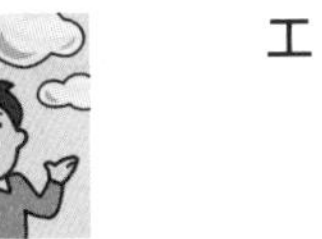

（　　）

4 天気をたずねましょう。また，イラストに合うように，下線部に天気を入れましょう。

例　A: How is the weather?
B: It's sunny.

(1)　A: ＿＿＿＿＿＿＿＿＿＿
B: It's snowy.

(2)　A: How is the weather?
B: ＿＿＿＿＿＿＿＿＿＿

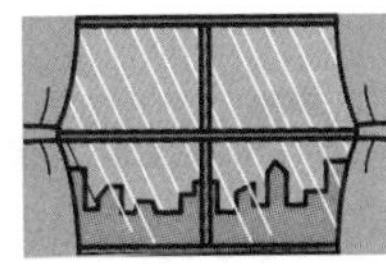

17 I like ～.

わたしは～が好きです。

解答 p.457

1 イラストを見ながら，会話を聞きましょう。

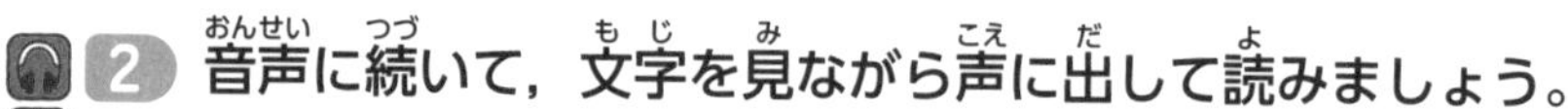

2 音声に続いて，文字を見ながら声に出して読みましょう。

 We play soccer in P.E. class today.

 Great! I like soccer very much.

 Let’s practice for the game.

「わたしは～が好きです。」→ **I like ～.**

自分の好きな食べ物や教科，スポーツや動物などを伝えるときに使う表現です。

I like strawberries.（わたしはいちごが好きです。）

好きな食べ物，教科，スポーツ，動物をたずねるときには，What food/subject/sport/animal do you like?（あなたはどんな食べ物／教科／スポーツ／動物が好きですか？）と聞きましょう。また，「～が好き」を表す表現に My favorite ～ is ....（わたしの大好きな～は…です。）があります。例えば，My favorite food is spaghetti.（わたしの大好きな食べ物はスパゲッティです。）と言います。また，動物など数えられる名詞のときは，dogs のように複数形にします。

p.296~297，p.304~305 へgo!

3 次の会話を聞いて，ルークは何のスポーツが好きか，正しいものを下から選び記号で答えましょう。

ア 
イ 
ウ 
エ 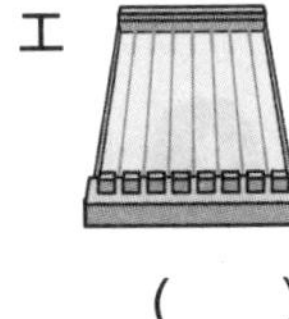

（　　）

4 【　　　】内のものやことについて，「わたしは～が好きです。」という英文を完成させましょう。

(1) I like (　　　　　).【自分の好きなスポーツ】
(2) I like (　　　　　).【自分の好きな動物】
(3) I like (　　　　　).【自分の好きな食べ物】

18 Luke likes 〜.

ルークは〜が好きです。

解答 p.457

1 イラストを見ながら，会話を聞きましょう。

2 音声に続いて，文字を見ながら声に出して読みましょう。

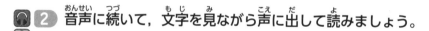

Ken likes science.

Me, too!

Ken likes social studies, too.

Me, too.

Really?

「〜は…が好きです。」→ 〜 likes ....

友だちや家族が好きなものを紹介するときに使う表現です。自分の好きなものについて伝えるときのI like 〜. と違って，Yui likes English.（ゆいは英語が好きです。）や My father plays baseball.（わたしの父は野球をします。）のように，動詞の後ろにｓをつけることを忘れないようにしましょう。

p.334~335 へgo!

3 次の会話を聞いて，ルークは何が好きか，正しいものを下からすべて選び記号で答えましょう。

ア

イ

ウ

エ

（　　　）

4 【　　　】内のものやことについて，「…は〜が好きです。」という英文を完成させましょう。

(1)　(　　　　) likes (　　　　).【友だちや家族の好きなスポーツ】

(2)　(　　　　) likes (　　　　).【友だちや家族の好きな教科】

(3)　(　　　　) likes (　　　　).【友だちや家族の好きな動物】

19 What subject do you like?

あなたは何の教科が好きですか。

解答 p.458

1 イラストを見ながら，会話を聞きましょう。

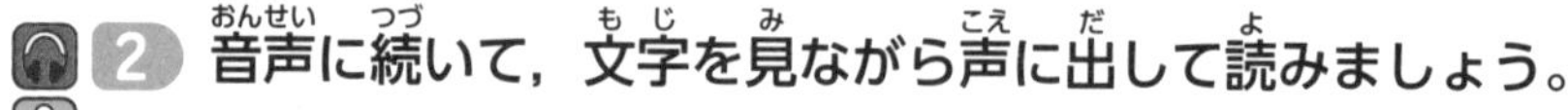

2 音声に続いて，文字を見ながら声に出して読みましょう。

 What subject do you like?

 I like math. How about you, Mika?

 I like music. I play the piano well.

「あなたは何の教科が好きですか。」

→ **What subject do you like?**

相手に好きな教科をたずねるときは，What subject do you like? と言いましょう。答えるときは p.188，189 で学んだ I like ～. という表現を使って，I like math.（わたしは算数が好きです。）などと言います。

p.304~305 へgo!

3 次の会話を聞いて，みかとルークは何の教科が好きか，正しいものを下から選び記号で答えましょう。

ア 
イ 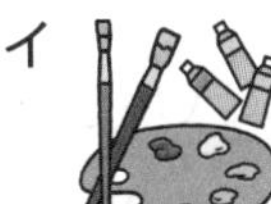
ウ 
エ 

(1) みか（　　）　(2) ルーク（　　）

4 ルークになったつもりで，会話を完成させましょう。

例 Luke: What subject do you like?
Mika: I like math.

(1) Luke: ....

Mika: I like English.

(2) Mika: What subject do you like?

Luke: ....

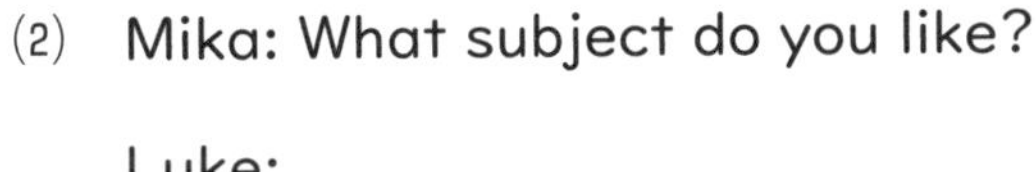

20 Good job.

よくできたね。

解答 p.458

1 イラストを見ながら，会話を聞きましょう。

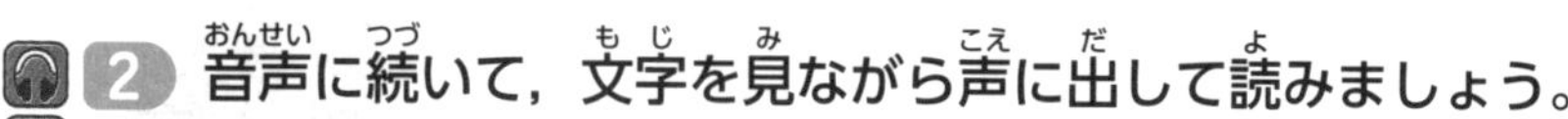

2 音声に続いて，文字を見ながら声に出して読みましょう。

 Wow! It's pretty! Good job, Mika.

 Thank you.

「よくできたね。」→ **Good job.**

相手をほめるときに使う表現です。ほかにも，Very good. / Great.（よくできたね。）やWonderful. / Excellent.（すばらしい。）という表現も使います。Your picture is excellent.（あなたの絵はすばらしいね。）とほめることもできます。

3 次の会話を聞いて，どんな場面で会話をしているか，正しいものを下から選び記号で答えましょう。

ア

イ

ウ

（　　）

4 田中先生になったつもりで，次のイラストに合うほめることばをふきだしに入れましょう。

(1)

You sing very well.
(　　　　　　　)!
Thank you.

(2)

You speak English very well.
(　　　　　　　　　　)!
Thank you.

21 How many ~ do you have?

いくつの～を持(も)っていますか。

解答 p.459

1 イラストを見(み)ながら，会話(かいわ)を聞(き)きましょう。

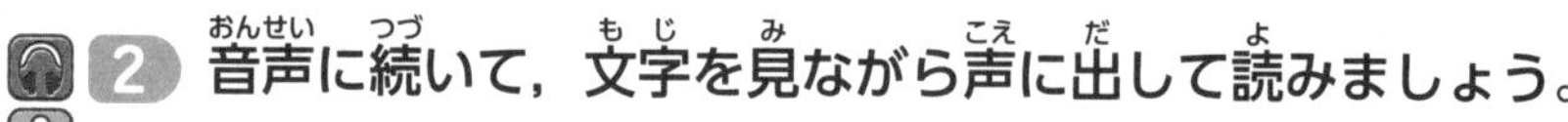

2 音声(おんせい)に続(つづ)いて，文字(もじ)を見(み)ながら声(こえ)に出(だ)して読(よ)みましょう。

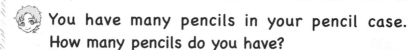

 You have many pencils in your pencil case. How many pencils do you have?

 I have ten pencils.

 Ten!! So many!!

「いくつの～を持っていますか。」

→ **How many ～ do you have?**

相手が物をいくつ持っているかたずねるときに使う表現です。～には，pencil<u>s</u> や notebook<u>s</u> のように s をつけて複数の形にした単語を入れます。How many erasers do you have?（何個の消しゴムを持っていますか。）How many ～は，How many cakes can you eat?（何個のケーキを食べることができますか。）など，動詞を変えて別の表現でも使えます。

p.312~313 へgo!

3 次の会話を聞いて，みかはどんな文房具をいくつ持っているか，正しいものを下から選び記号で答えましょう。

ア 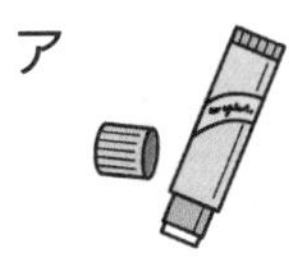
イ 
ウ 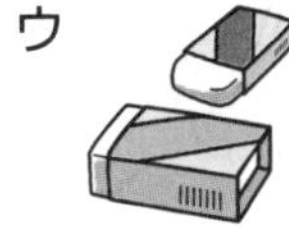
エ 

（　　）

4 次のイラストに合うように，会話を完成させましょう。

例　A: How many glue sticks do you have?
　　B: I have five glue sticks.

(1)　A: ....

　　B: I have twelve color pencils.

(2)　A: How many rulers do you have?

　　B: ....

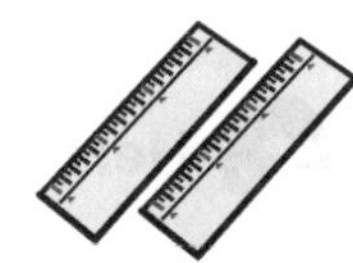

22 Whose ~ is this?

これはだれの～ですか。

解答 p.459

1 イラストを見ながら，会話を聞きましょう。

2 音声に続いて，文字を見ながら声に出して読みましょう。

 Whose notebook is this?

 Oh, it's mine.

 Here you are.

「これはだれの～ですか。」→ **Whose ～ is this?**

そばにあるものがだれのものなのかをたずねるときに使う表現です。

Whose notebook is this?（これはだれのノートですか。）

自分のものであれば，It's my notebook.（わたしのノートです。）や It's mine.（それはわたしのものです。）と答えることができます。またそれがみかのものであれば，名前を使って It's Mika's notebook.（みかのノートです。）や It's Mika's.（それはみかのものです。）と言うことができます。

p.330~331 へgo!

3 次の会話を聞いて，それぞれの文房具がだれのものか線で結びましょう。

(1) ・　　・ ア　みか

(2) ・　　・ イ　ルーク

(3) ・　　・ ウ　田中先生

4 次のイラストに合うように，会話を完成させましょう。

例　A: Whose pencil is this?

B: It's Toshi's.

(1) A: ……………………

B: It's Mika's.

(2) A: Whose cap is this?

B: ……………………

23 What's this?

これは何ですか。

解答 p.460

1 イラストを見ながら，会話を聞きましょう。

2 音声に続いて，文字を見ながら声に出して読みましょう。

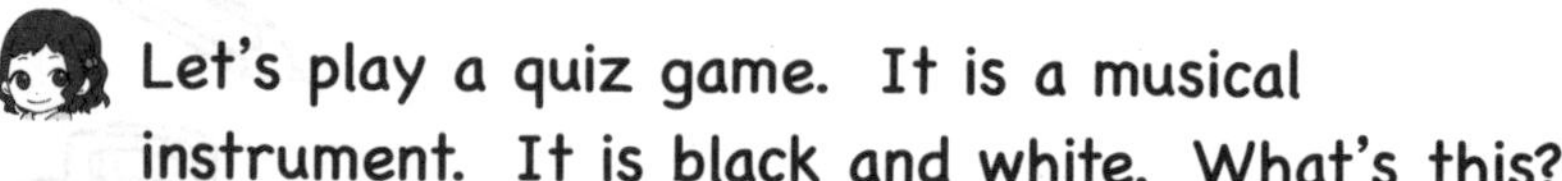

Let's play a quiz game. It is a musical instrument. It is black and white. What's this?

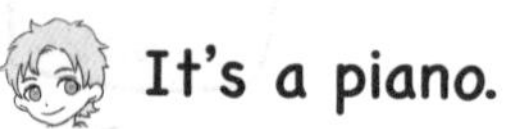

It's a piano.

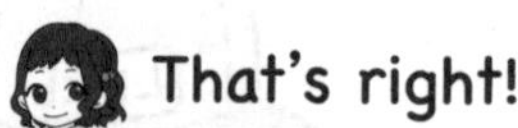

That's right!

「これは何ですか。」→ What's this?

そばにあるものを指して何かをたずねるときにWhat's this? という表現を使いましょう。またクイズを出して，「これは何でしょう。」とたずねるときにも使うことができます。答える時にはIt's ～.（それは～です。）と言います。離れたところにあるものを指してたずねるときはWhat is that?（あれは何ですか。）という表現を使いましょう。この場合も，It's ～. と答えます。

p.292~293 へgo!

3 次の英文を聞いて，みかが何を説明しているか，正しいものを下から選び記号で答えましょう。

ア 

イ 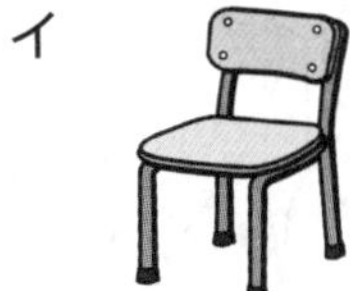

ウ 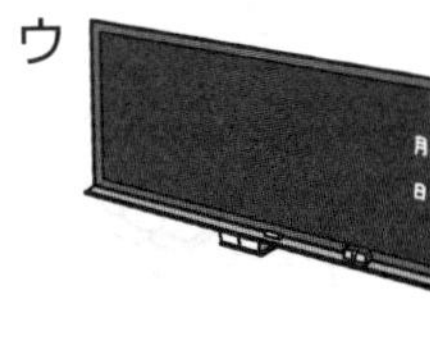

（　　）

4 次のイラストに合うように，会話を完成させましょう。

例　A: What's this?
　　B: It's a writing brush.

(1)　A: 
　　B: It's a guitar.

(2)　A: What's this?
　　B: ....

24 What are these?

これらは何ですか。

解答 p.460

1 イラストを見ながら，会話を聞きましょう。

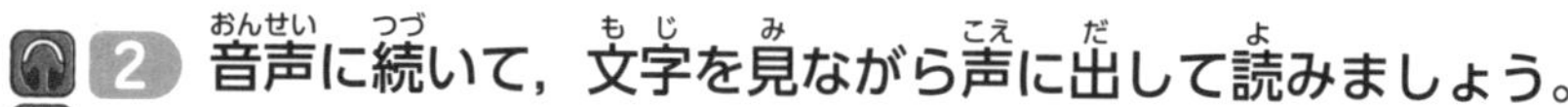

2 音声に続いて，文字を見ながら声に出して読みましょう。

What are these?

They are *hina* dolls. They are for Doll's festival.

I see. They are beautiful.

「これらは何ですか。」→ What are these?

そばにある2つ以上のものを指して何かをたずねるときに使います。離れたところにある2つ以上のものを指してたずねるときは，What are those?（あれらは何ですか。）という表現を使いましょう。What are these? とたずねられたら，They are ～.（それらは～です。）と答えます。

What are these? — They are pens.
（これらは何ですか。— それらはペンです。）

What are those? — They are dogs.
（あれらは何ですか。— それらは犬です。）

3 次の会話を聞いて，みかがルークに何を説明しているか，正しいものを下から選び記号で答えましょう。

ア 

イ 

ウ 

（　　）

4 ルークがみかに日本のものついてたずねています。ルークとみかになったつもりで，会話を完成させましょう。

例 Luke: What are these?
Mika: They are bean bags.

(1) Luke: 
Mika: They are rice balls.

(2) Luke: What are these?
Mika: ....

25 Can I ～?
～してもいいですか。

解答 p.461

1 イラストを見ながら，会話を聞きましょう。

2 音声に続いて，文字を見ながら声に出して読みましょう。

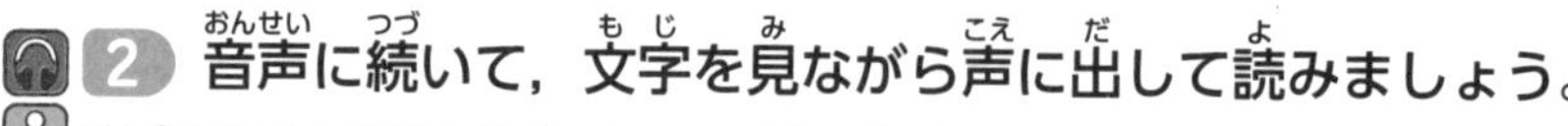

 It's hot today, isn't it?

 Yes, it is.

 Can I open the window?

 Of course.

「～してもいいですか。」→ Can I ～?

許可を求めるときに使う表現です。似ている表現に，May I ～?（～してもよろしいですか。）があります。これは丁寧な表現です。

Can I open the window?（窓を開けてもいいですか。）

May I open the window?（窓を開けてもよろしいですか。）

許可をする場合は，Sure. /Of course.（もちろん。）と言います。

許可をしない場合は，Sorry, but you can't.（すみませんが，してはいけません。）です。

p.350～351 へgo!

3 次の会話を聞いて，昼休みにどこへ行くことができるか，正しいものを下から選び記号で答えましょう。

ア 

イ 

ウ 

（　　）

4 次のイラストに合うように，許可を求める表現を使ってたずねましょう。

例　Can I use this computer?

(1)　(　　) (　　) use this (　　)?

（消しゴムを使う）

(2)　..............................（窓を閉める）

26 Do you play ～?

～（スポーツ）をしますか。

解答 p.461

1 イラストを見ながら，会話を聞きましょう。

2 音声に続いて，文字を見ながら声に出して読みましょう。

What do you usually do after school?

I usually play soccer with my friends.

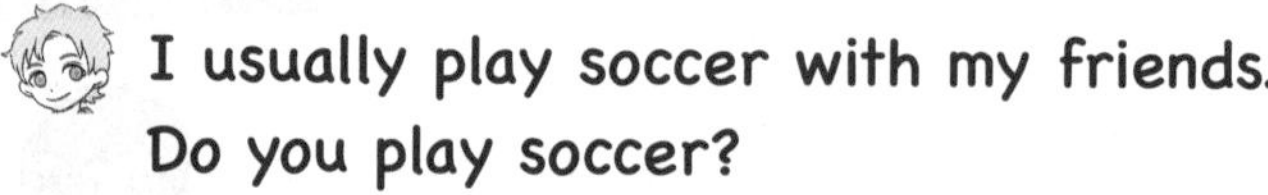

Do you play soccer?

Yes, I do!

Nice! Let's play together.

「あなたは～(スポーツ)をしますか？」→ Do you play ～?

スポーツをするのかどうかたずねるときに使う表現です。あなたがそのスポーツをするなら，Yes, I do.（はい，します。），しないなら，No, I don't.（いいえ，しません。）と答えましょう。

Do you play soccer?（サッカーをしますか。）

Yes, I do. I play soccer.（はい，します。わたしはサッカーをします。）

No, I don't. I don't play soccer.（いいえ，しません。わたしはサッカーをしません。）

p.300~301 へgo!

3 次の会話を聞いて，ルークが放課後に何をするか，正しいものを下から選び記号で答えましょう。

ア

イ

ウ

エ

（　　）

4 (1)はルーク，(2)はみかに対して，次のイラストのスポーツをするかたずねましょう。

例 Do you play table tennis, Luke?

(1) Do you (　　) (　　), Luke?

(2) ------------------------------

27 I can ～.

わたしは～ができます。

解答 p.462

1 イラストを見ながら，会話を聞きましょう。

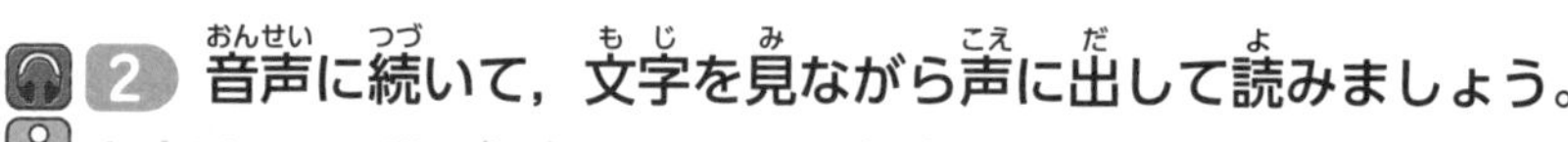

2 音声に続いて，文字を見ながら声に出して読みましょう。

We have a swimming meet tomorrow.

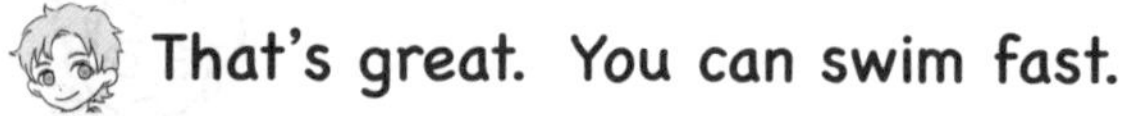

That's great. You can swim fast.

Thank you.

Good luck.

「わたしは～ができます。」→ **I can ～.**

自分ができることを相手に伝えるときに使う表現です。

I can play *kendama*.（わたしはけん玉ができます。）

文の終わりに very well（とても上手に）や a little（少しだけ）という表現もいっしょに使いましょう。

I can play the piano very well / a little.

（わたしはとても上手に / 少しだけピアノをひけます。）

p.344~345 へgo!

3 次の会話を聞いて，ルークは何ができるか，正しいものを下から選び記号で答えましょう。

ア 

イ

ウ 

エ 

（　　）

4 例にならって，みかとルークになったつもりで，できることを言いましょう。

例 

(1) 

(2) 

例　Mika: I can dance very well.

(1)　Mika: ....

(2)　Luke: ....

28 I can run faster than you.

わたしはあなたより速く走れます。

解答 p.463

1 イラストを見ながら，会話を聞きましょう。

2 音声に続いて，文字を見ながら声に出して読みましょう。

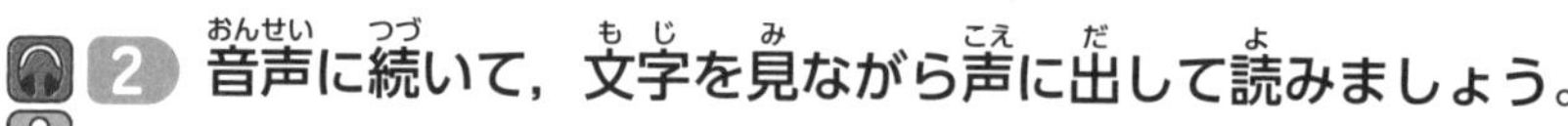

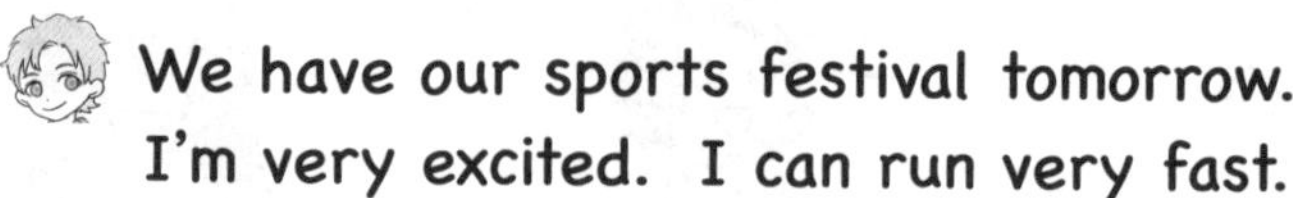

We have our sports festival tomorrow.
I'm very excited. I can run very fast.

I can run fast, too.

I can run faster than you!

「わたしは…より～です。」→ I ～ than … .

I swim faster than you.（わたしはあなたより速く泳ぎます。）というように，自分と他の人を比べるときに使う表現です。下の[ ]内のように，速さ（早さ）や高さなどの程度を表す語句といっしょに使いましょう。

I get up earlier than my father.（わたしは父より早く起きます。）

run faster than …（…より速く走る） swim faster than …（…より速く泳ぐ） jump higher than …（…より高く跳ぶ） get up earlier than …（…より早く起きる）

p.378~381 へgo!

3 次の会話を聞いて，ルーク，みか，としの３人を，速く走ることができる人から順番に記号で答えましょう。

ア  ルーク

イ  みか

ウ  とし

（　　）→（　　）→（　　）

4 次のイラストに合うように，英文を完成させましょう。

例 

(1) 

(2) 

例 Mika can swim faster than Luke.

(1) ……………………………………

(2) ……………………………………

29 I went to ~.

わたしは～に行きました。

解答 p.463

1 イラストを見ながら，会話を聞きましょう。

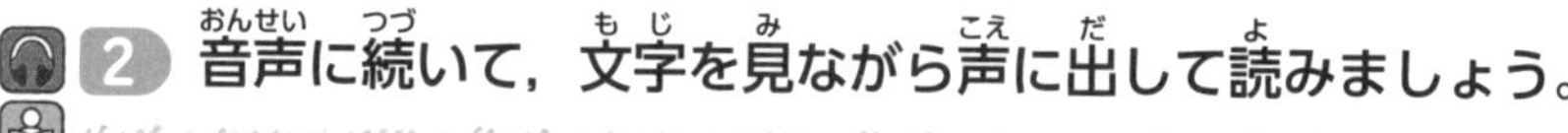

2 音声に続いて，文字を見ながら声に出して読みましょう。

What did you do during summer vacation?

I went to my grandmother's house. I swam in the river. I rode a horse, too. I had a good time.

It sounds good.

「わたしは～に行きました。」→ **I went to ～.**

過去にどこかに行ったことを伝えるときに使う表現です。例えば，夏休みの思い出を話すときは，次のように言います。

I went to the zoo during summer vacation.
(夏休みに動物園に行きました。)

ほかにも過去のことを伝えたいときは，下の[　]内のような表現を使いましょう。

played (～をした)　cooked (料理した)　made (～を作った)
bought (～を買った)　saw (～を見た)　met (～に会った)

p.362~363 へgo!

3 次の会話を聞いて，ルークは夏休みにどこに行ったか，正しいものを下から選び記号で答えましょう。

ア

イ

ウ

エ

(　　)

4 例にならって，あなたが週末にしたことについて言いましょう。

例　I went to the bookstore this weekend.
I saw Luke at the bookstore.
I bought some comic books.

30 Where is ～?

～はどこですか。

解答 p.464

1 イラストを見ながら，会話を聞きましょう。

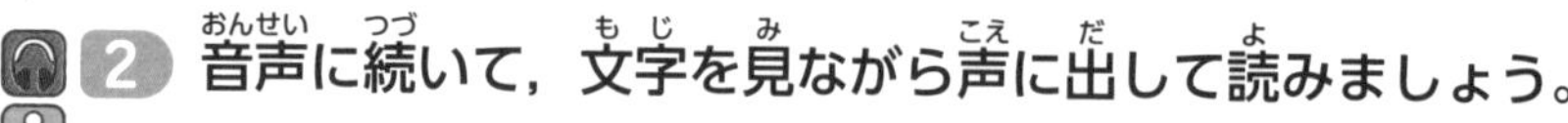

2 音声に続いて，文字を見ながら声に出して読みましょう。

 Excuse me. Where is the station?

 Go straight for two blocks. You will find the station on your right.

 Thank you.

「～はどこですか。」→ Where is ～?

場所をたずねるときに使う表現です。

Where is the library?（図書館はどこですか。）のように，建物の場所をたずねたり，Where is my bag?（わたしのかばんはどこですか。）のように，物がある場所をたずねるときにも使えます。

p.306~307へgo!

3 次の会話を聞いて，ルークの家はどれか，正しいものを下から選び記号で答えましょう。

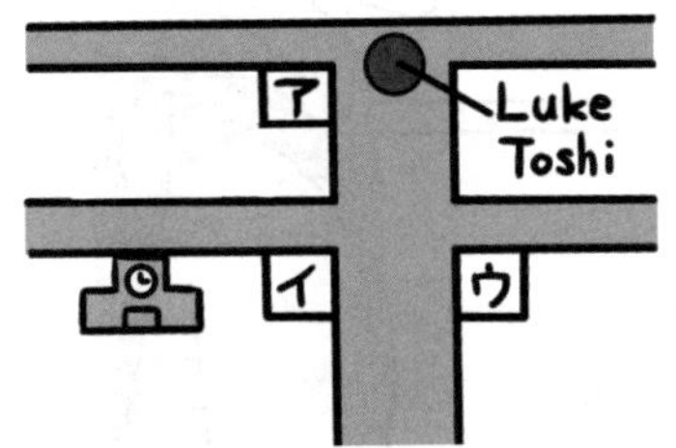

（　　）

4 地図に合うように，「～はどこですか。」という英文を完成させましょう。

例　A: Where is the police station?
　　B: It's next to the bookstore.

(1) A: (　　　　　) is the (　　　　　)?
　　B: It's next to the convenience store.

(2) A: ＿＿＿＿＿＿＿＿＿＿＿＿＿＿＿＿
　　B: It's across from the police station.

(注) next to ～　～のとなりに
　　across from ～　～の向かい側に

31 Turn right.

右に曲がってください。

解答 p.465

1 イラストを見ながら，会話を聞きましょう。

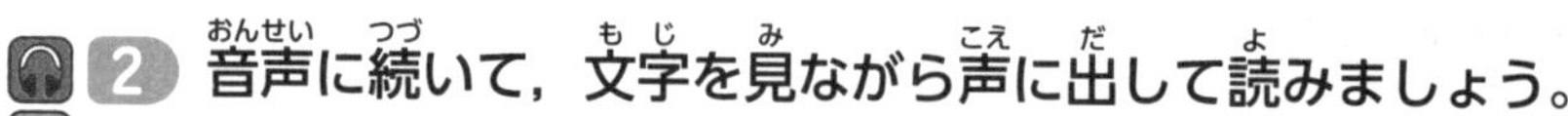

2 音声に続いて，文字を見ながら声に出して読みましょう。

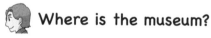

 Where is the museum?

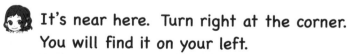

 It's near here. Turn right at the corner.
You will find it on your left.

 Thank you.

「右／左に曲がってください。」→ **Turn right/left.**

道を案内するときに使う表現です。

Turn right at the second corner.（2 番目の角を右に曲がってください。）のように，at the（序数）corner を最後につけて，何番目の角を曲がるのか伝えます。また，Go straight.（まっすぐ行ってください。）という表現もいっしょに覚えましょう。

Go straight and turn right at the third corner.
（まっすぐ行って，3 番目の角を右に曲がってください。）

3 次の会話を聞いて，みかの目的地はどこか，正しいものを下から選び記号で答えましょう。

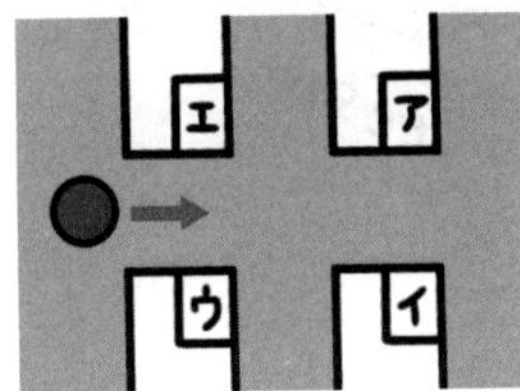

（　　）

4 例にならって，イラストに示された場所に案内しましょう。

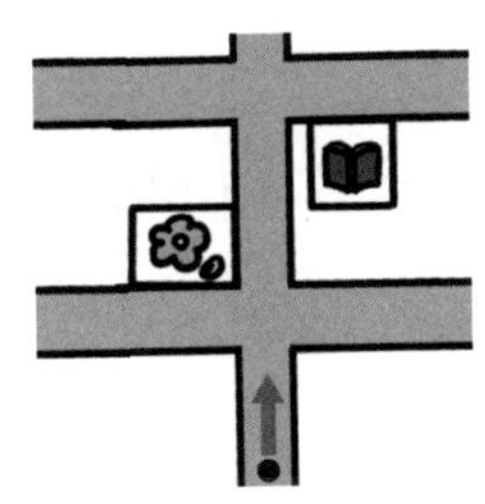

例　A: Where is the bookstore?
B: Go straight. Turn right at the second corner. It’s on your right.

A: Where is the flower shop?

B: Go straight. ....

It’s on your right.

Part 1 英語の音を学ぼう
Part 2 いろいろな英単語を知ろう
Part 3 いろいろな表現を学ぼう
Part 4 英語のルールを学ぼう
Part 5 英語で物語を読もう
Part 6 英検問題にチャレンジしよう
解答編

32 Let's ～.

～しましょう。

解答 p.465

1 イラストを見ながら，会話を聞きましょう。

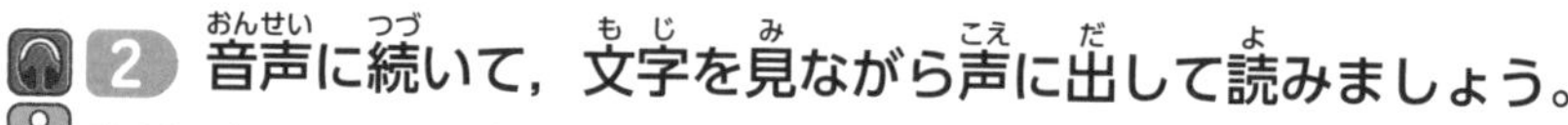

2 音声に続いて，文字を見ながら声に出して読みましょう。

What do you want to do after school?

I want to play badminton. Do you want to play badminton, too?

Sounds good! Let's go to the park.

Yes, let's.

「～しましょう。」→ Let's ～.

「～しよう」と相手をさそうときに使う表現です。さそわれたら，Yes, let's.（はい，しましょう。），または，Sorry, but I can't.（すみませんが，できません。）という表現を使って答えましょう。
Shall we have lunch together?（いっしょにランチを食べましょうか。）というように，Shall we ～? と言うと丁寧にさそうことができます。

p.324～325 へgo!

3 次の会話を聞いて，みかとルークが公園で何をして遊ぶか，正しいものを１つ選び記号で答えましょう。

ア　イ　ウ　エ

（　　）

4 次のイラストに合うように，「～に行きましょう。」という英文を完成させましょう。

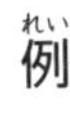
例

(1)

(2)

例　Let's go to the amusement park.

(1)　(　　　)　(　　　) to the (　　　　　　　).

(2)　……………………………………

33 How much ～?

～はいくらですか。

解答 p.466

1 イラストを見ながら，会話を聞きましょう。

2 音声に続いて，文字を見ながら声に出して読みましょう。

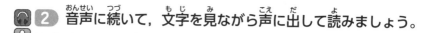

 How much is this chocolate?

 It is 100 yen.

 I want to buy two of them.

 OK.

「～はいくらですか。」→ How much ～?

金額をたずねるときに使う表現です。

How much is this ice cream?
（このアイスクリームはいくらですか。）
It's 380 yen.（380円です。）

much（いくら）を many（いくつ）とまちがえないように気をつけましょう。

p.316~317 へgo!

3 みかが駄菓子屋さんでお菓子を選んでいます。次の会話を聞いて，それぞれのお菓子と値段を線で結びましょう。

(1) ・　　・ ア　20円

(2) ・　　・ イ　80円

(3) ・　　・ ウ　100円

4 次のイラストに合うように，会話を完成させましょう。

例　A: How much is this candy?
B: It's 30 yen.

(1) A: 
B: It's 150 yen.

(2) A: How much is this popcorn?
B: ....

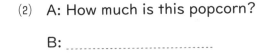

34 Do you like ～?

あなたは～は好きですか。

解答 p.466

1 イラストを見ながら，会話を聞きましょう。

2 音声に続いて，文字を見ながら声に出して読みましょう。

Do you like cookies?

Yes, I like cookies very much.

This is for you. My mom made it.

Thank you.

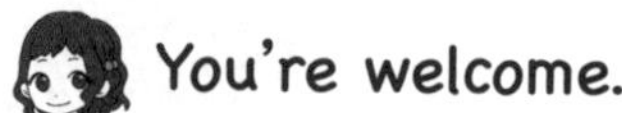

You're welcome.

「あなたは～は好きですか。」→ Do you like ～?

食べ物や教科，スポーツなどが好きかどうかをたずねるときに使う表現です。好きな場合は，Yes, I do.（はい，好きです。），好きでない場合は，No, I don't.（いいえ，好きではありません。）と答えましょう。

Do you like social studies?（社会科は好きですか。）

Yes, I do.（はい，好きです。）

No, I don't.（いいえ，好きではありません。）

p.300～301 へgo!

3 次の会話を聞いて，みかは何が好きか，正しいものを下から選び記号で答えましょう。

ア 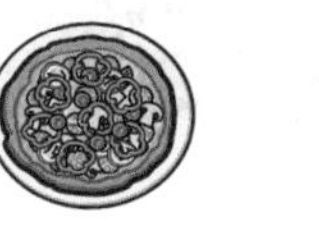　イ　ウ 

　エ 

（　　）

4 次のイラストに合うように，「あなたは～は好きですか。」とたずねましょう。

例 

(1) 
(2) 

例 Do you like orange juice?

(1) ＿＿＿＿＿＿＿＿＿＿＿＿＿＿ (donuts)

(2) ＿＿＿＿＿＿＿＿＿＿＿＿＿＿ (chocolate)

35 I don't like ～.

わたしは～が好きではありません。

解答 p.467

1 イラストを見ながら，会話を聞きましょう。

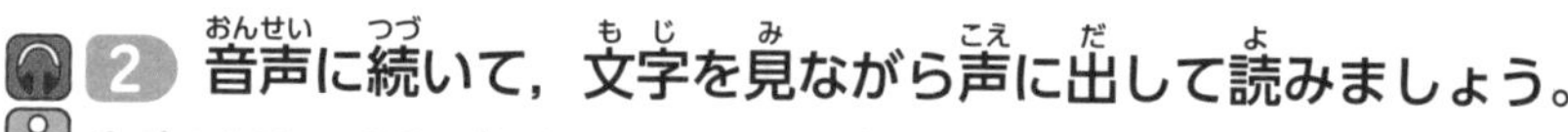

2 音声に続いて，文字を見ながら声に出して読みましょう。

Do you like tomatoes, Mika?

No, I don't. I don't like tomatoes.

How about carrots?

I like carrots very much.

「～が好きではありません。」→ I don't like ～.

ある食べ物や教科，スポーツなどが好きではないことを相手に伝えるときに使う表現です。

動詞を変えると，I don't play ～(スポーツ).，I don't eat ～(食べ物).のように，それぞれ，そのスポーツをしないこと，その食べ物を食べないことを表すことができます。

I don't like apples. (わたしはリンゴが好きではありません。)

I don't play tennis. (わたしはテニスをしません。)

I don't eat sushi. (わたしはすしを食べません。)

p.298~299へgo!

3 次の会話を聞いて，ルークは何の野菜が好きではないか，正しいものを下からすべて選び記号で答えましょう。

ア 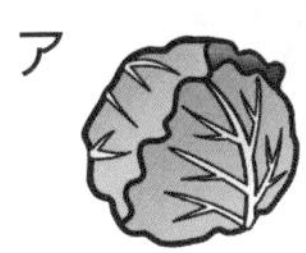 イ ウ エ 

(　　)

 **4** 次のイラストに合うように，「わたしは～が好きではありません。」と言いましょう。

例  (1)  (2) 

例 I don't like potatoes.

(1) ____________________

(2) ____________________

36 What food do you like?

あなたはどんな食べ物が好きですか。

解答 p.467

1 イラストを見ながら，会話を聞きましょう。

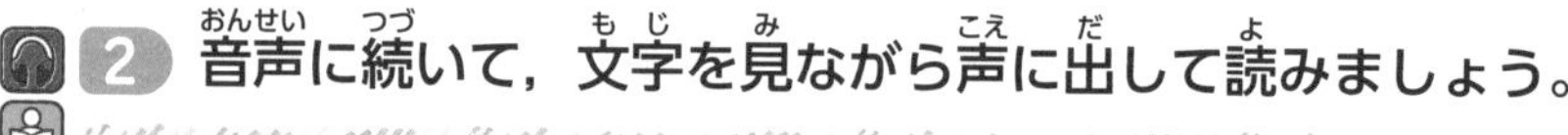

2 音声に続いて，文字を見ながら声に出して読みましょう。

What food do you like, Luke?

I like Japanese food.

What Japanese food do you like?

I like tempura very much.

「あなたはどんな食べ物が好きですか。」

→ **What food do you like?**

相手にどんな食べ物が好きかたずねるときに使う表現です。

What food do you like?（どんな食べ物が好きですか。）

I like curry and rice.（カレーライスが好きです。）

What ～ do you like? の～に入る単語を color（色），subject（教科）などに変えて，いろいろな質問をしましょう。

p.304~305 へgo!

3 次の会話を聞いて，みかは何の食べ物が好きか，正しいものを下から選び記号で答えましょう。

ア 

イ 

ウ 

エ 

（　　）

4 次のイラストに合うように，会話を完成させましょう。

例　A: What food do you like?

B: I like sushi.

(1)　A: ______________________

B: I like sandwiches.

(2)　A: What food do you like?

B: ______________________ (noodles)

37 I like ~ better than ....

わたしは…より〜のほうが好きです。

解答 p.468

1 イラストを見ながら，会話を聞きましょう。

2 音声に続いて，文字を見ながら声に出して読みましょう。

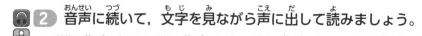

 Do you like pears?

 Yes, I do, but I like apples better than pears.

 Me, too!

「わたしは…より～のほうが好きです。」

→ **I like ～ better than ... .**

I like apples better than pears.（わたしはなしよりリンゴのほうが好きです。）というように，2つのものを比べてどちらが好きかを伝えるときに使う表現です。相手にたずねるときは，Which do you like better, apples or pears?（リンゴと洋ナシでは，どちらのほうが好きですか。）と言います。

Which sport do you like, soccer or baseball?
（サッカーと野球では，どちらのほうが好きですか。）
I like soccer better than baseball.（わたしは野球よりサッカーのほうが好きです。）

p.380~381 へgo!

3 次の会話を聞いて，下の3つの果物を，ルークが好きな順番に記号で答えましょう。

ア
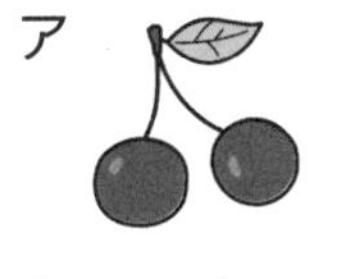
イ
ウ

(　　　) → (　　　) → (　　　)

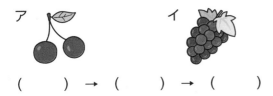

4 例にならって，どちらの果物のほうが好きか，言いましょう。

例　I like pineapples better than oranges.

(1) ....

(2) ....

38 What would you like?

何になさいますか。

解答 p.469

1 イラストを見ながら，会話を聞きましょう。

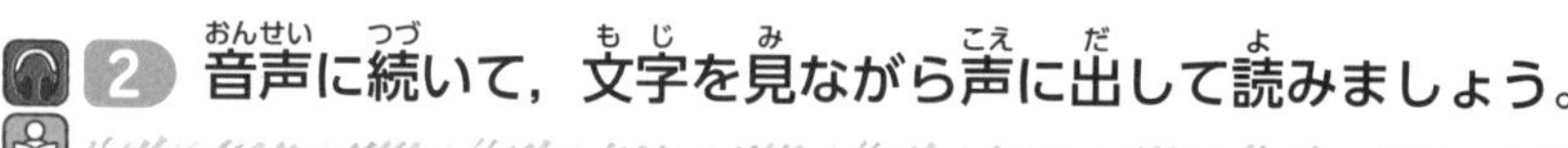

2 音声に続いて，文字を見ながら声に出して読みましょう。

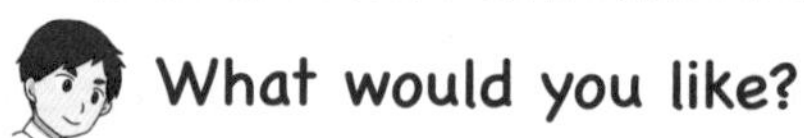

What would you like?

I'd like a chocolate cake.

Sure. How about a drink?

I'd like an orange juice, please.

「何になさいますか。」→ What would you like?

飲食店で，店員が注文をたずねるときに使う丁寧な表現です。注文するときは，I'd like ～.（～をください。）と言いましょう。

What would you like?（何になさいますか。）

I'd like spaghetti.（スパゲッティをください。）

答えるときは，最後に please をつけると，より丁寧に注文することができます。

I'd like spaghetti, please.（スパゲッティをお願いします。）

p.374~375へgo!

3 次の会話を聞いて，ルークは何を注文したか，正しいものを下から２つ選び記号で答えましょう。

ア 

イ

ウ 

エ

(　　　　)

4 次のイラストに合うように，会話を完成させましょう。

例　A: What would you like?
B: I'd like curry and rice.

(1)　A: ....

B: I'd like salad.

(2)　A: What would you like?

B: .... (coffee)

39 Salt, please. — Here you are.

塩を取ってください。——はい，どうぞ。

解答 p.469

1 イラストを見ながら，会話を聞きましょう。

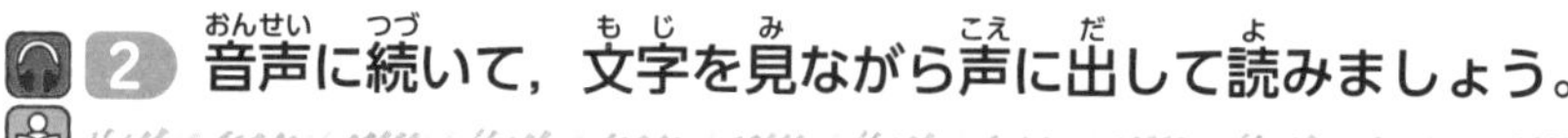

2 音声に続いて，文字を見ながら声に出して読みましょう。

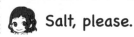

 Salt, please.

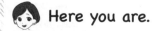

 Here you are.

 Thank you.

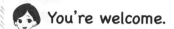

 You're welcome.

「～をください。」→　～, please.
「はい，どうぞ。」→　Here you are.

何かを取ってほしいと頼むときに使う表現です。頼まれたときは，Here you are.（はい，どうぞ。）と言ってわたしましょう。

Spoon, please.（スプーンをください。）

Here you are.（はい，どうぞ。）

Pass me the spoon, please.（スプーンを取ってください。）と文で言うと，丁寧な言い方になります。

p.324~325 へgo!

3 次の家族の会話を聞いて，みかがフライドポテトに何の調味料をつけるか，正しいものを下から２つ選び記号で答えましょう。

ア 

イ 

ウ 

エ
さとう

（　　　　）

4 次のイラストに合うように，会話を完成させましょう。

例　A: Sugar, please.
　　B: Here you are.

(1)　A: ______________________

　　B: Here you are.

(2)　A: Ketchup, please.

　　B: ______________________

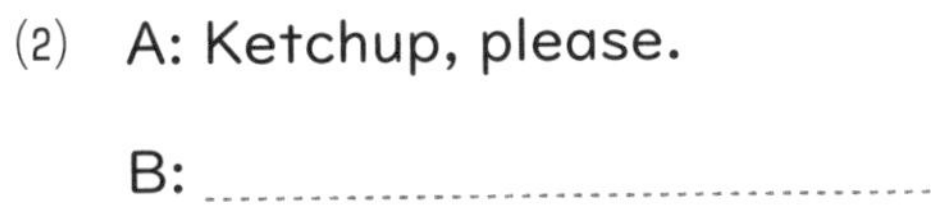

40 This is delicious!

これはとてもおいしいです！

解答 p.470

1 イラストを見ながら，会話を聞きましょう。

2 音声に続いて，文字を見ながら声に出して読みましょう。

This cake is for you. Try it.

Wow. This is delicious!

I really like this cake.

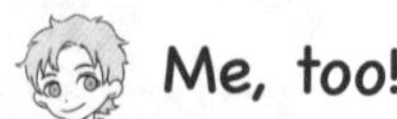

Me, too!

「これはとてもおいしいです！」→ **This is delicious!**

食事をしているときに，食べている料理がおいしいことを伝える表現で，心を込めて言うことが大切です。このほかに，おいしいことを表す表現には下のようなものがあります。

This is tasty.（これはおいしい。）　Good!（おいしい！）

Very good!（とってもおいしい！）　Yummy!（おいしいね！）

3 次の会話を聞いて，ルークがとてもおいしいと思っている食べ物は何か，正しいものを下から選び記号で答えましょう。

ア

イ

ウ
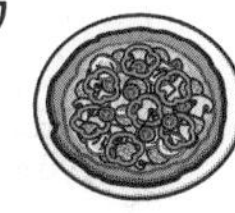

（　　）

4 次のイラストに合うように，「この～はとてもおいしい。」と言いましょう。

例

(1)

(2)

例　This cake is delicious.

(1) .... (pizza)

(2) .... (omelet)

41 Happy birthday! This is for you.

誕生日おめでとう！

解答 p.470

1 イラストを見ながら，会話を聞きましょう。

2 音声に続いて，文字を見ながら声に出して読みましょう。

Happy birthday, Luke! This is for you.

Wow, nice shoes. Thank you very much.

You're welcome.

「誕生日おめでとう！」→ **Happy birthday!**

誕生日を祝うときに使う表現です。Happy birthday! と言われたら，Thank you. と答えましょう。

また，誕生日カードを書くときには，I hope you have a great year.（すてきな一年になりますように。）と一言たしてもよいでしょう。

3 次の会話を聞いて，みかはプレゼントに何をもらったか，正しいものを下から選び記号で答えましょう。

ア 

イ 

ウ 

（　　）

4 ルークとみかになったつもりで，会話を完成させましょう。

例　Luke: Happy birthday!
　　　This is for you.
　Mika: Thank you very much.

(1)　Luke: ……………………………
　　　……………………………
　Mika: Thank you very much.

(2)　Mika: Happy birthday!
　　　This is for you.
　Luke: ……………………………

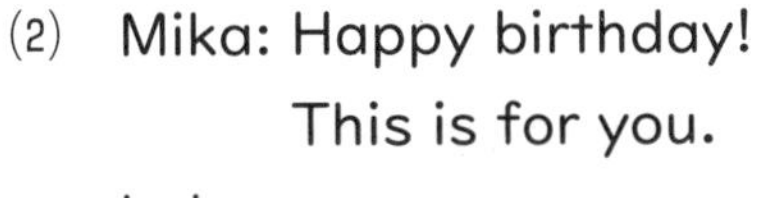

42 I was at ~ yesterday.

昨日，わたしは～にいました。

解答 p.471

1 イラストを見ながら，会話を聞きましょう。

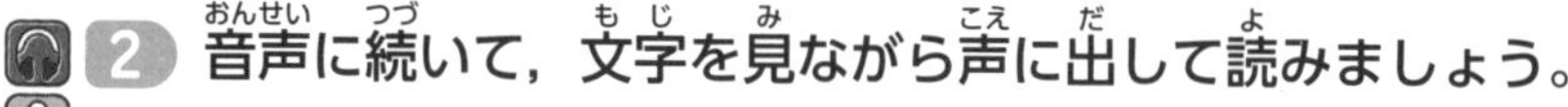

2 音声に続いて，文字を見ながら声に出して読みましょう。

What did you do yesterday?

I was at my grandfather's house yesterday.
He is very kind.

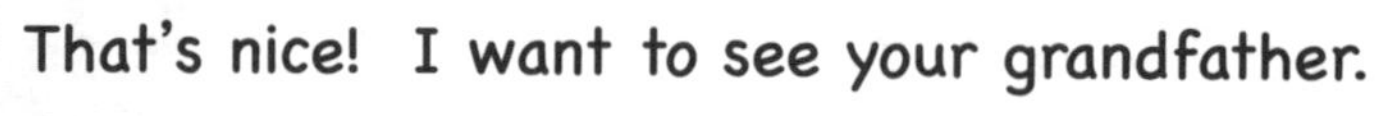

That's nice! I want to see your grandfather.

「昨日，わたしは～にいました。」

→ **I was at ～ yesterday.**

自分が昨日どこにいたのかを伝えるときの表現です。at の後ろには，school（学校），the park（公園），the library（図書館）など，場所を表すことばを入れましょう。

I was at the park yesterday.（昨日，わたしは公園にいました。）

3 次の会話を聞いて，ルークは昨日どこにいたか，正しいものを下から選び記号で答えましょう。

ア 

イ 

ウ 

エ 

（　　）

4 次のイラストに合うように，会話を完成させましょう。

例　A: What did you do yesterday?
B: I was at the park yesterday.
I played on the seesaw.

(1)　A: ....

B: I was at my friend’s house.
We watched TV together.

(2)　A: What did you do yesterday?

B: ....

....

43 I ～ last year.

去年，わたしは～しました。

解答 p.472

1 イラストを見ながら，会話を聞きましょう。

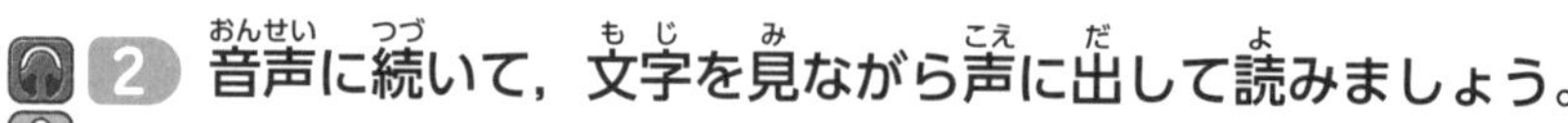

2 音声に続いて，文字を見ながら声に出して読みましょう。

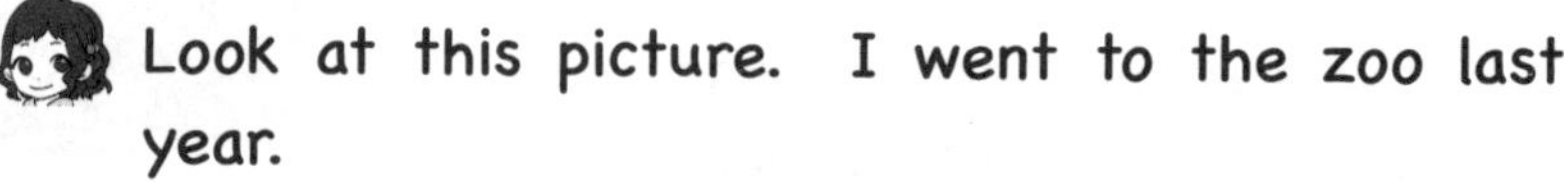

Look at this picture. I went to the zoo last year.

It's cool! Did you see an elephant?

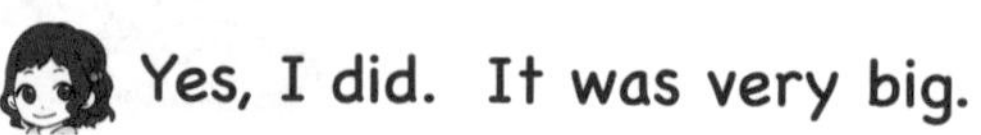

Yes, I did. It was very big.

「去年，わたしは～しました。」→ I ～ last year.

自分が過去にした出来事について話すときに使う表現です。

I saw panda bears at the zoo last year.
(去年，わたしは動物園でパンダを見ました。)

過去を表すときの動詞は，p.213 を参考にしましょう。また last year の代わりに，yesterday（昨日），last week（先週），last month（先月）など，過去の時間を表すことばも使いましょう。

I watched a movie last week.（先週，映画を観ました。）

p.362~363 へgo!

3 次の会話を聞いて，みかは去年の夏に何をしたか，正しいものを下から選び記号で答えましょう。

ア 
イ 
ウ 
エ 

（　　）

4 次のイラストに合うように，「去年，わたしは～をしました。」と言いましょう。

例 
(1) 
(2) 

例　I went to the amusement park last year.

(1) ....

(2) ....

(注)
見た…saw
泳いだ…swam

44 I will ~ tomorrow.

明日，わたしは～するつもりです。

解答 p.472

1 イラストを見ながら，会話を聞きましょう。

2 音声に続いて，文字を見ながら声に出して読みましょう。

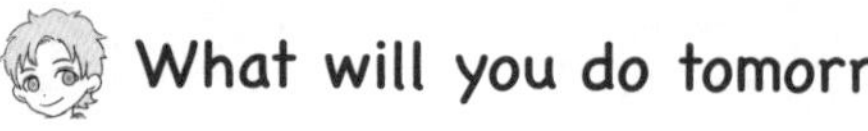

What will you do tomorrow?

I will go to the library tomorrow.

Sounds nice.

「明日，わたしは～するつもりです。」
→ **I will ～ tomorrow.**

明日の予定のように，未来に起こる出来事について話すときは，will を使って表します。tomorrow（明日）のほかに，next week（来週），next month（来月）など，未来の時間を表すことばも使いましょう。

I will see Aki tomorrow.（明日，わたしはあきに会うつもりです。）
I will visit my uncle next month.（来月，わたしはおじを訪ねるつもりです。）

p.384~385 へgo!

3 次の会話を聞いて，みかは明日どんなことをするつもりか，正しいものを下から 2 つ選び記号で答えましょう。

ア

イ

ウ

エ

(　　　　)

4 次のイラストに合うように，「明日，わたしは～するつもりです。」と言いましょう。

例

(1)

(2)

例　I will study tomorrow.

(1) ....

(2) ....

45 Will you please help me?

手伝ってくださいませんか。

解答 p.473

1 イラストを見ながら，会話を聞きましょう。

2 音声に続いて，文字を見ながら声に出して読みましょう。

 Hello, Mika. What are you doing?

 I'm trying to decorate stars on the wall for the Star Festival, but it is too high. Will you please help me?

 Sure.

「手伝ってくださいませんか。」

→ **Will you please help me?**

人に何かを依頼するときに使われる丁寧な表現です。答えるときは，Sure./Of course.（もちろん。）や，I'm sorry.（ごめんなさい。）という表現を使いましょう。

Will you please help me?（手伝ってくださいませんか。）

Sure. /Of course.（もちろん。） I'm sorry.（ごめんなさい。）

p.386~387 へgo!

3 次の会話を聞いて，どんな場面で会話をしているか，正しいものを下から選び記号で答えましょう。

ア

イ

（　　）

4 次のイラストに合うように，「～してくださいませんか。」と言いましょう。

例

(1)

(2)

例 Will you please take my pencil?

(1) ....

(2) ....

46 Our hometown is nice.

わたしたちの故郷(こきょう)はすてきです。

解答 p.473

1 イラストを見(み)ながら，会話(かいわ)を聞(き)きましょう。

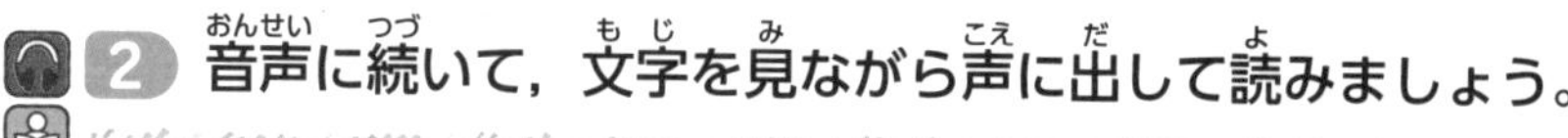

2 音声(おんせい)に続(つづ)いて，文字(もじ)を見(み)ながら声(こえ)に出(だ)して読(よ)みましょう。

 Our hometown is nice.

 Why?

 There are beautiful mountains and rivers.

 I see.

「わたしたちの故郷はすてきです。」
→ **Our hometown is nice.**

自分の住む町を紹介するときに使う表現です。hometown は「生まれた町，故郷」です。town を修飾する場合は，new town（新しい町），old town（古い[歴史のある]町）などと言うこともできます。Our hometown is nice. の後ろにはその理由を言いましょう。

Our hometown is nice.（わたしたちの故郷はすてきです。）
There are an exciting amusement park and a big library.
（わくわくする遊園地や大きな図書館があります。）

3 みかが電話で，ルークの母親に故郷について説明しています。次の会話を聞いて，みかの説明に合うものを下から選び記号で答えましょう。

ア 

イ 

ウ 

（　　）

4 例にならって，わく内にイラストをかいて自分の故郷を紹介しましょう。

例 Our hometown is nice.
There is a beautiful sea.
There is a big park, too.
We can play soccer there.

47 Welcome to ～.

～へようこそ。

解答 p.474

1 イラストを見ながら，会話を聞きましょう。

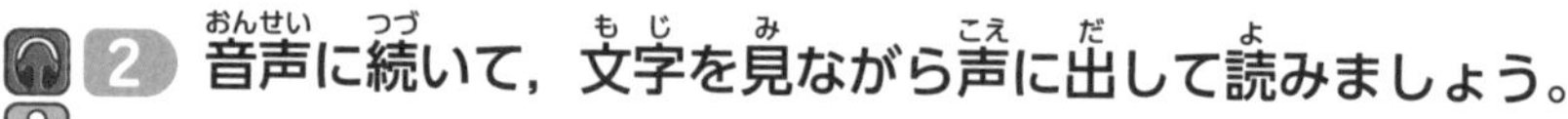

2 音声に続いて，文字を見ながら声に出して読みましょう。

Welcome to the culture festival. If you have a question, please ask me.

I have a question. What's this?

It's *osechi*. It's a Japanese special food for New Year's Holidays.

I see. It's beautiful!

「～へようこそ。」→ **Welcome to ～.**

人をむかえ入れるときの表現です。～には場所や行事の名前が入ります。

友達を家にむかえ入れるとき

Welcome to my house.（我が家へようこそ。）

転校生やALTをクラスにむかえ入れるとき

Welcome to our class.（わたしたちのクラスへようこそ。）

3 次の英文を聞いて，みかは何の行事について説明しているか，正しいものを下から選び記号で答えましょう。

ア 

イ 

ウ 

（　　）

4 次のイラストに合うように，「～へようこそ。」と言いましょう。

例 

(1) 

(2) 

例 Welcome to our school.

(1) ………………………………

(2) ………………………………

48 What sport do you want to watch?

あなたはどんなスポーツを観たいですか。

解答 p.474

1 イラストを見ながら，会話を聞きましょう。

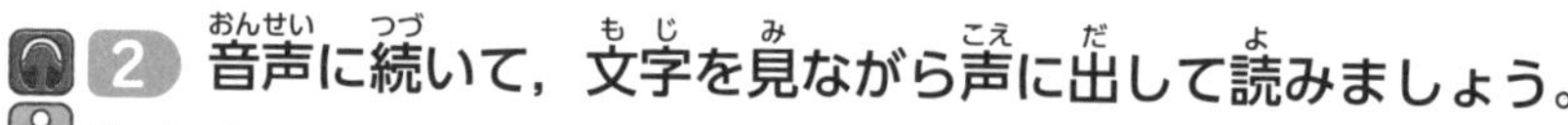

2 音声に続いて，文字を見ながら声に出して読みましょう。

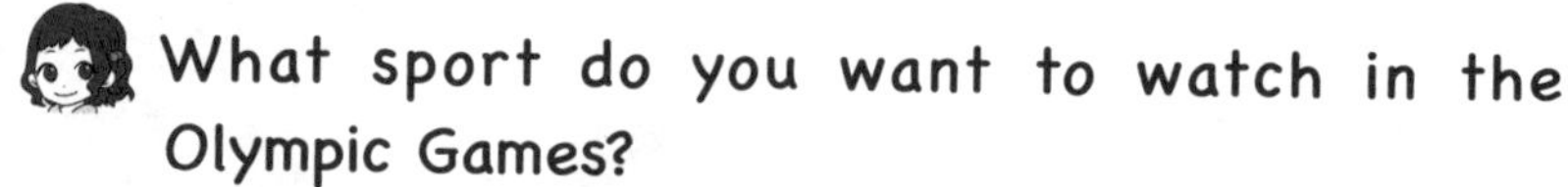

What sport do you want to watch in the Olympic Games?

I want to watch tennis.

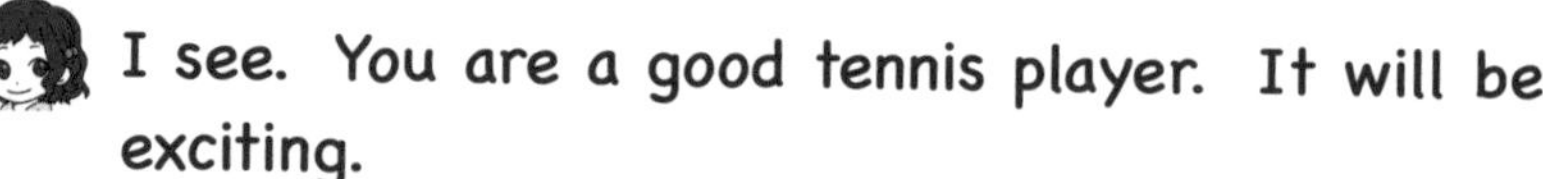

I see. You are a good tennis player. It will be exciting.

「あなたはどんなスポーツを観たいですか。」

→ **What sport do you want to watch?**

相手にどんなスポーツを観たいかをたずねるときに使う表現です。答えるときは，I want to watch ～(スポーツ). と言います。

What sport do you want to watch?
(どんなスポーツを観たいですか。)

I want to watch the baseball games.
(野球の試合を観たいです。)

p.372~373 へgo!

3 次の会話を聞いて，みかとじゅんはオリンピックで何のスポーツを観たいか，正しいものを下から選び記号で答えましょう。

ア 

イ 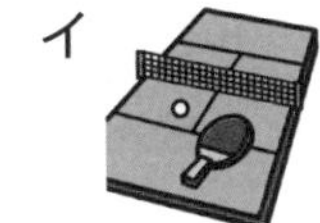

ウ 

エ 

(1) みか（　　）　(2) じゅん（　　）

4 次のイラストに合うように，会話を完成させましょう。

例 A: What sport do you want to watch?
B: I want to watch basketball.

(1) A: ....

B: I want to watch volleyball.

(2) A: What sport do you want to watch?

B: ....

49 What country do you want to go to?

あなたはどの国に行きたいですか。

解答 p.475

1 イラストを見ながら，会話を聞きましょう。

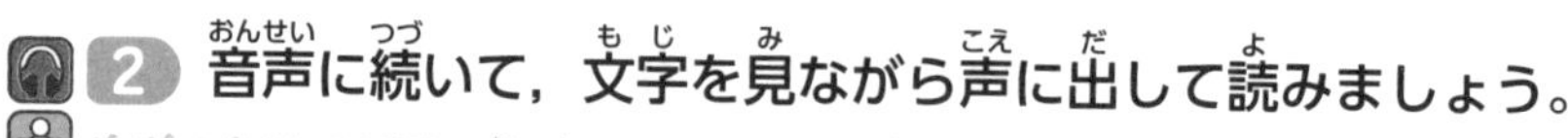

2 音声に続いて，文字を見ながら声に出して読みましょう。

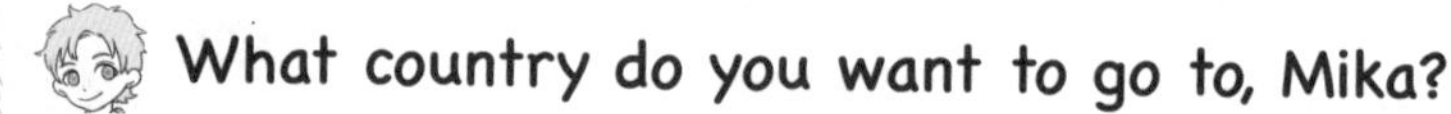

What country do you want to go to, Mika?

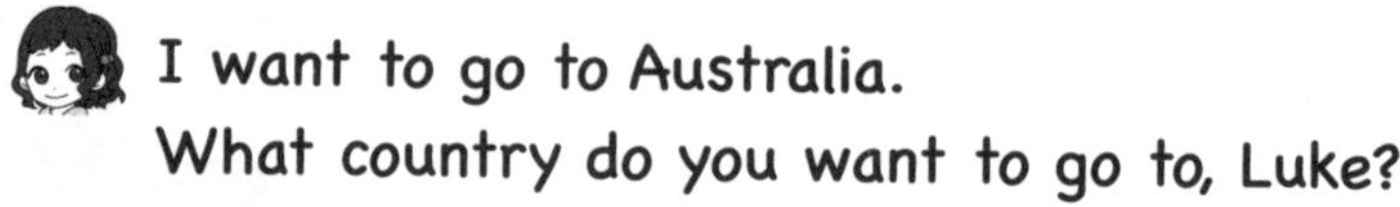

I want to go to Australia.
What country do you want to go to, Luke?

I want to go to Canada.

Great. I want to go to Canada, too.

「あなたはどの国に行きたいですか。」

→ **What country do you want to go to?**

どの国に行きたいのかをたずねるときの表現です。答えるときは，I want to go to ～ (国名). と言いましょう。

What country do you want to go to? (どの国に行きたいですか。)

I want to go to China. (中国に行きたいです。)

p.372~373 へgo!

3 みかとみかの家族が旅行の計画を立てています。次の会話を聞いて，みかはどの国に行きたいか，正しいものを下から選び記号で答えましょう。

ア 
Canada

イ 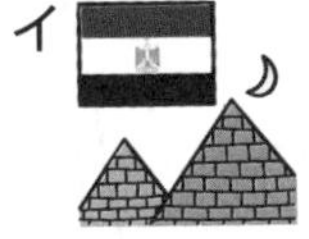
Egypt

ウ 
France

エ 
the US

(　　)

4 みかとルークになったつもりで，会話を完成させましょう。

例 Luke: What country do you want to go to?
Mika: I want to go to Brazil.

(1) Mika: What country do you want to go to?
Luke: .... (China)

(2) Luke: What country do you want to go to?
Mika:  (Italy)

50 Have you ever been to ～?

あなたは～に行(い)ったことがありますか。

解答 p.476

1 イラストを見(み)ながら，会話(かいわ)を聞(き)きましょう。

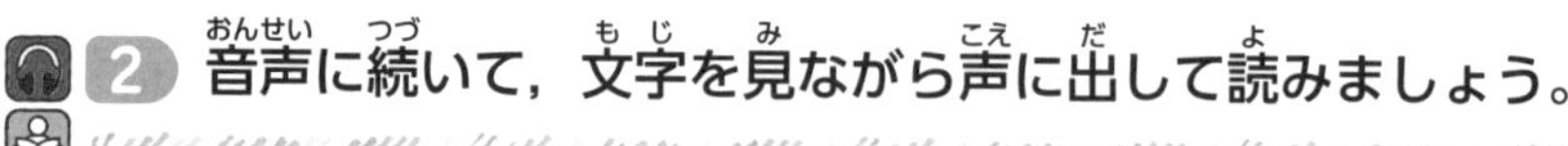

2 音声(おんせい)に続(つづ)いて，文字(もじ)を見(み)ながら声(こえ)に出(だ)して読(よ)みましょう。

 Have you ever been to the US?

 No, I have not been there.

 You should visit the US in the future. It's a nice country. You can eat big hamburgers there.

「あなたは～に行ったことがありますか。」

→ **Have you ever been to ～?**

どこかに行ったことがあるのか，相手の経験をたずねるときに使う表現です。～には，国名や場所の名前が入ります。答えるときは，Yes, I have.（はい，あります。），または，No, I have not.（いいえ，ありません。）と言いましょう。

Have you ever been to Tokyo Skytree?
（東京スカイツリーに行ったことがありますか。）

Yes, I have.（はい，あります。）/ No, I haven't.（いいえ，ありません。）

p.388~389 へgo!

3 次の会話を聞いて，ルークはどの国に行ったことがあるか，正しいものを下から２つ選び記号で答えましょう。

ア 
the UK

イ 
Thailand

ウ 
Peru

エ 
Spain

（　　）

 **4** 次のイラストに合うように，「～に行ったことがありますか。」とたずねましょう。

例 

(1) 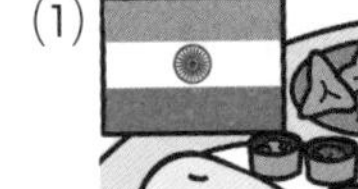

(2) 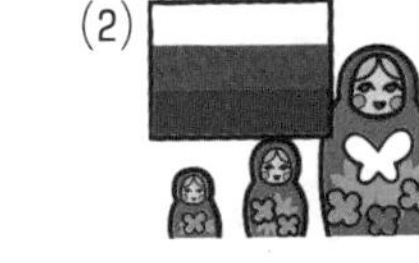

例　Have you ever been to France?

(1) .... (India)

(2) .... (Russia)

51 Why do you want to go to ~? Because ~.

あなたはどうして～に行きたいのですか。～だからです。

解答 p.477

1 イラストを見ながら，会話を聞きましょう。

2 音声に続いて，文字を見ながら声に出して読みましょう。

What country do you want to go to?

I want to go to France.

Why do you want to go to France?

Because the city is very beautiful and I want to see the Eiffel Tower.

「あなたはどうして～に行きたいのですか。」
→ **Why do you want to go to ～?**
「～だからです。」→ **Because ～.**

Why do you want to go to ～? はその場所（国）に行きたい理由をたずねるときに使う表現です。答えるときは，Because から始めます。

Why do you want to go to Italy?
(どうしてイタリアに行きたいのですか。)
Because I want to see soccer games.
(サッカーの試合を観たいからです。)

p.370~371 へgo!

3 次の会話を聞いて，みかの行きたい国を A・B から，その国に行きたい理由を C・D から選びましょう。

A 
Australia

B 
Thailand

C 

D 

行きたい国（　　　）　　行きたい理由（　　　）

4 あなたが行きたい国とその理由について，言いましょう。

A: What country do you want to go to?

B: ....

A: Why do you want to go there?

B: ....

52 What's your best memory?

あなたの一番の思い出は何ですか。

解答 p.477

1 イラストを見ながら，会話を聞きましょう。

2 音声に続いて，文字を見ながら声に出して読みましょう。

What's your best memory?

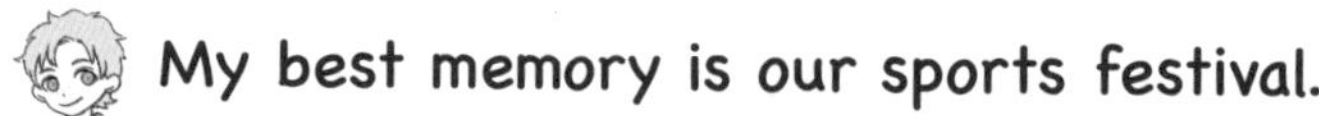

My best memory is our sports festival.

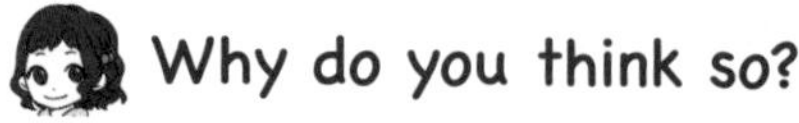

Why do you think so?

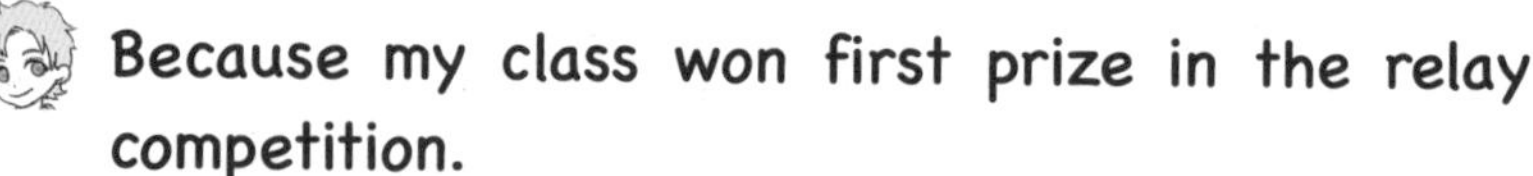

Because my class won first prize in the relay competition.

「あなたの小学校の一番の思い出は何ですか。」

→ **What's your best memory from your elementary school?**

何が一番の思い出なのかをたずねるときに使う表現です。この質問に対しては，次のように答えます。

What's your best memory from your elementary school?
(小学校の一番の思い出は何ですか。)

My best memory is our cultural festival/music festival/field trip.
(わたしの一番の思い出は文化祭 / 音楽祭 / 遠足です。)

3 次の会話を聞いて，ルークとみかの一番の思い出は何か，正しいものを下から選び記号で答えましょう。

ア 

イ

ウ 

エ 

(1) ルーク (　　)　　(2) みか (　　)

4 あなたの一番の思い出を言いましょう。ヒントを使ってもかまいません。

A: What's your best memory?

B: ....

ヒント
school trip/ field trip /
sports festival /
music festival/
swimming meet/
entrance ceremony

53 Who is your hero?

だれがあなたのヒーローですか。

解答 p.478

1 イラストを見ながら，会話を聞きましょう。

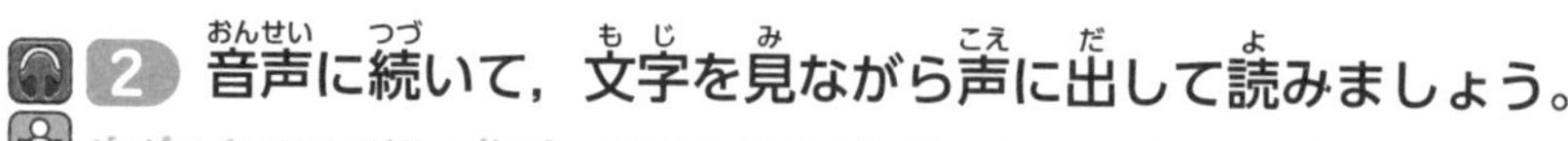

2 音声に続いて，文字を見ながら声に出して読みましょう。

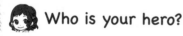

 Who is your hero?

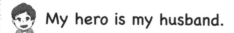

 My hero is my husband.

 My grandfather? Why?

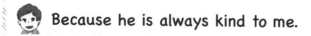

 Because he is always kind to me.

「だれがあなたのヒーローですか。」

→ **Who is your hero?**

ヒーローや尊敬している人がだれなのかをたずねる時に使う表現です。自分にとってのヒーローがだれなのかを言った後に Why?（どうしてですか。）と理由を聞かれたら，Because ～. を使って，理由を答えましょう。

Who is your hero?（だれがあなたのヒーローですか。）

My hero is my brother.（わたしのヒーローは兄〔弟〕です。）

Why?（どうしてですか。）

Because he can speak English very well.（彼は英語をとても上手に話すからです。）

He is good at playing tennis, too.（テニスをするのも上手です。）

3 次の会話を聞いて，みかにとってのヒーローはだれか，正しいものを下から選び記号で答えましょう。

ア 
じゅん

イ 
はな

ウ 
とし

（　　）

4 あなたにとってのヒーローとその理由について，言いましょう。

例　A: Who is your hero?　And why?

B: My hero is Ichiro because he is a good baseball player.

A: Who is your hero?　And why?

B: ＿＿＿＿＿＿＿＿＿＿＿＿＿＿＿＿＿＿

54 I want to be ～.

わたしは～になりたいです。

解答 p.479

1 イラストを見ながら，会話を聞きましょう。

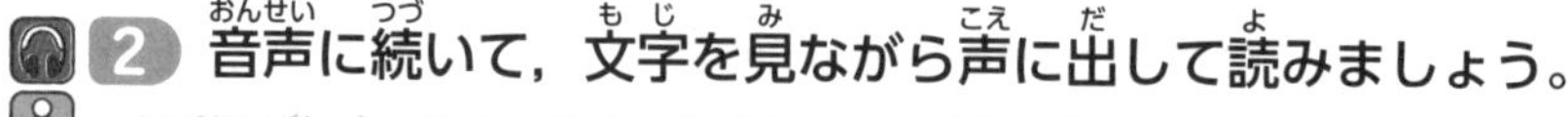

2 音声に続いて，文字を見ながら声に出して読みましょう。

What do you want to be in the future?

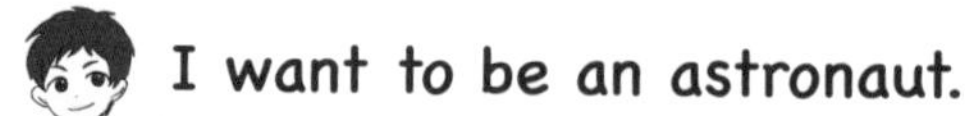

I want to be an astronaut.

It's a nice dream!

「わたしは～になりたいです。」→ I want to be ～.

自分の将来の夢について話すときに使う表現です。将来の夢について相手にたずねるときは，What do you want to be in the future?（将来は何になりたいですか。）という表現を使いましょう。

What do you want to be in the future?
（将来は何になりたいですか。）

I want to be a computer programmer.
（わたしはコンピュータプログラマーになりたいです。）

p.372~373へgo!

3 田中先生がみかとルークに将来の夢をたずねています。次の会話を聞いて，みかとルークの夢は何か，正しいものを下から選び記号で答えましょう。

ア 

イ 

ウ 

エ 

(1) みか（　　　）　(2) ルーク（　　　）

4 あなたの将来の夢とその理由について，言いましょう。

例　I want to be a dentist because I want to help people.

I want to be ～の後に続けて理由を言うときは，because を使うよ。

55 I want to ～.

わたしは～したいです。

解答 p.479

1 イラストを見ながら，会話を聞きましょう。

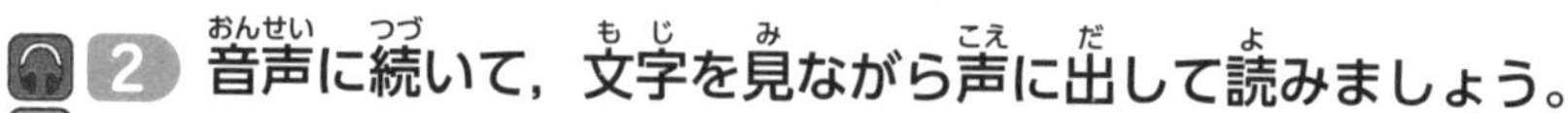

2 音声に続いて，文字を見ながら声に出して読みましょう。

 What do you want to do in junior high school?

 I want to make many friends.

 That's very nice!

「わたしは～したいです。」→ I want to ～.

自分がしたいことを相手に伝えるときに使う表現です。この表現を使って，中学生になったら何をしたいのか言ってみましょう。

What do you want to do in junior high school?
(中学校で何をしたいですか。)

I want to study harder.
(わたしは勉強をもっと一生けん命がんばりたいです。)

I want to read many books.
(わたしは本をたくさん読みたいです。)

p.372～373へgo!

3 田中先生がみかとルークに中学校で何をしたいのかをたずねています。次の会話を聞いて，みかとルークは何をしたいのか，正しいものを下から選び記号で答えましょう。

ア 

イ

ウ 

エ 

(1) みか（　　　）　(2) ルーク（　　　）

4 中学生になったら何をしたいですか。あなたがしたいことを2つ言いましょう。

例 I want to study hard. I want to make many friends.

事前準備 ～品詞とは？～

品詞

英単語の持つ意味を特定の種類に分けたもの。大きく６つの種類があります。

名詞 →「もの」や「人」を表すことば。

例：**book**（本） 　　**dog**（犬） 

動詞 →「人」や「動物」の動作や状態を説明する語。

例：**read**（読む） 　　**think**（考える） 

形容詞 →「名詞」や「代名詞」を修飾する語。

例：**yellow** flower（黄色い花） 　　**big** house（大きな家） 

副詞 →「動詞」「形容詞」「文全体」を修飾する語。

例：go **up**（上に行く） 

go **down**（下に行く） 

前置詞 →「名詞」「代名詞」などの前に置く語。

例：**in** Japan（日本では） 　　**of** water（水の） 

代名詞 →「名詞」の代わりとして使う語。

例：**he**（彼は） 　　**it**（それは（を）） 

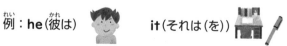

ここから
スタート！

Part
4

英語のルールを学ぼう

英語のルール

英語のルールを知ることは，日本語とは異なる，英語の「しくみ」を知ることです。日本語と英語とでは「語順」がちがいます。英語は「主語＋動詞」で文が始まります。

学習することがら

1．文の語順について学ぶ
2．さまざまな文の種類（ふつう，ぎもん，ひていの文など）を学ぶ

1 I am ～. / You are ～.

わたしは～です。/ あなたは～です。

解答 p.480

1 次(つぎ)の会話(かいわ)を聞(き)いて，声(こえ)に出(だ)して読(よ)んでみましょう。

Hello, I am Mika. You are Luke. Nice to meet you.

Hi, Mika. Nice to meet you, too.

この形(かたち)になるよ

I am Mika. わたしは みか です。

You are Luke. あなたは ルーク です。

「わたしは～です。」は I am[I'm] ～.，「あなたは～です。」は，You are[You're] ～. で表(あらわ)します。I のとき，後(うし)ろは am になり，you のときは are になります。am や are を be 動詞(どうし)と言(い)います。

○ I am Mika. × I are Mika.

○ You are Luke. × You am Luke.

p.160～161 へ go!

2 英文を聞いて，英文と絵が合う場合は○を，合わない場合は×を(　)に書きましょう。

(1)

(　　)

(2)

(　　)

(3)

(　　)

I am ～. やYou are ～. に注意して，だれが発言しているのかを聞き取ろう！

3 [　]の中の語をならべかえて，英語で文を作ってみましょう。ただし，文頭の語も小文字になっています。

(1) わたしはりょうこです。
[Ryoko / I / am / .]

-----

(2) あなたはジョンです。
[are / you / John / .]

-----

2 Are you ~?—Yes, I am. / No, I am not.

あなたは～ですか。—はい，そうです。/いいえ，ちがいます。

解答 p.481

1 次の会話を聞いて，声に出して読んでみましょう。

Hello, I am Tanaka. Are you Luke?

Yes, I am. I'm Luke. Nice to meet you.

Nice to meet you, too.

この形になるよ

ふつうの文

You are Luke. あなたはルークです。

ぎもん文

Are you Luke? あなたはルークですか。

—Yes, I am. はい，そうです。

—No, I am not. いいえ，ちがいます。

・「あなたは～ですか。」はAre you ～? で表します。合っていればYes, I am.，まちがっていればNo, I am[I'm] not. と答えます。「～」の部分には，人の名前，職業や立場，様子・状態を表す語句などが入ります。

例）Are you Luke? （人の名前）

Are you Mika's teacher? （職業や立場を表す語句）

Are you hungry? （様子や状態を表す語）

・書くときには，文末に「?」（クエスチョンマーク）をつけ忘れないようにしましょう。

p.160～161へgo!

2 英文を聞いて，英文と絵が合う場合は○を，合わない場合は×を(　)に書きましょう。

(1)　　　　　　　　　　　　(2)

(　　)　　　　　　　　　　(　　)

(3)

(　　)

Are you ～？のぎもん文に対して，登場人物が Yes/No のどちらで返答しているかに注目しよう！

3 [　]の中の語(句)をならべかえて，英語で文を作ってみましょう。ただし，文頭の語も小文字になっています。

(1) あなたはりょうこですか。 [Ryoko / are / you / ?]

(2) あなたは田中先生ですか。 [you / are / Ms. Tanaka / ?]

(3) 寒いですか。 [you / cold / are / ?]

3 I am not ~. / You are not ~.

わたしは~ではありません。/ あなたは~ではありません。

解答 p.482

1 次の会話を聞いて，声に出して読んでみましょう。

Are you the principal?

No, I am not the principal.

Oh, you are not the principal.

I am your homeroom teacher.

*principal：校長先生　homeroom teacher：担任の先生

この形になるよ

ふつうの文

I am the principal.　わたしは 校長先生 です。

You are the principal.　あなたは 校長先生 です。

ひてい文

I am not the principal.

わたしは 校長先生 ではありません。

You are not the principal.

あなたは 校長先生 ではありません。

「わたしは~ではありません。」は I am[I'm] not ~.，「あなたは~ではありません。」は You are not[aren't] ~. で表します。

例）I am not a student. I am not sleepy.

You are not a teacher.

p.160 ~ 161 へgo!

2 英文を聞いて，英文と絵が合う場合は○を，合わない場合は×を(　)に書きましょう。

(1)

(　　)

(2)

(　　)

(3)

(　　)

notに続く，ものや状態を表す単語をしっかりと聞き取り，イラストと合うかどうか確かめよう！

3 [　]の中の語(句)をならべかえて，英語で文を作ってみましょう。ただし，文頭の語も小文字になっています。

(1) あなたは料理人ではありません。 [a cook / you / are / not / .]

....

(2) わたしは田中先生ではありません。 [not / Ms. Tanaka / I / am / .]

....

(3) わたしは怒っていません。 [I / not / am / angry / .]

....

4 He is ～. / She is ～.

彼は～です。/ 彼女は～です。

解答 p.482

1 次の会話を聞いて，声に出して読んでみましょう。

Everyone, he is a new student.

Hello. I'm Luke. I'm from the US. Nice to meet you.

Luke, she is Mika. Please sit down next to her.

Hi, Mika.

この形になるよ

I am a new student. わたしは新入生です。

You are a new student. あなたは新入生です。

He is a new student. 彼は新入生です。

She is a new student. 彼女は新入生です。

「彼〔彼女〕は～です。」と相手に別の人のことを話すときは，He〔She〕is ～. で表します。男の人の場合は he，女の人の場合は she を使います。

例）He is a student. He is happy.
She is a teacher. She is nice.

2 英文を聞いて，内容に合うほうに○をつけましょう。

(1)

A (　　)

B (　　)

(2)

A (　　)

B (　　)

(3)

A (　　)

B (　　)

be 動詞 is のあとに読まれる，ものや状態を表す語に注目して聞いてみよう！

3 (　)内の正しい語を○で囲みましょう。

(1) 彼女は料理人です。 (He , She) is a (cook , teacher).

(2) 彼は山田先生です。 (He , She) (am , is) Mr. Yamada.

(3) 彼は怒っています。 (I , He , She) (am , is , are) angry.

5 Is he ~? / Is she ~?

彼は~ですか。/ 彼女は~ですか。

解答 p.482

1 次の会話を聞いて，声に出して読んでみましょう。

He is Ken, she is Aki, she is Yui, he is Shin….

OK. Is he Ken?

Yes, he is.

Is she Yui?

No, she isn't. She is Aki.

この形になるよ

ふつうの文

He is Ken. 彼はけんです。 She is Aki. 彼女はあきです。

ぎもん文

Is he Ken? 彼はけんですか。

—Yes, he is. はい，そうです。

—No, he is not. いいえ，ちがいます。

Is she Aki? 彼女はあきですか。

—Yes, she is. はい，そうです。

—No, she is not. いいえ，ちがいます。

・「彼〔彼女〕は~ですか。」と相手に別の人のことをたずねるときは，Is he[she] ~? で表し，答えるときは，Yes, he[she] is. / No, he[she] is not[isn't]. で表します。

2 英文を聞いて，内容に合うほうに○をつけましょう。

(1)

A(　　)　　B(　　)

(2)

A(　　)　　B(　　)

(3)

A(　　)　　B(　　)

3 (　)内の正しい語や符号を○で囲みましょう。

(1) 彼女は先生ですか。

Is (he , she) a (student , teacher) ?

(2) 彼は怒っていますか。

(Is , Are) he (angry , happy) ?

(3) 彼は大丈夫ですか。

Is (I , he , she) OK (. / ?)

6 He is not ～. / She is not ～.

彼は～ではありません。/ 彼女は～ではありません。

解答 p.483

1 次の会話を聞いて，声に出して読んでみましょう。

So, she is Aki, right?

Right.

He is Ken, right?

No. He is not Ken.
He is Shin. He is
Ken's twin brother.

Oh, I see.

*twin：ふたごの

この形になるよ

ふつうの文

He is Ken. 彼はけんです。

She is Aki. 彼女はあきです。

ひてい文

He is not Ken. 彼はけんではありません。

She is not Aki. 彼女はあきではありません。

「彼〔彼女〕は～ではありません。」と相手に別の人のことを言うときは，He[She] is not[isn't] ～. で表します。

例）He is not a teacher. She is not happy.

2 英文を聞いて，英文と絵が合う場合は○を，合わない場合は×を(　)に書きましょう。

(1)

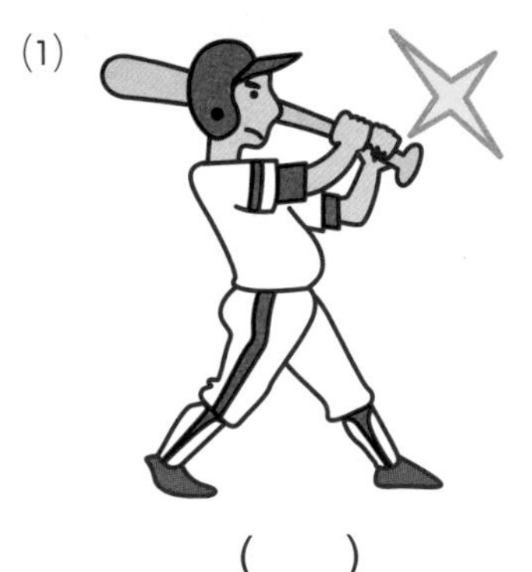

(　　)

(2)

(　　)

(3)

(　　)

is not や isn't に続くものや状態を表す語に注目しよう！

3 下の□の中から正しい語(句)を選んで，(　)内に書いてみましょう。ただし，文頭の語も小文字になっています。

he, she, is not, is, not

(1) 彼女は先生ではありません。

(　　　　　) is not a teacher.

(2) 彼は 12 歳ではありません。

He (　　　　　) 12 years old.

(3) 彼はわたしのお父さんではありません。

(　　　　　) is (　　　　　) my father.

7 This is ~. / That is ~.

これは～です。/ あれは～です。

解答 p.483

1 次の会話を聞いて，声に出して読んでみましょう。

This is our school lunch. Here you are.

Wow!

That is today's dessert, jelly! Yay!

Nice!

この形になるよ

This is our lunch.　これはわたしたちの昼食です。

That is today's dessert.　あれは今日のデザートです。

「これ〔あれ〕は～です。」「こちら〔あちら〕は～です。」と相手のすぐ近く〔離れたところ〕にある物や人を指して言うときは，This [That] is ～. で表します。That is ～. は That's ～. と短くできます。

例）This is my bag. This is my father.
　　That is his bike. That is my house.

2 英文を聞いて，内容に合う絵のアルファベットを書きましょう。

A

B

C

D

E

F

(1)（　　）　(2)（　　）　(3)（　　）

3 （　）内の正しい語を○で囲みましょう。

(1) あれはわたしのイヌです。
(This , That) is my (dog , cat).

(2) こちらは田中先生です。
(This , That) (am , is) Ms. Tanaka.

(3) あれはスーパーマーケットです。
(This , That) (am , is) a supermarket.

8 Is this ~? / Is that ~?

これは～ですか。/ あれは～ですか。

解答 p.484

1 次の会話を聞いて，声に出して読んでみましょう。

Is this salt?

Yes, it is.

Is that sugar?

No, it isn't. It's pepper.

Interesting.

この形になるよ

ふつうの文

This is salt. これは塩です。

That is sugar. あれは砂糖です。

ぎもん文

Is this salt? これは塩ですか。

Is that sugar? あれは砂糖ですか。

—Yes, it is. はい，そうです。

—No, it isn't. いいえ，ちがいます。

- 「これ〔あれ〕は～ですか。」「こちら〔あちら〕は～ですか。」は，Is this[that] ～? で表します。
- 合っていればYes, it is.，まちがっていればNo, it isn't. と答えます。

2 英文を聞いて，内容に合うほうに○をつけましょう。

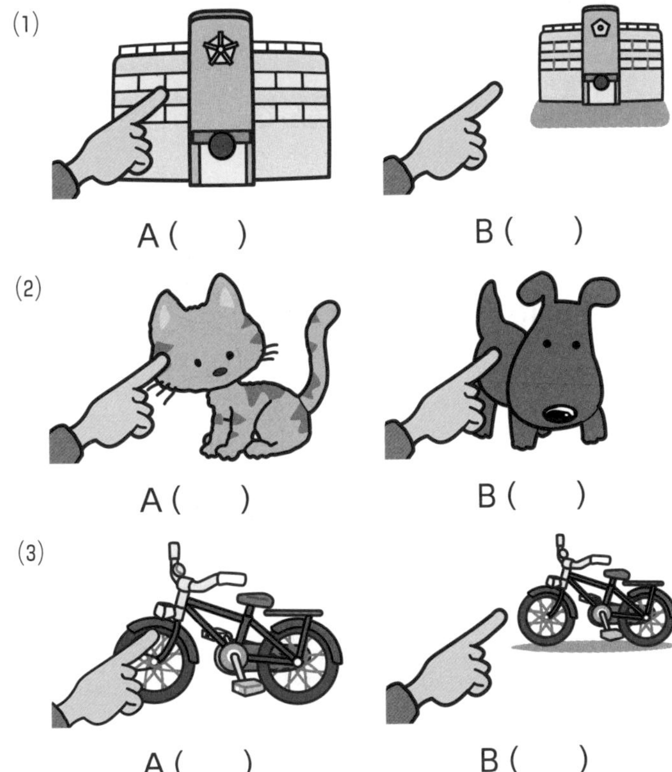

(1) A（　　） B（　　）

(2) A（　　） B（　　）

(3) A（　　） B（　　）

3 （　）の中に正しい語を入れて，英語の文を作ってみましょう。

(1) あれは競技場ですか。 —いいえ，ちがいます。

Is (　　　) a stadium? —(　　　), it isn't.

(2) これはあなたのコンピュータですか。 —はい，そうです。

(　　　) this your computer? —Yes, (　　　) is.

(3) これは紅茶ですか。 —いいえ，ちがいます。それは緑茶です。

Is (　　　) black tea?

—No, it (　　　). It's green tea.

9 This is not ~. / That is not ~.

これは～ではありません。/ あれは～ではありません。

解答 p.484

1 次の会話を聞いて，声に出して読んでみましょう。

This is not a soup bowl.
This is a rice bowl.
Please put it here.

I see. Thank you. Mika, is that your tray?

No. That is not my tray.

この形になるよ

ふつうの文

This is a rice bowl. これは茶わんです。

That is your tray. あれはあなたのおぼんです。

ひてい文

This is not a rice bowl. これは茶わんではありません。

That is not your tray. あれはあなたのおぼんではありません。

「これ〔あれ〕は～ではありません。」「こちら〔あちら〕は～ではありません。」は，This〔That〕 is not〔isn't〕 ~. で表します。

2 英文を聞いて，英文と絵が合う場合は○を，合わない場合は×を(　)に書きましょう。

(1)

(　　)

(2)

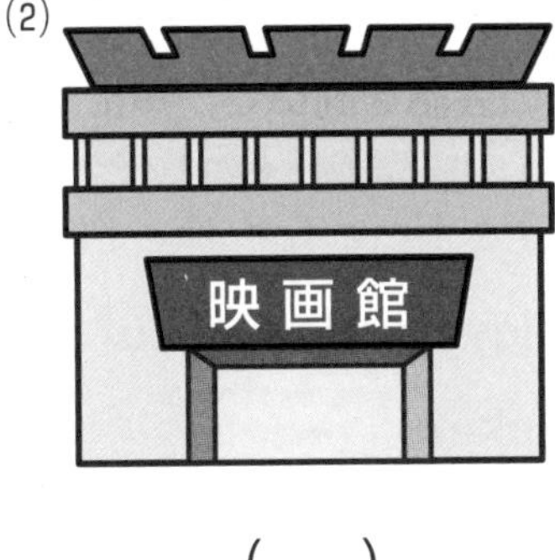

(　　)

(3)

(　　)

3 下の□の中から正しい語を選んで，(　)内に書いてみましょう。ただし，文頭の語も小文字になっています。

that, is, this, not, isn't

(1) これはノートではありません。

(　　　) is not a notebook.

(2) あれは図書館ではありません。

That (　　　) a library.

(3) あれはわたしの自転車ではありません。

That (　　　) (　　　) my bike.

10 We are ~. / You are ~. / They are ~.

わたしたちは～です。/ あなたたちは～です。/ 彼〔彼女〕らは～です。

解答 p.484

1 次の会話を聞いて，声に出して読んでみましょう。

It's time for the club activities! I am a tennis player. How about you, Luke?

I'm a baseball player.

Good. They are in the baseball team.

Yes! We are in the baseball team. Follow us.

この形になるよ

We are students.　わたしたちは生徒です。

You are teachers.　あなたたちは先生です。

They are my parents.　彼らはわたしの両親です。

「わたしたち〔あなたたち / 彼〔彼女〕ら〕は～です。」のように，二人以上について言うときは，We[You/They] are ～. で表します。「～」の部分には，職業や立場を表す語句の複数形や様子・状態を表す語句が入ります。

例）We[You/They] are teachers.
(職業や立場を表す語句の複数形)

We[You/They] are happy.　(様子や状態を表す語)

2 英文を聞いて，英文と絵が合う場合は○を，合わない場合は×を(　)に書きましょう。

(1)

(　　)

(2)

(　　)

(3)

(　　)

be 動詞 are のあとに続く，ものや状態を表す語に注目しよう！

3 [　]の中の語(句)をならべかえて，英語で文を作ってみましょう。ただし，文頭の語も小文字になっています。

(1) 彼らは野球選手です。 [are / they / baseball players / .]

(2) あなたたちは安全です。 [safe / are / you / .]

(3) わたしたちは医者です。 [doctors / we / are / .]

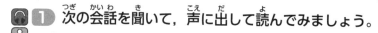

11 Are you ~? / Are they ~?

あなたたちは~ですか。/ 彼〔彼女〕らは~ですか。

解答 p.485

1 次の会話を聞いて，声に出して読んでみましょう。

Are you baseball players?

Yes, we are. Are you?

Yes, I am. Are they soccer players?

No, they aren't. They are in the basketball team.

この形になるよ

ふつうの文

You are doctors. あなたたちは 医者 です 。

ぎもん文

Are you doctors ? あなたたちは 医者 ですか 。

—Yes, we are . はい，そうです 。

—No, we are not . いいえ，ちがいます 。

- 「あなたたちは～ですか。」は，Are you ~? で表します。「彼ら〔彼女ら〕は～ですか。」は Are they ~? で表します。
- 合っているときは Yes, we[they] are.，まちがっているときは No, we[they] are not[aren't]. と答えます。
- 「～」の部分には，職業や立場を表す語句の複数形や様子・状態を表す語句が入ります。

2 英文を聞いて，英文と絵が合う場合は○を，合わない場合は×を(　)に書きましょう。

(1) ~~Brown Family~~

(　　)

(2)

(　　)

(3)

(　　)

登場人物が何を聞こうとしているかをまずはきちんと聞き取ろう！

3 絵を見て，□の中から正しい語を選んで(　)内に書いてみましょう。ただし，文頭の語も小文字になっています。

nurses, we, they, are, aren't

(1)

(2)

(1) A: (　　　) they (　　　)?
B: Yes, they are. They (　　　) very kind.

(2) A: Hello. Are you fine?
B: Yes, (　　　) are. (　　　) are very fine.
Thank you.

12 We are not~. / You are not~. / They are not~.

わたしたちは~ではありません。/ あなたたちは~ではありません。/ 彼(彼女)らは~ではありません。

解答 p.485

1 次の会話を聞いて，声に出して読んでみましょう。

Are you twins?

Yes. We are twins.

Are they sisters?

No. They are not sisters.

*twins：ふたご

この形になるよ

ふつうの文

We are twins. わたしたちは ふたご です。

You are twins. あなたたちは ふたご です。

They are twins. 彼〔彼女〕らは ふたご です。

ひてい文

We are not twins. わたしたちは ふたご ではありません。

You are not twins. あなたたちは ふたご ではありません。

They are not twins. 彼〔彼女〕らは ふたご ではありません。

- 「わたしたちは～ではありません。」は，
  We are not〔aren't〕 ～. で表します。
- 「あなたたちは～ではありません。」は，
  You are not〔aren't〕 ～. で表します。
- 「彼〔彼女〕らは～ではありません。」は
  They are not〔aren't〕 ～. で表します。

2 絵を見ながら英文を聞いて，正しい英文の記号に○をつけましょう。

(1)

A(　　) B(　　) C(　　)

(2)

A(　　) B(　　) C(　　)

(3)

A(　　) B(　　) C(　　)

notが含まれている英文もあるので，注意して聞き分けよう！

3 [　]の中の語をならべかえて，英語で文を作ってみましょう。ただし，文頭の語も小文字になっています。

(1) あなたたちは料理人ではありません。
[not / are / you / cooks / .]

(2) わたしたちは元気ではありません。
[not / we / are / fine / .]

(3) 彼女たちは背が高くありません。
[not / they / are / tall / .]

13 What is this? / What is that?

これは何(なん)ですか。/ あれは何(なん)ですか。

解答 p.486

1 次(つぎ)の会話(かいわ)を聞(き)いて，声(こえ)に出(だ)して読(よ)んでみましょう。

What is this?

It is a *kendama*.

What is that?

It's an *o-dako*.

この形(かたち)になるよ

ふつうの文(ぶん) This[That] is a camera.

これ[あれ]は カメラ です。

ぎもん文(ぶん) Is this[that] a camera ?

これ[あれ]は カメラ ですか。

whatのぎもん文(ぶん) What is this[that] ?

これ[あれ]は 何(なん) ですか。

答え方 It is a *kendama*. それは けん玉(だま) です。

- 「これ[あれ]は何(なん)ですか。」とたずねるときは，What is[What's] this[that]? で表(あらわ)します。
- what は文頭(ぶんとう)に置(お)きます。
- 答(こた)えるときは It is[It's] a[an] ～. で表(あらわ)します。

p.200～201 へ go!

2 英文を聞いて，みかが答えたほうに○をつけましょう。

(1)

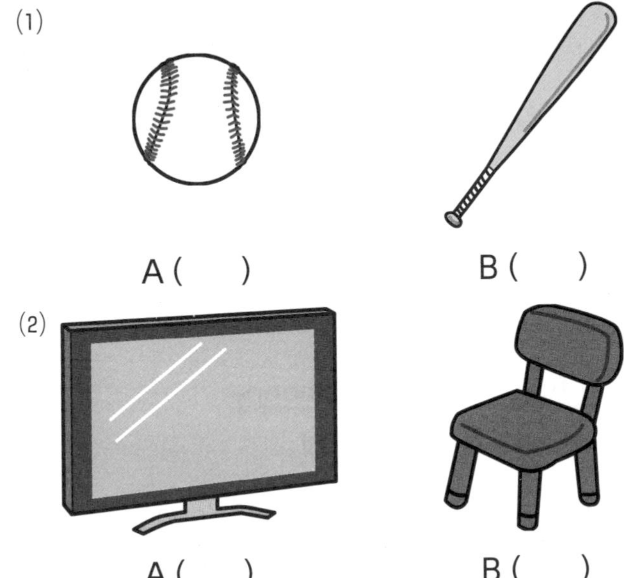

A(　　)　　B(　　)

(2)

A(　　)　　B(　　)

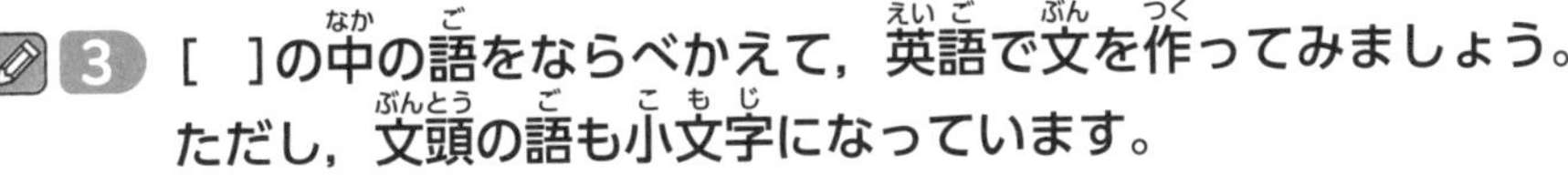

3 [　]の中の語をならべかえて，英語で文を作ってみましょう。
ただし，文頭の語も小文字になっています。

(1) これは何ですか。 [is / this / what / ?]

----

(2) あれは何ですか。 [is / what / that / ?]

----

(3) これは何ですか。 [this / what's / ?]

----

(4) それはカギです。 [is / a / key / it / .]

----

① be動詞のまとめ

解答 p.486

ふつうの文

「～は…です〔～がいます / あります〕。」と言うときは，**am，is，are を使います**。「…」の部分には，**様子や状態を表す語**（形容詞）や**職業・立場などを示す語**が続きます。

例》 I **am** a teacher. I **am** happy.
わたしは教師です。わたしは幸せです。

You **are** student(s). You **are** good.
あなた（たち）は学生です。あなた（たち）は優秀です。

He **is** a soccer player. He **is** very tall.
彼はサッカー選手です。彼はとても背が高いです。

ぎもん文

「～は…ですか〔～がいますか / ありますか〕。」と言うとき（ぎもん文）は，**am，is，are を文頭に置いて，文の最後に「?」をつけます**。答えるときは Yes か No で文を始めます。

例》 **Are** you happy **?**
あなたは幸せですか。

—Yes, I am. ／ No, I'm not.
—はい，幸せです。/ いいえ，幸せではありません。

Is she a doctor **?** 彼女は医者ですか。

—Yes, she is. ／ No, she isn't.

—はい，そうです。/ いいえ，ちがいます。

ひてい文

「～は…ではありません〔～はいません / ありません〕。」と言うとき(ひてい文)は，**am，is，are のすぐあとに not を置きます。**

例 I am **not** a teacher.

わたしは教師ではありません。

You are **not** tall.

あなたは背が高くありません。

チャレンジしよう！

( )の中に□の中から適切な語を選んで書きましょう。ただし，最初の文字も小文字になっています。

(1) Are (　　　) a good singer? －Yes, I (　　　).

(2) (　　　) she your teacher? －No, she (　　　).

(3) They (　　　) tall.

is, are, you, isn't, I, he, she, am

14 I play ~. / You study ~.

わたしは～をします。/ あなたは～を勉強します。

解答 p.486

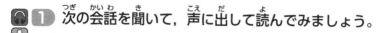

1 次の会話を聞いて，声に出して読んでみましょう。

What's your plan for Sunday?

I play baseball with Ken and Shin. How about you?

I study English at home.

You study English at home! Mika, you are a good student!

この形になるよ

I **play** baseball.

わたしは野球を **します** 。

You **study** English.

あなたは英語を **勉強します** 。

・「～します。」と言うときは，主語の後ろに「動作を表す語(動詞)」をつけます。

・動作を表す語はたくさんあります。そのつど覚えていくようにしましょう。

p.188～189へgo!

2 英文を聞いて，内容に合う絵のアルファベットを書きましょう。

(1) (　　　)　(2) (　　　)　(3) (　　　)

3 下の□の中から正しい語を選んで，(　)内に書いてみましょう。

play, eat, drink, go, swim, like

(1) ぼくはサッカーが好きです。
I (　　　) soccer.

(2) わたしたちは昼ご飯にサンドイッチを食べます。
We (　　　) sandwiches for lunch.

(3) わたしは校庭で野球をします。
I (　　　) baseball in the school yard.

15 I do not eat ~. / We do not like ~.

わたしは~を食べません。/ わたしたちは~を好きではありません。

解答 p.487

1 次の会話を聞いて，声に出して読んでみましょう。

What's your snack?

I have *takoyaki* today.

What's that?

Well ... it's octopus pancake balls.

You eat octopus? We do not eat octopus.

Why not? It's delicious!

この形になるよ

ふつうの文

We eat octopus. わたしたちはタコを 食べます 。

I like coffee. わたしはコーヒーが 好きです 。

ひてい文

We do not eat octopus.

わたしたちはタコを 食べ ません 。

I do not like coffee.

わたしはコーヒーが 好き ではありません 。

「~しません〔~ではありません〕。」と言うときは，「動作を表す語(動詞)」の前に do not をつけます。

do not = don't 短縮できる！ p.224 ~ 225 へ go!

2 英文を聞いて，内容に合うほうに○をつけましょう。

(1) A（　　）　B（　　）

(2) A（　　）　B（　　）

3 [　]の中の語をならべかえて，英文を作ってみましょう。ただし，文頭の語も小文字になっています。

(1) ぼくは牛乳が好きではありません。
[milk / don't / I / like / .]

....

(2) わたしたちは納豆を食べません。
[we / not / eat / natto / do / .]

....

16 Do you like ~?

あなたは～が好きですか。

解答 p.488

1 次の会話を聞いて，声に出して読んでみましょう。

What is your snack?

I eat cookies.

Cookies!

Do you like cookies?

Yes, I do. I like chocolate chip cookies.

Me, too.

この形になるよ

ふつうの文

You like cookies. あなたは クッキー が好きです。

ぎもん文

Do you like cookies?

あなたは クッキー が好きですか。

—Yes, I do. はい，好きです。

—No, I don't. いいえ，好きではありません。

・「あなたは～が好きですか。」と相手にたずねるときには，Do you like ~? で表します。

・好きなときは Yes, I do.，そうでないときは No, I don't. と答えます。

p.206～207，p.222～223へgo!

2 英文を聞いて，英文と絵が合う場合は○を，合わない場合は×を(　)に書きましょう。

(1)

(　　)

(2)

(　　)

(3)

(　　)

質問に対する答えがYesなのかNoなのかに注意して聞いておこう！

3 次の英文にはまちがいがあります。正しく書き直しましょう。

(1) あなたはケーキが好きですか。 You like cake?

---

(2) あなたはイヌが好きですか。 Do You like dogs?

---

(3) あなたはサッカーが好きですか。 You do like soccer?

---

17 What do you like?

あなたは何が好きですか。

解答 p.488

1 次の会話を聞いて，声に出して読んでみましょう。

I like sandwiches.

I like them, too. I like tuna sandwiches.
What do you like?

I like peanut butter and jam sandwiches.

I don't know them.

Really? Then, come to my house.
I'll show them to you.

この形になるよ

ふつうのぎもん文

Do you like sandwiches?
あなたは サンドイッチ が好きですか。

whatのぎもん文

What do you like? あなたは 何 が 好きですか。
— I like sandwiches.
わたしは サンドイッチ が好きです。

・「あなたは何が好きか」とたずねるときは，「何」を表すwhatを文頭に置き，そのあとにぎもん文の形do you like?を続けます。
・答えるときはI like ～. で表します。好きなものを「～」に入れて，具体的に答えます。 p.162～163へgo!

2 英文を聞いて，内容に合う絵のアルファベットを書きましょう。

(1) (　　) (2) (　　) (3) (　　)

3 [ ]の中の語をならべかえて，英語で文を作ってみましょう。ただし，文頭の語も小文字になっています。

(1) あなたは何が好きですか。―サッカーが好きです。
[do / what / like / you / ?] ―I like soccer.

(2) あなたは何が好きですか。―英語が好きです。
[like / you / do / what / ?] ―I like English.

(3) あなたは何が好きですか。―リンゴが好きです。
[like / you / what / do / ?] ―[like / apples / I / .]

18 What ~ do you like?

あなたは何の～が好きですか。

解答 p.489

1 次の会話を聞いて，声に出して読んでみましょう。

Here you are.

These are peanut butter sandwiches. Try some.

Thank you. Mmm, good!

What drink do you like? I have milk, orange juice and soda.

Milk, please.

OK.

この形になるよ

What do you like? あなたは何が好きですか。

What food do you like?

あなたは何の 食べ物 が好きですか。

—I like sushi. わたしは すし が好きです。

・「あなたは何が好きか」とたずねるときに，「何の食べ物〔スポーツ/動物〕」のように特にたずねたいものを指定することができます。

・答えるときは，I like ～. と好きなものを「～」に入れて答えます。

p.188～189, p.192～193, p.226～227へgo!

2 英文を聞いて，内容に合うほうに○をつけましょう。

(1) A（　　） B（　　）

(2) A（　　） B（　　）

(3) A（　　） B（　　）

3 下の□の中から正しい語を選んで，（　）内に書いてみましょう。ただし，文頭の語も小文字になっています。

do, sport, food, what, like

(1) あなたは何の食べ物が好きですか。—すしが好きです。
What (　　　) do you like?　—I like sushi.

(2) あなたは何の教科が好きですか。—英語が好きです。
(　　　) subject do you like?　—I like English.

(3) あなたは何のスポーツが好きですか。—野球が好きです。
What (　　　) do you (　　　)?　—I like baseball.

19 Where is ~?

~はどこにいますか〔ありますか〕。

解答 p.489

1 次の会話を聞いて，声に出して読んでみましょう。

Where is your mom?

She is in the city library. She has a Japanese lesson.

Wow. She is so busy!

この形になるよ

Where is Mika?　みかはどこにいますか。

—She is in the living room .

彼女は居間にいます。

・「~はどこにいますか〔ありますか〕。」と場所をたずねるときは，whereをぎもん文の形の前に置きます。

・答えるときは，場所を表す語(句)の前にinやatをつけます。

例）in the kitchen, in the hospital

at the park, at school

p.214~215へgo!

2 英文を聞いて，内容に合う絵のアルファベットを書きましょう。

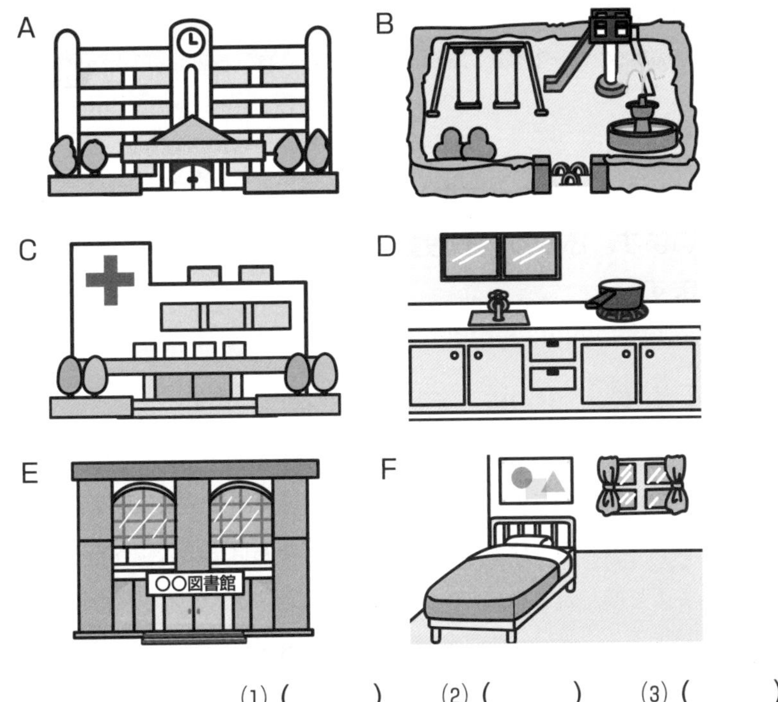

(1) (　　　)　(2) (　　　)　(3) (　　　)

3 [　]の中の語をならべかえて，英語で文を作ってみましょう。ただし，文頭の語も小文字になっています。

(1) あなたのお母さんは今どこにいますか。
[is / mother / where / your] now?

-----

(2) わたしのハンカチはどこにありますか。
―洗面所にあります。
[my / where / is / handkerchief / ?]
―[in / bathroom / is / it / the / .]

-----

②一般動詞のまとめ

解答 p.490

ふつうの文

be 動詞以外のすべての「動作を表す語(**動詞**)」を**一般動詞**といいます。ふつう，一般動詞は主語(～は〔が〕)のすぐあとに置きます。

例》I **play** tennis. わたしはテニスをします。
I **like** tennis. わたしはテニスが好きです。
They **study** English. 彼らは英語を勉強します。
We **go** to the park. わたしたちはその公園へ行きます。

★よく使われる動詞

like	～が好きだ	play	～をする
go	行く	eat	～を食べる
drink	～を飲む	want	～がほしい
study	～を勉強する	have	～を持っている
wash	～を洗う	buy	～を買う

ひてい文

「～ではありません。」と言うとき(ひてい文)は，動詞の前に **do not[don't]**を置きます。

例》I **don't** like milk.
わたしは牛乳が好きではありません。

ぎもん文

たずねるとき(ぎもん文)は，文頭に do を置き，**Yes, ～ do. / No, ～ do not[don't].** で答えます。

例 You study English.　あなたは英語を勉強します。

Do you study English **?**

あなたは英語を勉強しますか。

Yes, I **do**. / **No**, I **do not** [**don't**].

はい，勉強します。/ いいえ，勉強しません。

チャレンジしよう！

(　)の中に□の中から適切な語を選んで書きましょう。ただし，文頭の語も小文字になっています。

(1) わたしはその本がほしい。
I (　　　) the book.

(2) あなたはピアノをひきますか。―はい，ひきます。
(　　　) you (　　　) the piano? ―Yes, I do.

(3) わたしたちはコーヒーを飲みません。
We (　　　) (　　　) coffee.

don't, am, are, play, do, want, drink

20 I have two ~. / You have many ~.

わたしは~を2つ持っています。/ あなたはたくさんの~を持っています。

解答 p.490

1 次の会話を聞いて，声に出して読んでみましょう。

Let's watch a movie.

OK, what titles do you have?

Well... Harry Potter, Star Wars....

Do you like Star Wars?

Yes, I do. Dad likes it very much.
He has many DVDs. I'll show them to you.

この形になるよ

I have two CD s .

わたしは CDを2枚 持っています。

You have many DVD s .

あなたは たくさんのDVD を持っています。

2つ以上のものを表すときは，名詞に s または es をつけます。この形を複数形といいます。

2 英文を聞いて，内容に合うほうに○をつけましょう。

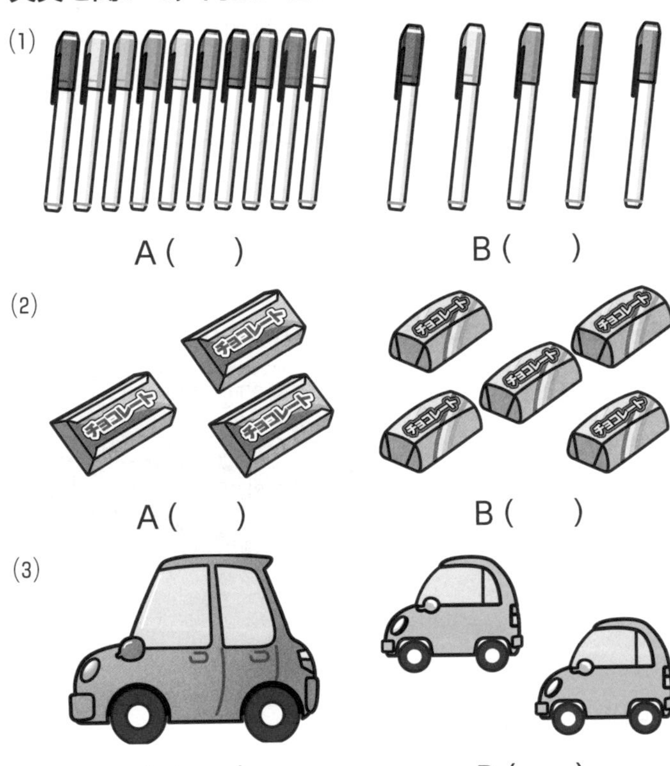

(1) A(　　)　B(　　)

(2) A(　　)　B(　　)

(3) A(　　)　B(　　)

3 [　]の中の語をならべかえて，英語で文を作ってみましょう。ただし，不要な語が 1 語あります。また，文頭の語も小文字になっています。

(1) ぼくは 10 個のキャンディーを持っています。
[ten / candies / have / two / I / .]

----

(2) あなたは本を 2 冊持っています。
[you / two / book / have / books / .]

----

21 How many ~?

~はいくつですか。

解答 p.491

1 次の会話を聞いて，声に出して読んでみましょう。

Wow! How many books do you have?

More than 500. These are my dad's.

These are my mom's. We love books.

How about you?

I like books, too.

この形になるよ

How many book s are there ?

何冊の 本 がありますか。

—(There are) Ten book s . 10冊の 本 (があります)。

How many CD s do you have ?

あなたは 何枚の CD を持っていますか。

—(I have) Five CD s .

(わたしは) 5枚の CD (を持っています)。

- 「~はいくつありますか〔持っていますか〕。」とたずねるときは，how many を文頭に置き，そのあとにぎもん文の形を続けます。
- 数字や many, some などの数を表す語で答えます。

p.196～197へgo!

2 英文を聞いて，内容に合う絵のアルファベットを書きましょう。

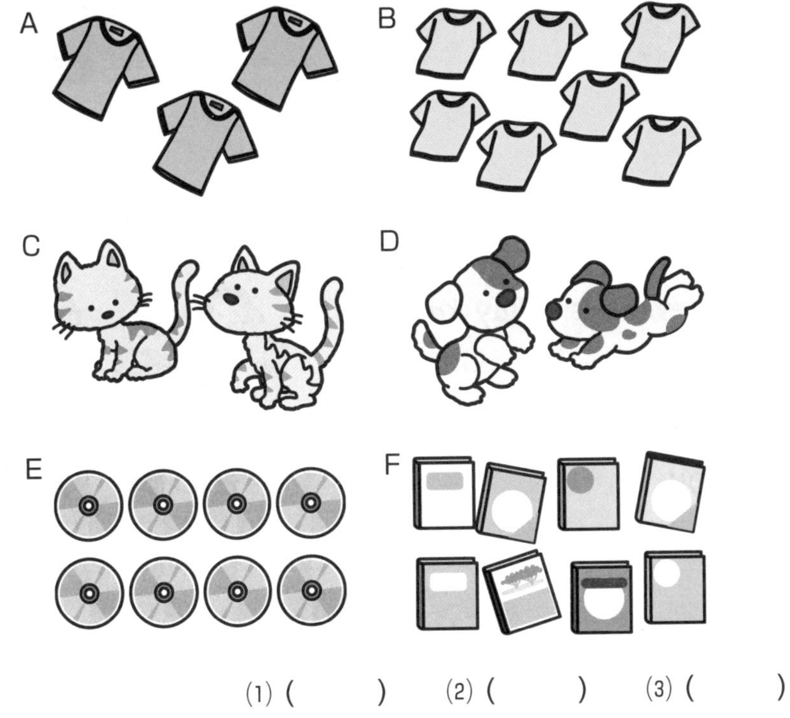

(1) (　　　)　(2) (　　　)　(3) (　　　)

3 下の□の中から正しい語を選んで，(　)内に書いてみましょう。ただし，文頭の語も小文字になっています。

dogs, cats, how, many, books, pencils

(1) あなたは本を何冊持っていますか。 —3冊持っています。
How many (　　　) do you have? —I have three.

(2) あなたたちはイヌを何匹飼っていますか。 —2匹です。
(　　　) many dogs do you have? —We have two.

22 Play ~. / Don't play ~.

~しなさい。/ ~してはいけません。

解答 p.491

1 次の会話を聞いて，声に出して読んでみましょう。

It's so windy now. Don't fly a kite.

Boo.

Hey, boys! Play *kendama* together.

Here you are.

OK.

この形になるよ

ふつうの文

I play *kendama*. わたしはけん玉をします。

めいれい文

Play *kendama*. けん玉をしなさい。

ひていのめいれい文

Don't play *kendama*. けん玉をしてはいけません。

・「~しなさい。」と言うときは，「だれが〔は〕」(主語)をつけずに，「動作を表す語(動詞)」で文を始めます。
例) Open your notebook.

・「~してはいけません。」と言うときは，文頭に don't を置きます。
例) Don't drink coffee at night.

2 英文を聞いて，内容に合うほうに○をつけましょう。

(1) A (　　)　B (　　)

(2) A (　　)　B (　　)

(3) A (　　)　B (　　)

3 (　)内の正しい語(句)を○で囲みましょう。

(1) 川で泳いではいけません。
(Don't swim , Swim) in the river.

(2) 夕食前に宿題をしなさい。
(Don't , Do) your homework before dinner.

(3) ここで自転車に乗ってはいけません。
(Don't ride , Ride) a bike here.

23 How much is this[that]?

これ〔あれ〕はいくらですか。

解答 p.492

1 次の会話を聞いて，声に出して読んでみましょう。

Look at this book. This is so old and expensive.

Really? How much is this?

I don't know but my dad says so.

Oh, I see.

この形になるよ

How much is this ? これはいくらですか。

—It's ten thousand yen . 1万円です。

How much do you have ? あなたはいくら持っていますか。

—I have five hundred yen . わたしは500円持っています。

・「これ〔あれ〕はいくらですか」「この〔あの〕～はいくらですか。」「あなたはいくら持っていますか。」などと値段をたずねるときは，how much を文頭に置き，そのあとにぎもん文の形を続けます。
・数字や a lot of (多くの) など，数や量を表す語で答えます。

p.220～221へgo!

2 英文を聞いて，内容に合うほうに○をつけましょう。

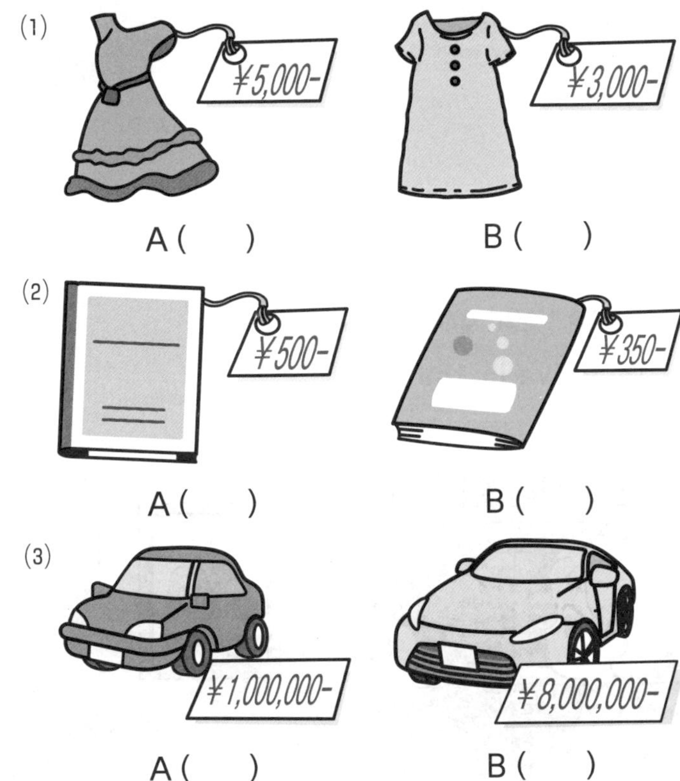

3 ［　］の中の語をならべかえて，英語で文を作ってみましょう。ただし，文頭の語も小文字になっています。

(1) あのスイカはいくらですか。―1,000円です。
[is / how / watermelon / much / that / ?]
—It's 1,000 yen.

(2) このペンはいくらですか。―150円です。
[pen / much / this / how / is / ?]
—It's 150 yen.

24 Who is ~?

~はだれですか。

解答 p.492

1 次の会話を聞いて，声に出して読んでみましょう。

Who is he?

He is my grandfather.

So...is she your grandmother?

Yes, they live in the US.

この形になるよ

Who is he? 彼はだれですか。

He is my brother. 彼はわたしの兄です。

・「~はだれですか。」とたずねるときは，who を文頭に置き，そのあとに〈be 動詞+主語〉を続けます。
・答えるときは，名前や自分との関係などを表す語（家族関係，友人，職業など）で答えます。
例）He is my teacher. She is my aunt. など

2 英文を聞いて，内容に合う絵のアルファベットを書きましょう。

A

B

C

D

E

F

(1) (　　　)　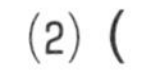 (2) (　　　)　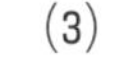 (3) (　　　)

3 次の英文にはまちがいがあります。正しく書き直しましょう。

(1) 彼はだれですか。—彼はわたしの父です。
Who is he? —She is my father.

- -

(2) 彼らはだれですか。—彼らはわたしの両親です。
Who are they? —He are my parents.

- -

(3) あの男の人はだれですか。—彼はわたしのおじです。
Who is that man? —She is my uncle.

- -

25 I, my, me / you, your, you

「～の」,「～を」

解答 p.493

1 次の会話を聞いて，声に出して読んでみましょう。

What's your favorite color, Luke?

My favorite color is red.

Me, too! Look, her T-shirt is red, too!

That's a nice T-shirt!

この形になるよ

	～は	～の	～を〔に〕	～のもの
わたし	I	my	me	mine
あなた	you	your	you	yours
彼	he	his	him	his
彼女	she	her	her	hers
それ	it	its	it	−
わたしたち	we	our	us	ours
あなたたち	you	your	you	yours
彼ら 彼女ら それら	they	their	them	theirs

・日本語は「わたしの」「わたしを」のように,「の」や「を」の部分が変わりますが，英語はI, my, meのように形が変わります。

・「あなた」「彼」「彼女」などについても，上の表のように形が変わります。

例）She is my mother. Her bag is nice.

2 AとBの英文を聞いて，正しい英文が読まれているほうに○をつけましょう。

(1) A（　　）B（　　）

(2) A（　　）B（　　）

(3) A（　　）B（　　）

3 （　　）内の正しい語句を○で囲みましょう。

(1) これはわたしの本です。
This is (I, my) book.

(2) あちらはわたしの母です。彼女は先生です。
That is my mother. (She, Her) is a teacher.

(3) あれはあなたのボールですか。
Is that (you, your) ball?

4 次の英文には，まちがいがあります。正しく書き直しましょう。

(1) Me favorite fruit is banana.

----

(2) I like him dog.

----

(3) She is my friend. Do you know she?

----

26 What time is it now?

今，何時ですか。

解答 p.494

1 次の会話を聞いて，声に出して読んでみましょう。

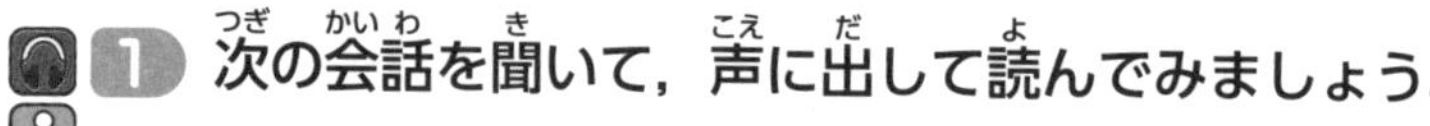

What time is it now?

It's five o'clock.

Oh, it's time to go home.

Really? Thank you for coming.

Thank you. I had a good time.

*had：have（「～な時を過ごす」の過去形）

この形になるよ

What time is it now? 今，何時ですか。

―It's ten o'clock. 10時(ちょうど) です。

What time do you get up? あなたは何時に起きますか。

―I get up at 6:30. 6時半に起きます。

- 「時刻」をたずねるときは，what time を文頭に置き，そのあとにぎもん文の形(is it ～? / do you ～? など)を続けます。
- 答えるときは，It's ten o'clock. やI ～ at six. などと時刻を答えます。「～時に」と言うときは，時刻の前に at をつけます。「～時(ちょうど)」と言うときは，～ o'clock で表します。

p.182～183へgo!

2 英文を聞いて，内容に合う絵のアルファベットを書きましょう。

A

B

C

D

E

時刻を正確に聞き取り，イラストと合っているかを確かめよう！

(1) (　　　)　(2) (　　　)　(3) (　　　)　(4) (　　　)

3 [　]の中の語(句)をならべかえて，英語で文を作ってみましょう。ただし，文頭の語も小文字になっています。

(1) 何時ですか。—8時ちょうどです。
[it / what / time / is / ?] —It's eight o'clock.

(2) あなたは何時に昼食をとりますか。—12時半です。
[time / you / do / what / eat lunch / ?]
—[eat lunch / at / I / twelve thirty / .]

27 Let's ~. / Please ~.

~しましょう。/ ~してください。

解答 p.494

1 次の会話を聞いて，声に出して読んでみましょう。

Let's go home now.

OK.

Please come to the teachers' room.

Sure. Mika, wait for a moment, please.

No problem.

この形になるよ

ふつうのめいれい文

Come to the teachers' room. 職員室に来て。

ていねいなめいれい文

Please come to the teachers' room.

職員室に来てください。

「いっしょに~しましょう」とさそう文

Let's play *kendama* together.

いっしょにけん玉をしましょう。

- 「~してください。」と言うときは，めいれい文の前か後ろに please を置きます。
- let's をめいれい文の前に置くと，「いっしょに~しましょう。」とさそう文になります。 p.176~177, p.218~219, p.232~233へgo!

2 英文を聞いて，内容に合うほうに○をつけましょう。

(1)

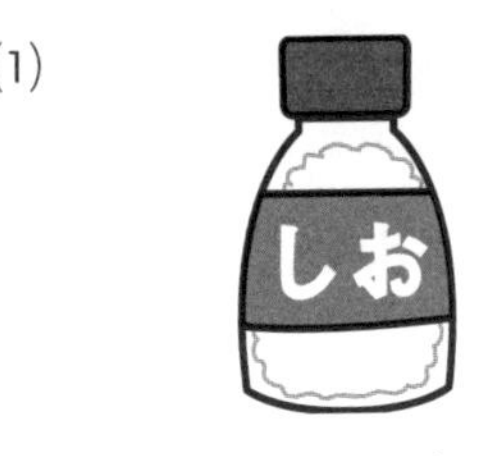

A(　　)

B(　　)

(2)

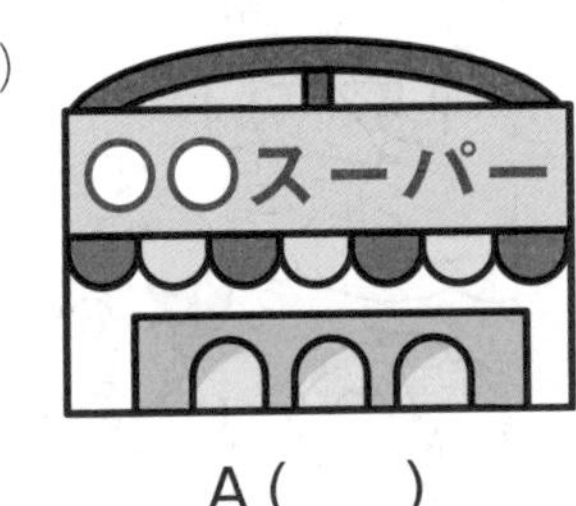

A(　　)

B(　　)

(3)

A(　　)

B(　　)

3 [　]の中の語(句)をならべかえて，英語で文を作ってみましょう。ただし，不要な語が1語あります。また，文頭の語も小文字になっています。

(1) その歌を歌いましょう。
[don't / sing / let's / the song / .]

----

(2) その砂糖をわたしてください。
[the sugar / pass / let's / me / please / .]

----

28 When do you ~?

あなたはいつ～しますか。

解答 p.495

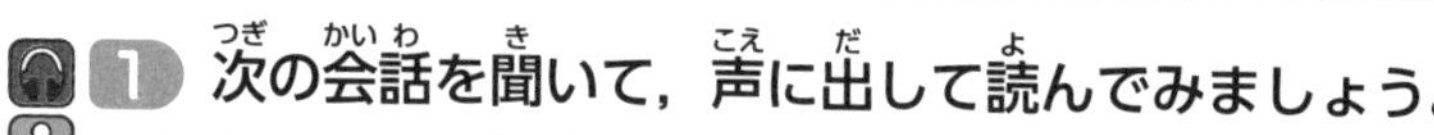

1 次の会話を聞いて，声に出して読んでみましょう。

When do you go to the dentist?

I go there at three.
Please ask me again
around 2:30.

OK.

この形になるよ

When do you go to the dentist ?
あなたは いつ 歯医者へ行き ますか 。

—I go there at three . わたしは 3時に そこへ行きます。

・「いつ～するか」と相手にたずねるときは，when を文頭に置き，そのあとにぎもん文の形を続けます。

例） When do you play baseball?
あなたはいつ野球をしますか。

・答えるときは次のように，数字や時刻，曜日や日時を表す語(句)を使います。

例） I play baseball at four. 4時に野球をします。
I play baseball after school. 放課後に野球をします。

2 英文を聞いて，内容に合うほうに○をつけましょう。

(1)

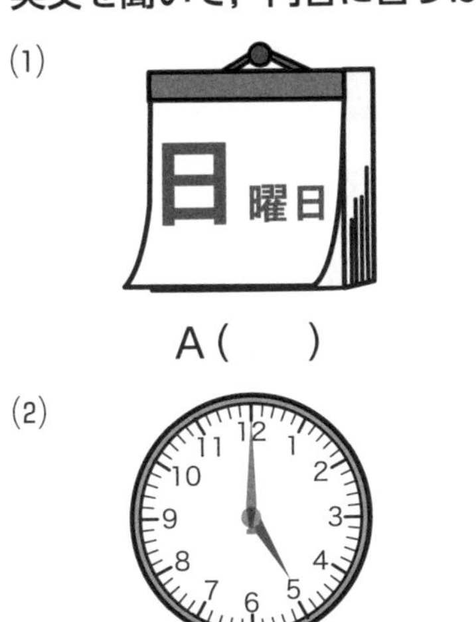

A (　　)　　B (　　)

(2)

A (　　)　　B (　　)

(3)

A (　　)　　B (　　)

3 下の□の中から正しいの語(句)を選んで，(　)内に書いてみましょう。ただし，文頭の語も小文字になっています。

what, when, do, what time, visit, play

(1) あなたはいつ買い物に行きますか。―毎週日曜日です。
(　　　) do you go shopping? —On Sundays.

(2) あなたたちはいつサッカーをしますか。
―放課後します。
When do you (　　　) soccer?
—We play it after school.

29 Where do you ~?

あなたはどこで～しますか。

解答 p.495

1 次の会話を聞いて，声に出して読んでみましょう。

Where do you play baseball after school?

We play baseball in the school yard. But the soccer club uses it, too. It's so crowded.

Sorry about that.

この形になるよ

Where do you play baseball ?

あなたは どこで 野球をし ますか 。

—I play it at school . 学校で します。

—I play it in the yard . 庭で します。

- 「どこで～しますか。」と場所をたずねるときは，where をぎもん文の前に置きます。
- 答えるときは，場所を表す語の前に in や at をつけます。
  ※ in のあとには比較的広い場所を表す語が続きます。
  例） in the forest（森で） / in the US（アメリカ合衆国で）
  at the park（公園で） / at school（学校で）

2 英文を聞いて，内容に合う絵のアルファベットを書きましょう。

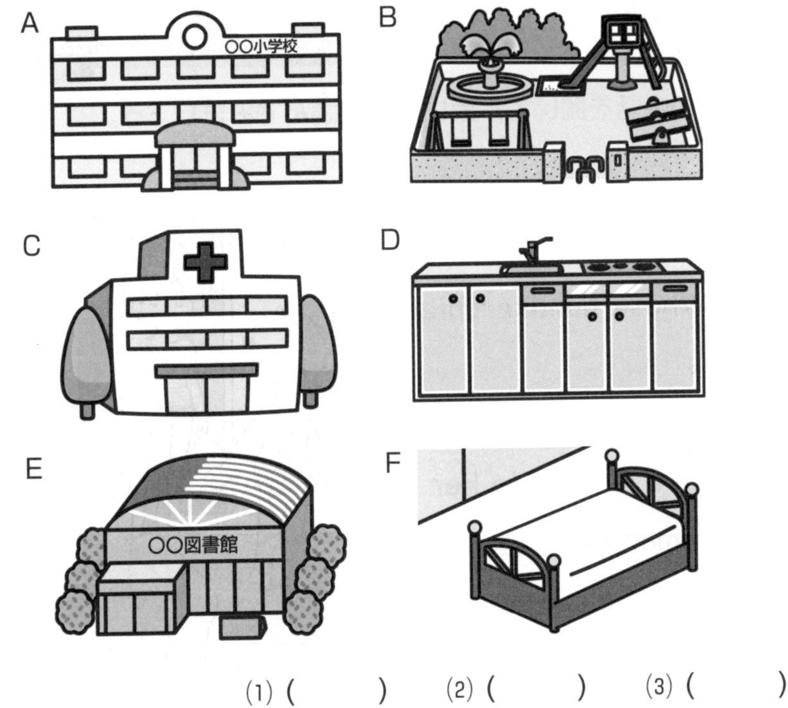

(1) (　　　)　(2) (　　　)　(3) (　　　)

3 [　]の中の語をならべかえて，英語で文を作ってみましょう。ただし，不要な語が1語あります。また，文頭の語も小文字になっています。

(1) あなたはどこで勉強しますか。
[study / are / do / where / you / ?]

(2) あなたはどこで歯をみがきますか。
[do / where / is / brush / your / teeth / you / ?]

30 Whose ~ is this[that]?

これ〔あれ〕はだれの～ですか。

解答 p.496

1 次の会話を聞いて，声に出して読んでみましょう。

I'm back!

Hi, mom.

Whose handkerchief is this?

Oh, it's Mika's.

Give it back to her tomorrow.

OK, thank you.

この形になるよ

Whose handkerchief is this?

これはだれの ハンカチ ですか。

—It's mine. わたしのもの です。

- 「これ〔あれ〕はだれの～ですか。」と相手にたずねるときは，Whose ~ is this[that]? で表します。「～」には，物の名前を表す語（名詞）が入ります。
- 答え方は，It's ~. となり，「～」には〈その所有者の名前＋'s〉や「～のもの」を表す語（25 を参照）を入れましょう。

p.198～199へgo!

2 英文を聞いて，英文と絵が合う場合は○を，合わない場合は×を(　)に書きましょう。

(1)

Luke

(　　)

(2)

(　　)

(3)

Happy birthday, dad!

(　　)

「～のもの」を表す単語を正しく聞き取り，イラストと合うかどうかを確かめよう！

3 次の英文にはまちがいがあります。正しく書き直しましょう。

(1) これはだれの鉛筆ですか。
Who pencil is this?

---

(2) あれはだれのイヌですか。
What dog is that?

---

(3) これはだれの本ですか。
Whose books is this?

---

③複数形・ぎもん詞のまとめ

解答 p.497

複数形

英語では，1つ(**単数**)と2つ以上(**複数**)を区別して表します。複数形は，ふつうは名詞のあとに **-s**，**-es**，**-ies** などをつけて表します。

いくつか例外もあります。

例 man → **men**　woman → **women**

child → **children**

・また，単数と複数が同じ形となる名詞もあります。

例 **sheep** (羊)，**deer** (シカ)など

・目に見えないものや形が変化するもの(液体や気体など)は，単数と複数の区別がありません。

チャレンジしよう！ 1

(　)内の正しい語を○で囲みましょう。

(1) わたしは3冊の本を持っています。
I have three (book, books).

(2) 背の高い二人の男の人たちを見て。
Look at the two tall (man, men).

ぎもん詞

いろいろなぎもん詞を正しく使い分けられるように練習しましょう。

・何(what)，だれ(who)：ぎもん文で主語や目的語になる。

例〉 **What** do you study?　あなたは何を勉強しますか。

Who is that girl?　あの女の子はだれですか。

・いつ(when)，どこ(where)：ぎもん文で副詞の働きをする。

例〉 **When** do you play tennis?

あなたはいつテニスをしますか。

Where do you go?

あなたはどこへ行きますか。

チャレンジしよう！ 2

(　)内の正しい語を○で囲みましょう。

(1) あなたはいつ英語を勉強しますか。
(Where, When) do you study English?

(2) この女の人はだれですか。
(What , Who) is this woman?

31 He plays ~. / She studies ~.

彼は～をします。/ 彼女は～を勉強します。

解答 p.497

1 次の会話を聞いて，声に出して読んでみましょう。

Mika plays tennis at school.

Yes, she plays tennis very well.

How about you?

Me? No, I don't.

この形になるよ

He plays tennis. 彼は テニスを します。

She studies English. 彼女は 英語を 勉強します。

「彼〔彼女〕は～します。」と言うときは，動詞のあとに -s[-es, -ies]をつけます。これを「三単現の s」といいます。

※三（三人称）：she，he，it，人の名前

単（単数）：一人，一つのもの

現（現在形）：現在のこと

例）I play tennis. → He plays tennis.

I study English. → She studies English.

p.190～191 へ go!

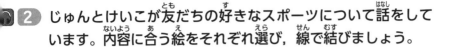

2 じゅんとけいこが友だちの好きなスポーツについて話をしています。内容に合う絵をそれぞれ選び，線で結びましょう。

(1) Kai

(2) Kumi

A

B

C

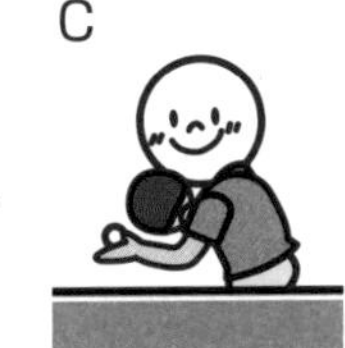

3 [ ]の中の語(句)をならべかえて，英語で文を作ってみましょう。ただし，文頭の語も小文字になっています。

(1) メアリーは昼食を作ります。
[cooks / Mary / lunch / .]

....

(2) トムはりんごが好きです。
[apples / likes / Tom / .]

....

(3) わたしの父はガレージで車を洗います。
[my / washes / his car / the garage / father / at / .]

....

32 He does not like ~.

彼は～が好きではありません。

解答 p.497

1 次の会話を聞いて，声に出して読んでみましょう。

Let's make curry together.

Good. I like curry.

I like carrots.

Me, too! But my brother doesn't like carrots.

Oh, no!

この形になるよ

He doesn't play tennis.

彼は テニスを し ません。

She doesn't study English.

彼女は 英語を 勉強し ません。

「彼〔彼女〕は～しません。」など，主語が三人称単数で現在の一般動詞のひてい文は，do not[don't]ではなくdoes notまたはdoesn'tを使います。

例）I don't play the piano.
She does not[doesn't] play the piano.
You don't eat natto.
My teacher doesn't eat natto.

2 英文を聞いて，内容に合う場合は○を，合わない場合は×を(　)に書きましょう。

(1) (　　)　(2) (　　)　(3) (　　)

3 [　]の中の語(句)をならべかえて，英語で文を作ってみましょう。ただし，文頭の語も小文字になっています。

(1) トムはこの本が好きではありません。
[this / like / Tom / doesn't / book / .]

---

(2) メグは牛乳を飲みません。
[milk / doesn't / Meg / drink / .]

---

(3) わたしのお母さんは今夜は料理をしません。
[does / cook / not / my mother / tonight / .]

---

33 Does he[she] play ~?

彼〔彼女〕は～をしますか。

解答 p.498

1 次の会話を聞いて，声に出して読んでみましょう。

Does Luke's father play golf?

Yes, he does. There is a photo in his house.

Does Luke's mother like cooking?

Yes, she does. Her cookies are so delicious!

この形になるよ

Does he play golf? 彼はゴルフをしますか。

—Yes, he does. はい，します。

—No, he doesn't. いいえ，しません。

「彼〔彼女〕は～しますか。」など，主語が三人称単数で一般動詞の現在のぎもん文は，does を使います。

例) Does she play the flute?
—Yes, she does./ No, she doesn't.
Does your father run fast?
—Yes, he does./ No, he doesn't.

2 英文を聞いて，内容と絵が合う場合は○を，合わない場合は×を(　)に書きましょう。

(1)

(　　)

(2)

(　　)

(3)

(　　)

3 [　]の中の語(句)をならべかえて，英語で文を作ってみましょう。ただし，文頭の語も小文字になっています。

(1) あなたのお母さんはピアノをひきますか。
[mother / the piano / your / does / play / ?]

(2) その先生は毎日ダンスをしますか。
[does / the teacher / every day / dance / ?]

(3) マイクはお米が好きですか。
[Mike / does / like / rice / ?]

34 These[Those] are ~.

これら〔あれら〕は～です。

解答 p.499

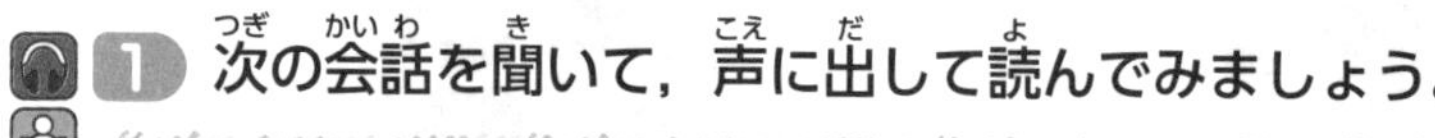

1 次の会話を聞いて，声に出して読んでみましょう。

Hi.　How are you?

I'm fine.

Wow!　It's not a dream!

Hi!

It's real.　These are alive!

この形になるよ

単数の文

This is　my book.　これは わたしの本 です。

That is　my book.　あれは わたしの本 です。

複数の文

These are　my books.　これらは わたしの本 です。

Those are　my books.　あれらは わたしの本 です。

相手のすぐ近く〔離れたところ〕にある複数のものや人を指して言うときは，These[Those] are ～. で表します。「～」には複数形の語(句)が入ります。

例）This is my bag.　→　These are my bags.
　　That is his bike.　→　Those are his bikes.

2 英文を聞いて，内容に合う絵のアルファベットを(　)に書きましょう。

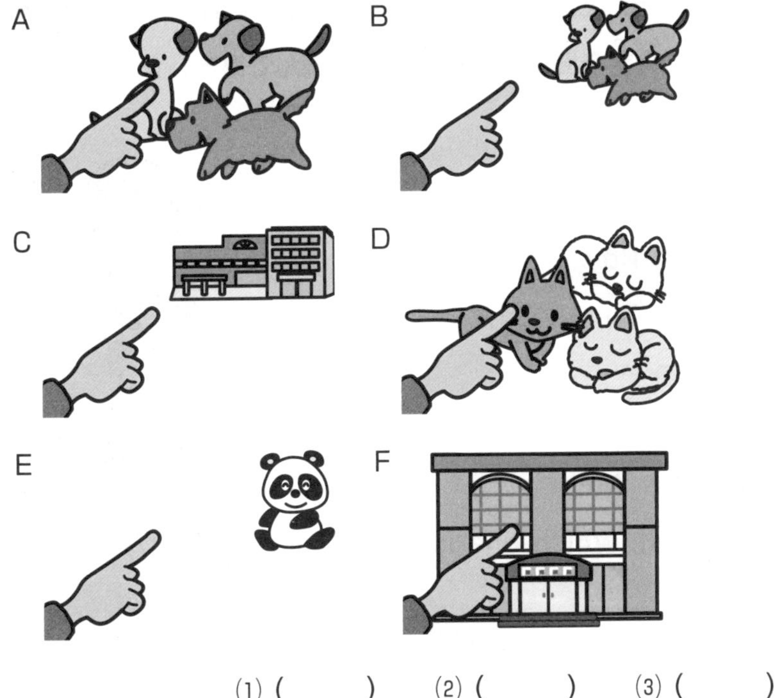

(1) (　　　)　(2) (　　　)　(3) (　　　)

3 (　)内の正しい語を○で囲みましょう。

(1) あれらはわたしのネコです。
(That , Those) are my (cats , cat).

(2) これらはブラウン先生の本です。
(This , These) (are , is) Mr. Brown's books.

(3) あれらはだれの自転車ですか。
—それらはわたしたちの自転車です。
Whose bikes are (these , those)?
—(They , This , That) are our bikes.

35 Which ~, A or B?

AとBのどちらが〜ですか。

解答 p.499

1 次の会話を聞いて，声に出して読んでみましょう。

First, let me know your name.

I'm Lisa.

I'm Roy.

I'm Sam.

I'm Willy.

I see. Who is the leader?

Me! Me!

Well, which one is the leader, Lisa or Roy?

この形になるよ

Which one is the leader, Lisa or Roy?

リサ と ロイ の どちら がリーダーですか。

—It's Lisa. リサ です。

・「AとBのどちらが〜ですか。」とたずねるときは，which をぎもん文の文頭に置き，最後にAとBの選択肢を示します。

例）Which is the old brother, Ken or Shin?
けんとしんのどちらがお兄さんですか。

・答えるときはAかBのどちらかで答えます。

例）Which do you like, tea or coffee? —I like tea.
紅茶とコーヒーのどちらが好きですか。
—紅茶が好きです。

2 英文を聞いて，内容に合うほうに○をつけましょう。

(1) A(　　)　B(　　)

(2) A(　　)　B(　　)

(3) A(　　)　B(　　)

3 下の□の中から正しい語を選んで，(　)内に書いてみましょう。ただし，文頭の語も小文字になっています。

what, which, play, watch, do, does

(1) チューリップとバラのどちらが好きですか。
(　　　) do you like, tulips or roses?

(2) 今夜テレビで，サッカーと野球のどちらの試合を見ますか。
Which game do you (　　　) on TV tonight, soccer or baseball?

36 I can ~. / He can ~.

わたしは~することができます。/彼は~することができます。

解答 p.500

1 次の会話を聞いて，声に出して読んでみましょう。

Wow! Your poster is beautiful.

Thank you. I draw it with pens but Toshi can make posters with his computer.

Great!

この形になるよ

I can draw pictures.

わたしは絵をかくことができます。

He can make posters.

彼はポスターを作ることができます。

「わたしは~することができます。」「彼〔彼女〕は~することができます。」など，「~できる」と言うときは can を使います。can のあとには動詞の原形（-s, -es, -ies などがつかない形）が続きます。主語が単数でも複数でも，三人称単数でも can を使います。

例）I can play tennis. She can swim.

× She can swims.

p.208 ~ 209 へ go!

2 ルークとみかができるスポーツについて話(はなし)をしています。英文(えいぶん)を聞(き)いて，内容(ないよう)に合(あ)う絵(え)をすべて選(えら)び，線(せん)で結(むす)びましょう。

(1) Mika　(2) Luke　(3) Toshi

A　B　C　D　E

3 [　]の中(なか)の語(ご)(句(く))をならべかえて，英語(えいご)で文(ぶん)を作(つく)ってみましょう。ただし，文頭(ぶんとう)の語(ご)も小文字(こもじ)になっています。

(1) わたしは歌(うた)をじょうずに歌(うた)うことができます。
[sing / can / I / well / songs / .]

(2) ジョンは速(はや)く走(はし)ることができます。
[fast / run / can / John / .]

(3) わたしの先生(せんせい)はバイオリンをひくことができます。
[my / can / play / the violin / teacher / .]

37 He[She] can't play ~.

彼〔彼女〕は～をすることができません。

解答 p.500

1 次の会話を聞いて，声に出して読んでみましょう。

I can speak very well.
But he can't speak well.

No, I can't speak well,
but I can write very well,
but he can't write well.

I see. Each of you can
do something special.

この形になるよ

ふつうの文

I can play the piano.

わたしはピアノをひくことができます。

ひてい文

I cannot play the piano.

わたしはピアノをひくことができません。

「彼〔彼女〕は～することができません。」など，「～できない」と言うときは，主語の後ろに cannot または can't を置きます。そのあとには動詞の原形(-s, -es, -ies などがつかない形)が続きます。

例) I can play tennis. → I cannot play tennis.
She can swim. → She can't swim.

2 ルークとみかが，「できることとできないこと」について話をしています。英文を聞いて，できることに○，できないことに×を入れましょう。

	Luke	Mika	Toshi	Hana
play the piano				
play baseball				
play tennis				

3 [　]の中の語(句)をならべかえて，英語の文を作ってみましょう。ただし，文頭の語も小文字になっています。

(1) 彼女はけん玉をじょうずにできません。
[play / cannot / *kendama* / well / she / .]

(2) わたしは速く走ることができません。
[fast / run / can't / I / .]

(3) わたしの母は車を運転することができません。
[my / cannot / a car / drive / mother / .]

38 Can he[she] see ~?

彼〔彼女〕は～を見ることができますか。

解答 p.501

1 次の会話を聞いて，声に出して読んでみましょう。

Lisa, what does Roy have on his neck?

Those are binoculars.

Oh. So, can he see the aurora far away?

Yes, he can. He can see 3 km away.

Good.

*binoculars：そうがん鏡

この形になるよ

ふつうの文

He can see the rainbow there.

彼はそこで虹を見ることができます。

ぎもん文

Can he see the rainbow there?

彼はそこで虹を見ることができますか。

—Yes, he can. はい，できます。

—No, he can't. いいえ，できません。

「～することができますか。」とたずねるときは，主語の前にcanを置きます。

例) Can you play the guitar?

—Yes, I[we] can. / No, I[we] can't.

Can he[she] play the guitar?

—Yes, he[she] can. / No, he[she] can't.

2 英文を聞いて，英文と絵が合う場合は○を，合わない場合は×を(　)に書きましょう。

(1)

(　　)

(2)

(　　)

(3)

(　　)

Can ～？のぎもん文で，何ができるかどうかをたずねているのかを聞き逃さないようにしよう！

3 [　]の中の語(句)をならべかえて，英語で文を作ってみましょう。ただし，不要な語が1語あります。また，文頭の語も小文字になっています。

(1) としはスキーができますか。―はい，できます。
[Toshi / can / does / ski / ?] ―Yes, he can.

----

(2) あなたのお母さんはバイオリンをひくことができますか。
[mother / the violin / your / does / play / can / ?]

----

39 Can I ～? / Can you ～?

～してもいいですか。/ ～してくれませんか。

解答 p.502

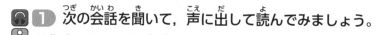

1 次の会話を聞いて，声に出して読んでみましょう。

Can I use your dictionary, Willy?

No, I'm sorry.

Oh.... Sam, can you teach English to me?

No, sorry.

Why not?

Sorry, we're busy now.

この形になるよ

Can I use the computer ?

そのコンピュータを使ってもいいですか。

— Sure . いいですよ。/ Sorry . ごめんなさい。

Can you take me to the park ?

わたしをその公園へ連れていってくれませんか。

— OK . / Sure . いいですよ。

— I'm sorry, I can't . ごめんなさい，できません。

「～してもいいですか。」と許可を求めるときには，Can I ～?，「～してくれませんか。」とお願いするときには，Can you ～? で表します。

p.204 ～ 205 へ go!

2 英文を聞いて，内容に合う絵のアルファベットを書きましょう。

A

B

C

D

E

(1) (　　　)　(2) (　　　)　(3) (　　　)　(4) (　　　)

3 [　]の中の語(句)をならべかえて，英語で文を作ってみましょう。ただし，文頭の語も小文字になっています。

(1) 入ってもいいですか。—どうぞ。
[I / can / in / come / ?] —Sure.

(2) 12時に来てくれませんか。—はい。
[come / you / can / at 12:00 / ?] —OK.

(3) 鉛筆を借りてもいいですか。—いいですよ。
[can / use / your / I / pencil / ?] —Sure.

④三人称単数現在・Can ～？のまとめ

解答 p.503

三人称単数現在

英語では主語が三人称単数(he, she, it の代名詞に置きかえられるもの)のとき，一般動詞に **-s**，**-es**，**-ies** を付けます。

例》 come → come**s**, go → go**es**, study → stud**ies**, have → * **has** (規則以外)

ぎもん文では do ではなく **does** を使います。

例》 **Does** he like soccer? —Yes, he **does**.
彼はサッカーが好きですか。—はい，好きです。

ひてい文では動詞の前に **does not[doesn't]** を置きます。

例》 He **doesn't** like soccer.
彼はサッカーが好きではありません。

チャレンジしよう！ 1

(　)の中から適切な語を選んで○をつけましょう。

(1) 彼は英語を勉強しますか。
(Do , Does) he (study , studies) English?

(2) 彼女は何をひきますか。—ピアノをひきます。
What (do , does) she play?
—She (play , plays) the piano.

(3) 彼らは放課後に野球をしますか。
(Do , Does) they play baseball after school?

Can ～？

Can～？にはいろいろな使い方があります。

★～できますか。：できることをたずねるとき。

例》 **Can you** play the guitar **?**

あなたはギターをひけますか。

What sport **can he** do **?**

彼はどんなスポーツができますか。

★～してもいいですか。：許可を求めるとき。

例》 **Can I** use your eraser **?** —OK.

あなたの消しゴムを使ってもいいですか。—いいですよ。

★～してくれませんか。：お願いするとき。

例》 **Can you** take a picture **?** —Sure.

写真をとってくれませんか。—いいですよ。

チャレンジしよう！ 2

[ ]の中の語(句)をならべかえて，英語で文を作ってみましょう。ただし，不要な語が 1 語あります。また，文頭の語も小文字になっています。

(1) あなたのお父さんはその歌を歌えますか。
[does / your father / the song / can / sing / ?]

(2) 何かお手伝いしましょうか。
[can / you / what / where / I / do / for / ?]

40 I am studying ～.

わたしは～を勉強しています。

解答 p.503

1 次の会話を聞いて，声に出して読んでみましょう。

What are you doing now?

I'm studying English with them.

Oh. Hi, everyone!

Hello.

Can I join you?

Why not?

この形になるよ

ふつうの文

I study English. わたしは英語を勉強します。

進行形の文

I am study ing English.

わたしは英語を勉強し ています。

・「～しています。」と今やっていることを言うときは，〈主語に合わせた be 動詞＋動作を表す語（動詞）に -ing をつけた形〉（進行形）を続けます。

・何をしているかたずねるときは，What are you doing? / What is he[she] doing? などと表します。

例）What are you doing? ―I'm cleaning my room.
What is he[she] doing now?
―He[She] is cooking.

p.184～185へgo!

2 英文を聞いて，内容に合う絵のアルファベットを書きましょう。

(1) (　　　)　(2) (　　　)　(3) (　　　)

3 下の□の中から正しい語を選んで，(　)内に書いてみましょう。

playing, eating, cooking, am, is, are

(1) 彼は野球をしています。

He (　　　) (　　　) baseball.

(2) わたしたちは昼食をとっています。

We (　　　) (　　　) lunch.

(3) 今，何をしているのですか。

—わたしは朝食を作っています。

What are you doing now?

— I (　　　) (　　　) breakfast.

41 Mika and Toshi are not playing ~.

みかととしは～をしていません。

解答 p.504

1 次の会話を聞いて，声に出して読んでみましょう。

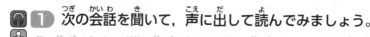

What are Mika and Toshi doing?

They are studying in their room.

Really? I can hear their voices.

They are not studying.

Kids, what are you doing now?

この形になるよ

ふつうの文

They are playing tennis. 彼らはテニスをしています。

ひてい文

They are not playing tennis.

彼らはテニスをしていません。

「～していません。」と言うときは，be 動詞と動作を表す語(動詞)の ing 形の間に not を置きます。

※ are not=aren't，is not=isn't と省略できます。

2 英文を聞いて，内容に合うほうに○をつけましょう。

(1) A(　　)　B(　　)

(2) A(　　)　B(　　)

(3) A(　　)　B(　　)

3 [　]の中の語(句)をならべかえて，英語で文を作ってみましょう。ただし，文頭の語も小文字になっています。

(1) ぼくは今，音楽を聞いていません。
[now / listening to music / am / I / not / .]

(2) 彼女は水泳をしていません。
[she / not / is / swimming / .]

42 Is Toshi listening to ~?

としは～を聞いていますか。

解答 p.504

1 次の会話を聞いて，声に出して読んでみましょう。

What are you doing?

I'm studying.

Toshi, are you studying, too?

Ah... I'm listening to the English CD.

この形になるよ

ふつうの文

He is listening to the CD. 彼はCDを聞いています。

ぎもん文

Is he listening to the CD? 彼はCDを聞いていますか。

—Yes, he is. はい，聞いています。

—No, he isn't. いいえ，聞いていません。

- 「…は～をしていますか。」とたずねるときは，be動詞を主語の前に置き，最後に「?」をつけます。
- 答えるときはYes,（主語）（be動詞）., またはNo,（主語）（be動詞＋not）. で表します。

2 英文を聞いて，英文と絵が合う場合は○を，合わない場合は×を(　)に書きましょう。

(1)

(　　)

(2)

(　　)

(3)

(　　)

進行形では動詞に -ing がついていて，聞こえ方が元の形とは変わるので注意しておこう！

3 次の英文にはまちがいがあります。正しく書き直しましょう。

(1) あなたは料理をしていますか。
Is you cooking?

-----

(2) じゅんは TV を見ていますか。
Jun is watching TV?

-----

(3) ルークととしは野球をしていますか。
Is Luke and Toshi playing baseball?

-----

43 How do we go to ～?

どうやって～に行(い)きますか。

解答 p.505

1 次(つぎ)の会話(かいわ)を聞(き)いて，声(こえ)に出(だ)して読(よ)んでみましょう。

How do we go to grandma's house?

By bus, or we walk.

Well..., 15 minutes for the next bus.

Let's walk!

この形(かたち)になるよ

How do we go to the house ?

どうやって その家(いえ)に行(い)きますか。

― By bus. バスで行(い)きます。

・「わたしたちはどうやって～に行(い)きますか。」と方法(ほうほう)をたずねるときは，how を疑問文(ぎもんぶん)の前(まえ)に置(お)きます。

・答(こた)えるときには，〈by＋方法(ほうほう)を表(あらわ)す語(ご)〉などを使(つか)います。

例(れい)）by bus［train / bike］（バス〔電車(でんしゃ) / 自転車(じてんしゃ)〕で）
on foot（歩(ある)いて）

2 英文を聞いて，内容に合う絵のアルファベットを書きましょう。

A

B

C

D

E

F

(1) (　　　)　(2) (　　　)　(3) (　　　)

3 [ ]の中の語をならべかえて，英語で文を作ってみましょう。ただし，文頭の語も小文字になっています。

(1) あなたはどうやって東京に行きますか。
[go / Tokyo / how / do / you / to / ?]

(2) わたしはバスか電車でそこへ行きます。
[by / I / go / bus / there / train / or /.]

(3) あなたはどうやって沖縄に行きますか。
—飛行機で行きます。
[Okinawa / to / you / go / do / how / ?]
—[go / I / by / there / plane / .]

44 I went to ~. / She ate ~.

わたしは～に行きました。/彼女は～を食べました。

解答 p.506

1 次の英文を聞いて，声に出して読んでみましょう。

I went to the department store with my mother last Sunday.
We bought a birthday present for my grandma.
After shopping, we went to a Japanese restaurant. I ate sushi and my mother ate tempura. We had a nice time.

この形になるよ

現在の文

I **go** to school. わたしは学校へ **行きます**。

過去の文

I **went** to school yesterday.

わたしは昨日学校へ **行きました**。

過去のことは，動詞の過去形を使って表します。動詞の過去形は，語尾に -ed[-d / -ied]をつける場合と，形が変わる場合があります。

例） play-played, live-lived, study-studied
go-went, eat-ate, have-had, buy-bought

※ yesterday(昨日)や last ～ (この前の～)など，しばしば過去を表す語句をともないます。 p.212～213, p.240～241 へ go!

2 英文を聞いて，内容に合う絵のアルファベットを書きましょう。

(1)（　　　）　(2)（　　　）　(3)（　　　）
(4)（　　　）　(5)（　　　）

3 [　]の中の語(句)をならべかえて，英語で文を作ってみましょう。ただし，文頭の語も小文字になっています。

(1) ぼくは昨日英語を勉強しました。
[studied / I / yesterday / English / .]

---

(2) 彼女は昨年アメリカに住んでいました。
[last year / she / in America / lived / .]

---

(3) 彼らは昨夜ステーキを食べました。
[steak / ate / they / last night / .]

---

45 Toshi did not go ~.

としは～に行きませんでした。

解答 p.506

1 次の会話を聞いて，声に出して読んでみましょう。

Toshi went there, too?

No. Toshi didn't go to the department store. He had baseball practice then.

この形になるよ

ふつうの文

He **watched** the baseball game.

彼は野球の試合を **見ました** 。

ひてい文

He **did not** **watch** the baseball game.

彼は野球の試合を **見ま** **せんでした** 。

「～しませんでした。」と言うときは，動詞の前に did not [didn't]を置きます。そのあとの動詞は過去形ではなく，元の形（原形）にします。

例） He studied English last night.

→ He did not study English last night.

2 英文を聞いて，英文と絵が合う場合は○を，合わない場合は×を(　)に書きましょう。

(1)

(　　)

(2)

(　　)

(3)

(　　)

did not[didn't] が含まれる場合は，「～しなかった」の意味になるので注意しよう！

3 下の□の中から正しい語を選んで，(　)内に書いてみましょう。

ate, did, didn't, not, eat, isn't, doesn't

(1) じゅんは昨夜料理をしませんでした。

Jun (　　　) (　　　) cook last night.

(2) わたしたちは昨日図書館に行きませんでした。

We (　　　) go to the library yesterday.

(3) わたしは今朝，朝食をとりませんでした。

I didn't (　　　) breakfast this morning.

46 Did you write ~?

あなたは～を書きましたか。

解答 p.507

1 次の会話を聞いて，声に出して読んでみましょう。

Did you write in your diary?

No, I didn't.

What did you write?

I wrote a letter to my friend.

Good.

この形になるよ

ふつうの文

You wrote in your diary.　あなたは日記を書きました。

ぎもん文

Did you write a letter?

あなたは手紙を書きましたか。

—Yes, I did.　はい，書きました。

—No, I didn't.　いいえ，書きませんでした。

「あなたは～しましたか。」と相手にたずねるときは，Did you ~? と言います。この問いには Yes, I did.，または No, I didn't. と答えます。

例）Did you eat sushi last night?
—Yes, I did. / No, I didn't.

2 英文を聞いて，内容に合う絵のアルファベットを書きましょう。

A

B

C

(1) (　　　)　(2) (　　　)　(3) (　　　)

3 次の英文にはまちがいがあります。正しく書き直しましょう。

(1) あなたはケーキを食べましたか。
Do you eat cake?

----

(2) 彼はイヌの散歩をしましたか。
Did he walked his dog?

----

(3) 彼らは昨日サッカーをしましたか。
Do they play soccer yesterday?

----

⑤進行形・過去形のまとめ

解答 p.507

進行形

「(今)～しています〔しているところです〕。」と現在進んでいる動作は，〈**主語 +be 動詞 + 動詞の ing 形**〉で表します。

例》I **am** **playing** tennis.　わたしはテニスをしています。

ぎもん文は主語の前に **be 動詞**を置いて作ります。

例》**Is** she eating cake now **?**

彼女は今ケーキを食べていますか。

—Yes, she is. / No, she isn't.

はい，食べています。/ いいえ，食べていません。

ひてい文は **be 動詞のすぐあとに not** を置きます。

例》He is **not** playing soccer.

彼はサッカーをしていません。

チャレンジしよう！ 1

下の□の中から正しい語を選んで入れましょう。

(1) わたしたちは今，図書館で本を読んでいます。
We (　　　)(　　　) books in the library now.

(2) あなたのお父さんは今，何をしていますか。
—彼は居間で TV を見ています。
What (　　　) your father doing now?
—He is (　　　) TV in the living room.

is, are, does, watching, reading

過去形

「～しました。」と過去のことを言うときは，動詞の過去形を使います。

例》I **studied** English.　わたしは英語を勉強しました。

ひてい文は〈**did not[didn't]+動詞の原形**〉で表します。

例》I **didn't** study math.

わたしは算数を勉強しませんでした。

ぎもん文は，**主語の前に did** を置いて作ります。答えるときは Yes, ～ did. / No, ～ didn't. と答えます。

例》**Did** you study English **?**　あなたは英語を勉強しましたか。

—**Yes**, I **did**. / **No**, I **didn't**.

はい，しました。/ いいえ，しませんでした。

動詞の過去形には，**-ed**，**-d**，**-ied** をつけるもの（規則動詞）と**形が変わる**もの（不規則動詞）があります。

★よく使われる不規則動詞の過去形

go（行く）→ **went**	come（来る）→ **came**
eat（～を食べる）→ **ate**	drink（～を飲む）→ **drank**
make（～を作る）→ **made**	buy（～を買う）→ **bought**
give（～を与える）→ **gave**	have（～を持っている）→ **had**

チャレンジしよう！ 2

下の□の中から正しい語を選んで入れましょう。

(1) あなたは昨日何をしましたか。—買い物に行きました。
What (　　　) you do yesterday?
—I (　　　) shopping.

(2) 昨年母は京都に行きませんでした。
My mother (　　　) go to Kyoto last year.

does, go, went, did, didn't

47 Why ~? / Because ~.

なぜ～ですか。/ なぜなら～だからです。

解答 p.508

1 次の会話を聞いて，声に出して読んでみましょう。

Why do you want an English dictionary?

Because I want to learn English words.

Well, ask your dad.

Can I get one?

Maybe.

この形になるよ

Why do you want an English dictionary ?

あなたは なぜ 英語の辞書が ほしいのですか 。

— Because I want to learn English words.

なぜなら，英単語を 学びたい からです 。

「なぜ～ですか。」とたずねるときは，why をぎもん文の文頭に置きます。答えるときは，because で文を始め，その理由を続けます。

p.256～257へgo!

2 英文を聞いて，英文と絵が合う場合は○を，合わない場合は×を(　　)に書きましょう。

(1)

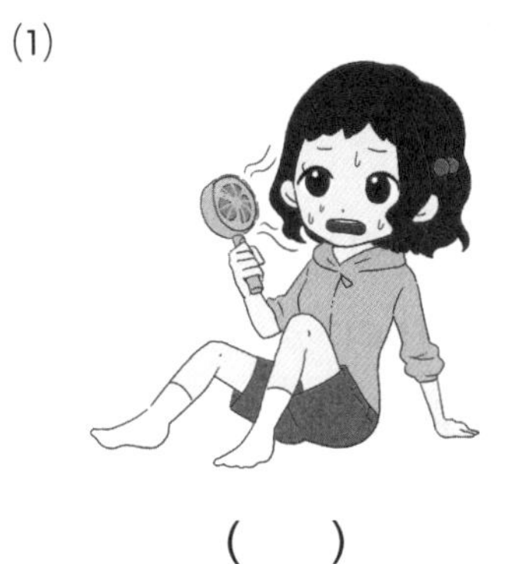

(　　)

(2)

(　　)

(3)

(　　)

becauseに続く部分は理由にあたる内容なので，意識して聞いておこう！

3 (　)内の正しい語を○で囲みましょう。

(1) 彼はなぜ寝ているのですか。―病気だからです。
(Who , Where , Why) is he sleeping?
―Because he is sick.

(2) なぜルークは昨日学校に行ったのですか。
―サッカーの試合があったからです。
Why (did , does , do) Luke go to school yesterday?
―(Because , How) he had soccer games.

48 I want ~. / I want to ~.

わたしは～がほしいです。／わたしは～したいです。

解答 p.508

1 次の会話を聞いて，声に出して読んでみましょう。

Dad, I want an English dictionary.

Toshi has one. Ask your brother.

No! I want to have mine. Please!

この形になるよ

I **want** books. わたしは本が **ほしい** です。

I **want** **to read** books. わたしは本を **読みたい** です。

「～がほしい」は，want ～(名詞)で表し，「～したい」は want to ～(動詞の原形)で表します。

例）I want a game. わたしはゲームがほしいです。

I want to play a game. わたしはゲームをしたいです。

p.164～165, p.252～253, p.262～265へgo!

2 英文を聞いて，内容に合う絵のアルファベットを書きましょう。

(1) (　　　)　(2) (　　　)　(3) (　　　)

3 [　]の中の語(句)をならべかえて，英語で文を作ってみましょう。ただし，文頭の語も小文字になっています。

(1) 何がほしいですか。—わたしは新しいドレスがほしいです。
What do you want? —[want / a / I / new / dress / .]

(2) わたしは次の日曜日に買い物に行きたいです。
[next Sunday / I / want / go shopping / to / .]

49 What would you like? — I would like ~.

何(なに)になさいますか。—~をください。

解答 p.509

1 次(つぎ)の会話(かいわ)を聞(き)いて，声(こえ)に出(だ)して読(よ)んでみましょう。

What would you like?

I would like a hamburger and French fries.

Me, too.

I'd like curry and salad, please.

I see. Please wait for a while.

*I'd = I would

この形(かたち)になるよ

ふつうの言(い)い方(かた)

What do you want? 何(なに)がほしいですか。

ていねいな言(い)い方(かた)

What would you like? 何(なに)になさいますか。

— I would[I'd] like sandwiches. サンドイッチをください。

・レストランでの注文(ちゅうもん)や，目上(めうえ)の人(ひと)に「何(なに)がほしいですか。」とていねいにたずねるときは，What would you like? と言(い)います。

・答(こた)えるときは I would[I'd] like ~.，または ~, please. と言(い)います。

例(れい)）I would like milk. / Milk, please.

p.168～169, p.230～231へgo!

2 英文を聞いて，内容に合う絵のアルファベットを書きましょう。

(1) (　　　)　(2) (　　　)　(3) (　　　)

3 [　]の中の語をならべかえて，英語で文を作ってみましょう。ただし，不要な語が 1 語あります。また，文頭の語も小文字になっています。

(1) 何になさいますか。―コーヒーをお願いします。
[do / what / would / like / you / ?]
—Coffee, please.

(2) 何になさいますか。―ケーキをください。
What would you like?
—I [would / want / like] cake.

50 I enjoy ~ing. / am[is, are] good at ~

わたしは～を楽しみます。/ ～が得意です

解答 p.510

1 次の会話を聞いて，声に出して読んでみましょう。

I enjoyed skating today. Did you enjoy it, Toshi?

No, I didn't. You are good at skating, Mika.

Well, you are not good at skating.

Let's play tennis next Sunday.

この形になるよ

I enjoy skating .

わたしはスケートを楽しみます 。

I am good at skating .

わたしはスケートが得意です 。

「～することを楽しみます。」「～することが得意です。」は，それぞれ enjoy / be good at に動詞の後ろに -ing をつけた形を続けます。この -ing の形を「動名詞」と言います。

※ be good at の be 動詞は，主語によって変わります。

2 ルークとみか，としが会話をしています。それぞれの得意なことについて，正しい絵を選び線で結びましょう。

(1) Mika

(2) Toshi

(3) Luke

A

B

C

D

3 [　]の中の語をならべかえて，英語で文を作ってみましょう。ただし，文頭の語も小文字になっています。

(1) メアリーは料理を楽しんでいます。彼女は料理が得意です。
[cooking / Mary / enjoys / .]
[is / good / she / cooking / at / .]

---

(2) わたしは野球が好きです。わたしは野球をするのが得意です。
I like baseball.
[I / at / am / baseball / good / playing / .]

---

51 形容詞(副詞)+er than ~

～よりも…です。

解答 p.510

1 次の会話を聞いて，声に出して読んでみましょう。

It is so cold outside.

Yes, today is colder than yesterday.

I don't like winter.

Really? I like winter.

この形になるよ

Luke is tall er than Toshi.

ルークはとしよりも背が高いです。

My father is old er than my mother.

わたしの父は母よりも年上です。

2つのものを比べて「AはBよりも～です。」と言うときは，〈A is 形容詞(副詞)+er than B〉で表します。この〈形容詞(副詞)+er〉を比較級といいます。つづりに注意しましょう。

例) old-older, young-younger / tall-taller, short-shorter / big-bigger, small-smaller / hot-hotter, cold-colder / heavy-heavier, light-lighter

p.210～211へgo!

2 AとBの英文を聞いて，正しいほうのアルファベットを書きましょう。

(1)

(　　)

(2)

(　　)

(3)

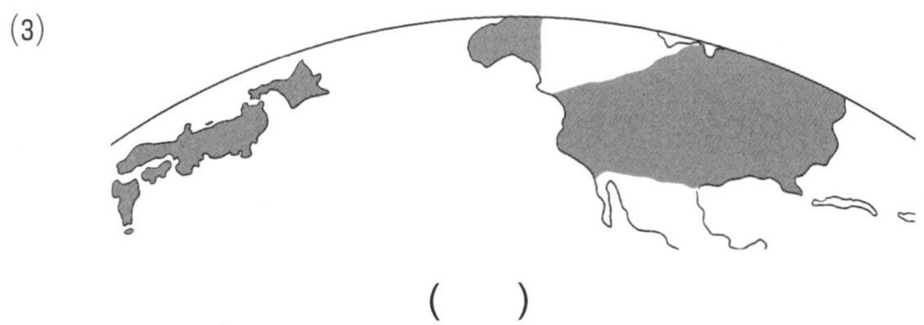

(　　)

3 (　)内の正しい語を○で囲みましょう。

(1) わたしはけんよりも背が高いです。

I am (taller , shorter) than Ken.

(2) この箱はあの箱よりも重いです。

This box is (heavier , lighter) than that box.

(3) 彼の車は，わたしの車よりも大きいです。

(His , My) car is (bigger , big) than (his , mine).

52 good[well]-better-best / bad-worse-worst
比較級・最上級

解答 p.511

1 次の会話を聞いて，声に出して読んでみましょう。

Which do you like better, summer or winter?

I like winter.

I like summer. How about you, mom?

Well… I like spring the best!

No! Spring is the worst season for me, because of the hay fever.

*hay fever：花粉症

この形になるよ

ふつうの文

I like apples . わたしは リンゴ が好きです。

比較級の文

I like apples better than oranges .

わたしは オレンジ よりも リンゴ が好きです。

最上級の文

I like strawberries the best of all fruits.

わたしはすべての果物 のなかで イチゴ が いちばん 好きです。

- ３つ以上の中から，「いちばん～だ。」と言うときは，〈the ＋形容詞〔副詞〕＋ est〉の形を使います。この形を最上級といいます。
例）old-older-oldest, tall-taller-tallest
- good[well] は better-best，bad は worse-worst と形が変わります。 p.210～211, p.228～229へgo!

2 英文を聞いて，内容に合う絵のアルファベットを書きましょう。

(1) (　　　)　(2) (　　　)　(3) (　　　)

3 下の□の中から正しい語を選んで，(　)内に書いてみましょう。

tallest, taller, better, best, worse, worst

(1) 家族の中でだれがいちばん背が高いですか。
Who is the (　　　) in your family?

(2) イヌとネコ，どちらのほうが好きですか。
Which do you like (　　　), dogs or cats?

(3) すべての季節の中でどの季節がいちばん好きですか。
—秋がいちばん好きです。
Which season do you like the (　　　) of all seasons?
—I like fall the best.

⑥比較級・最上級のまとめ

解答 p.512

比較級

２つのものを比べて「AはBよりも～です。」と言うときは，形容詞や副詞の比較級を使います。比較級を使った英文は〈A + be 動詞〔動詞〕+ 形容詞〔副詞〕の比較級 +than B〉です。

形	もとの形	比較級
+er	long	long**er**
+あとの文字 +er	big	big**ger**
y を i に変えて +er	easy	eas**ier**
その他	・good / well ・bad	・**better** ・**worse**

例〉This box is **bigger** **than** that one.
この箱はあの箱より大きいです。

Ken runs **faster** **than** Hiroshi.
けんはひろしよりも速く走ります。

チャレンジしよう！ 1

下の□の中から適切な語を選び，比較級に直して（　）の中に入れなさい。

(1) 地球は月よりも大きいです。
The earth is (　　　) than the moon.

(2) 彼女はわたしよりも上手に歌います。
She sings (　　　) than me.

(3) 彼女は彼女の母よりも背が高い。
She is (　　　) than her mother.

well, tall, short, bad, big, small

最上級

3つ以上のものの中から，「AはBの中でいちばん～だ。」と言うときは，形容詞や副詞の最上級を使います。最上級を使った英文は**〈A + be動詞〔動詞〕+ the + 形容詞〔副詞〕の最上級+ in[of] B〉**で表します。

形	もとの形	最上級
+est	long	long**est**
あとの文字 +est	big	big**gest**
yをiに変えて +est	easy	eas**iest**
その他	・good / well ・bad	・**best** ・**worst**

例〉He is **the tallest** in the class.
彼はクラスの中でいちばん背が高いです。
I like summer **the best** of all seasons.
わたしはすべての季節の中で夏がいちばん好きです。

チャレンジしよう！ 2

下の□の中から適切な語を選び，最上級に直して（　）の中に入れなさい。

(1) 富士山は日本でいちばん高い山です。
Mt. Fuji is the (　　　) mountain in Japan.

(2) わたしはクラスの中でいちばん速く走ります。
I run the (　　　) in the class.

(3) わたしはすべての果物の中でリンゴがいちばん好きです。
I like apples the (　　　) of all fruits.

high, fast, well, short, bad

53 I will ～.

わたしは～するつもりです。

解答 p.512

1 次の会話を聞いて，声に出して読んでみましょう。

I will visit grandma and cook for her.

Can I go with you?

Yes, of course. Please help me.

How about you, Toshi?

I won't.

この形になるよ

ふつうの文

I **go** to school. わたしは学校へ **行きます**。

未来を表す文

I **will** **go** to school tomorrow.

わたしは明日学校へ**行く** **つもりです**。

- 未来のことを言うときは，助動詞の will で表します。will のあとには動詞の原形が続きます。
- ぎもん文を作るときは will を主語の前に置き，ひてい文を作るときは will not[won't]を動詞の前に置きます。

例）Will you see the movie with me?
—Yes, I will. / No, I won't.
I will not have a piano lesson next Monday.

p.242～243へ go!

2 英文を聞いて，内容に合う絵のアルファベットを書きましょう。

A

B

C

D

E

(1) (　　　)　(2) (　　　)　(3) (　　　)

(4) (　　　)　(5) (　　　)

3 [　] の中の語(句)をならべかえて，英語で文を作ってみましょう。ただし，文頭の語も小文字になっています。

(1) 彼は明日サッカーの練習をするでしょう。

[will / he / tomorrow / practice soccer / .]

---

(2) 彼女は来年アメリカを訪れるでしょうか。

—はい，訪れるでしょう。

[next year / she / will / America / visit / ?]

—Yes, she will.

---

54 Will you ~? / Can you ~?

~してくれませんか。

解答 p.512

1 次の会話を聞いて，声に出して読んでみましょう。

Will you bring this bag home?

No, I'm sorry. I will see Luke and go to the library in the afternoon.

OK, please come back before getting dark.

I will go home around five.

この形になるよ

Will you bring this bag home ?

このかばんを家に持ち帰ってくれませんか。

— OK. / Sure. いいですよ。

Can you bring this bag home ?

このかばんを家に持ち帰ってくれませんか。

—No, I'm sorry. ごめんなさい。

- 「~してくれませんか。」とお願いするときは，Can you ~?(39参照)と同じように，Will you ~? を使うことができます。ていねいに言うときには，Would[Could] you ~? と言いましょう。
- 答えるときは，OK[Sure]. や，Sorry. などを使います。

p.244～245へgo!

2 英文を聞いて，内容に合う絵のアルファベットを書きましょう。

A

B

C

D

E

(1) (　　　)　(2) (　　　)　(3) (　　　)　(4) (　　　)

3 [　]の中の語(句)をならべかえて，英語で文を作ってみましょう。ただし，文頭の語も小文字になっています。

(1) わたしといっしょに行ってもらえませんか。—いいですよ。
[you / go / will / with me / ?] —Sure.

----

(2) わたしを手伝ってくれませんか。—はい。
[help / can / you / me / ?] —OK.

----

55 Have you ever ～?

あなたは～したことがありますか。

解答 p.513

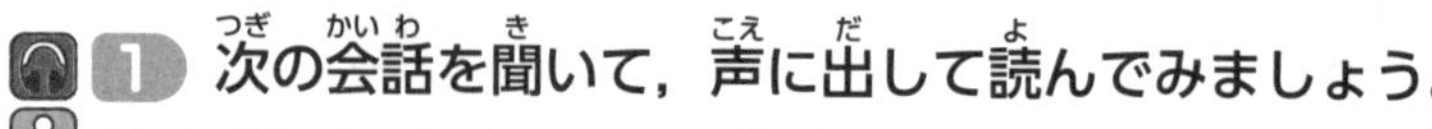

1 次の会話を聞いて，声に出して読んでみましょう。

We're back!

Welcome home.

Look! Have you ever seen such a big fish before?

Grandpa caught this.

Wow.

Let's have a *nabe* party!

Yeah!

この形になるよ

Have you ever seen this?

あなたは今までにこれを見たことがありますか。

—Yes, I have. はい，あります。

—No, I haven't. いいえ，ありません。

・「あなたは今までに～したことがありますか。」とたずねるときは，Have you ever ～? で表します。「～」には動詞の過去分詞形が入ります。過去分詞形は，動詞によって -ed[-d/-ied] をつけるもの（規則動詞）と，形が変わるもの（不規則動詞）があります。

・答えるときは，Yes, I have. か No, I haven't. で表します。

p.254～255へgo!

2 英文を聞いて，英文と絵が合う場合は○を，合わない場合は×を(　)に書きましょう。

(1)

(　　)

(2)

(　　)

(3)

(　　)

「～したことがありますか。」の文では，動詞の形が変化するよ。もちろん聞こえ方も変わるので気をつけよう！

3 (　)内の正しい語を○で囲みましょう。

(1) あなたはこれまでにスキーをしたことがありますか。

(Did , Have) you ever skied before?

(2) あなたは梅干しを食べたことがありますか。
—いいえ，ありません。

Have you ever (ate , eaten) umeboshi?
—No, I haven't.

(3) あなたはこの映画を見たことがありますか。
—はい，あります。

(Do , Have) you ever seen this movie?
—Yes, I have.

事前準備 ～物語の読み方～

田中先生，英語の物語を読むときのコツってありますか？

みか，もちろんあるわよ！
物語を読むときは，絵を見て，まずどんなお話か想像すればいいわね。それから文字を声に出して読んでみるといいの。でもまだ読むのが難しい時は，最初は，音を聞きながら文字を目で追う。指で追ってもいいね。
次に一緒に声に出して読むようにする。でも何よりもお話を楽しむことが一番！　Enjoy!

今から先生に教えてもらったポイントをもとに読んでみるよ！ Ms. Tanaka, thank you!

物語の読み方のポイント

・絵を見て，どんなお話なのか想像してみましょう。
・文字を声に出して読んでみましょう。
・読むのが難しいときは，音を聞いて目や指で追ってみましょう。そのあとに，声に出して読んでみましょう。
・何よりもお話を楽しみましょう。

ここからスタート！

Part 5

英語で物語を読もう

ストーリータイム

一体何が書いてあるのだろう，どんな内容だろう，とお話の展開に興味を持ちながら，英語が読める力を付けていきます。さし絵をヒントに，音声を聞き一緒に読んでみましょう。

学習することがら

1. 内容を想像して物語を読む
2. 声に出して物語を読む
3. 物語にそった問題に取り組む

Roy！そんなところで「でんぐりがえし」してどうしたんだぞう？
たのしそうだぞう！
ゴロン
ゴロン
uh
Help!
Stomachache
Hungry!
ゴロ
ゴロ
ゴロゴロ
Ate!
?!
oh!
一気に英語で話されても，何が言いたいのかわからないんだぞう！
落ち着いて，5W1Hを意識して話してほしいぞう
ピタッ
5W1Hって何だよ…！
ロボットかよ…
いつ(When)，どこで(Where)，だれが(Who)，何を(What)，なぜ(Why)，どのように(How)，のことだぞう！
5W1H!!
この6つを意識すればわかりやすい英語を話せるんだぞう！
ほお〜
I have a stomachache...
えーと…
I was very hungry. I ate many fruits yesterday.
バクバク
たいへんだぞう！
5W1Hは英語で質問するときや，物語を読むときにも役立つぞう！
治ってよかったぞう！
Thank you.
食べすぎはダメだぜ

1 Meet my family!
家族の紹介

解答 p.514

1 はじめに音声を聞きましょう。次に声に出してストーリーを読みましょう。

"Hello. My name is Mika. I am 10 years old. I go to Midori Elementary school."

"This is my family. My mother, father, and my brother."

"Hello, I am Mika's mother. My name is Hana."

"Hi, my name is Jun. I am Mika's father."

"My name is Toshi. I am 12 years old."

2 次の質問に答えましょう。

(1)  What is her name?

(2)  What is his name?

2 The first day of school
学校(がっこう)が始(はじ)まるよ

解答 p.514

1 はじめに音声(おんせい)を聞(き)きましょう。次(つぎ)に声(こえ)に出(だ)してストーリーを読(よ)みましょう。

It is 6:30. Mika and Toshi get up. Mika and Toshi leave home and go to school.

"See you!"

"Have a nice day!"

Today is the first day after the long summer holiday. Mika is very excited.

"A new student will come to our class today."

"Good morning, Aki."

"Good morning, Mika and Toshi. What is that?"

"Oh, it's my summer project.

2 次(つぎ)の質問(しつもん)に答(こた)えましょう。

(1)  What is her name? Her name is ＿＿＿＿＿＿ .

(2) 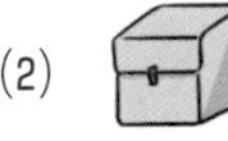 What's that? It's Mika's ＿＿＿＿＿＿ .

3 My summer memory
夏休みの思い出

解答 p.514

1 はじめに音声を聞きましょう。次に声に出してストーリーを読みましょう。

"Wow, you got a tan. Where did you go?"
"I went swimming. It was very exciting."

"Mika, what's that?"
"I made a doll house."
"Very nice. Is this you?"
"Yes. It's me."

Ms.Tanaka comes to class.
"Good morning, class!"
"Good morning, Ms. Tanaka."
"Boys and girls, please sit down. Did everyone have a nice summer? Who went swimming? Who went camping?"

*got a tan 日焼けした

2 ぬけているところに単語を入れましょう。

(1)

Where did you ＿＿＿＿＿?

(2)

I went ＿＿＿＿＿＿＿＿.

4 A new friend

新しい友だち

解答 p.515

1 はじめに音声を聞きましょう。次に声に出してストーリーを読みましょう。

Ms.Tanaka is with a new student.

"I want you to meet our new friend."

"Hello! I am Luke. I am from the US. Nice to meet you!"

Aki raises her hand.

"Japanese OK?"

"No, I speak only English."

Luke writes his name on the blackboard.

"Please be my friend!"

2 ぬけている部分に単語を入れましょう。

Nice (　　) meet (　　　　)!

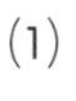

3 国旗にあう国の名前を下から選んで書きましょう。

(1) 

(2) 

(3) 

Canada　　the US　　Japan

5 I want to speak English well.

英語が上手に話せたらいいな

解答 p.515

1 はじめに音声を聞きましょう。次に声に出してストーリーを読みましょう。

Mika and Toshi go home after school. Aki walks along with them. They see Luke at the school gate and say, "Good bye!" to him. He says, "See you tomorrow!"

Mika says, "I want to speak English well." Aki says, "Me too."

Toshi says, "He is nice." and asks, "What's his name?" "Where is he from?" "Does he speak Japanese?"

2 右下のイラストの人物について(1)は英語で答えましょう。(2)，(3)は正しい答えを選んで○でかこみましょう。

(1) What's his name? His name is ＿＿＿＿＿＿＿＿.

(2) Where is he from? He is from (Canada / the US).

(3) Does he speak Japanese?

(Yes, he does. / No, he doesn't)

6 Dinner time

夕食(ゆうしょく)の時間(じかん)

解答 p.516

1 はじめに音声(おんせい)を聞(き)きましょう。次(つぎ)に声(こえ)に出(だ)してストーリーを読(よ)みましょう。

Mika and Toshi have dinner at 7:00 and they eat chicken curry. "I like this chicken curry the best!" Toshi says to his mother.

Mika is very quiet. Father says, "Mika. Are you OK? You are so quiet today. What's wrong?" Mika answers, "I am OK. I am just thinking about our new classmate."

"Your new classmate? Do you have a new classmate?" Mother asks Mika. Mika just nods. And she is quiet again.

*quiet 静(しず)かな　nod うなずく

2 次(つぎ)の(1), (2)に答(こた)えましょう。

(1) What time do Toshi and Mika have dinner?

It's ＿＿＿＿＿＿＿＿ .

(2) What is the menu?

It's (pizza / curry / spaghetti) .

7 Hana's advice
はなからのアドバイス

解答 p.516

1 はじめに音声を聞きましょう。次に声に出してストーリーを読みましょう。

Mika says to Hana, "I want to be friends with our new classmate, Luke." "That's nice. Go and talk to him tomorrow." Mika says, "Well, I can't speak English and he can't speak Japanese…."

Hana says, "You can still be friends. I have three bits of advice. No.1. Say 'Hello!' with a smile. No.2. Speak easy Japanese to him. No.3. Use gestures."

Mika says, "I think I will try those tomorrow."

2 はなのアドバイスで正しいものに○，違うものには×をつけましょう。

(1) 笑顔であいさつをする。(　　　)

(2) 簡単な英語で話す。(　　　)

(3) ジェスチャーを使う。(　　　)

8 A shooting star
流れ星

解答 p.516

1 はじめに音声を聞きましょう。次に声に出してストーリーを読みましょう。

That night, Mika looked up at the stars from her room and made a wish. "I wish I could speak English."

Just then, she saw a shooting star. That star was falling right into the garden behind her house. "Wow!" shouted Mika.

She ran to Toshi's room and asked, "Did you see it?" Toshi answered, "No, I did not." Mika thought it must be a sign that her wish was granted.

*wish was granted 願いがかなう

2 次のセリフを見つけ，線を引き，お話の順にならべましょう。

A. No, I did not.

B. I wish I could speak English.

C. Did you see it?

D. Wow!

(　　　)→(　　　)→(　　　)→(　　　)

# 9 Four animals
4匹(ひき)の動物(どうぶつ)

解答 p.517

1 はじめに音声(おんせい)を聞(き)いてみましょう。次(つぎ)に声(こえ)に出(だ)してストーリーを読(よ)んでみましょう。

It was rainy the next day. Mika and Toshi were ready to go to school and Toshi found something in the garden.

He said, "What's that?" Mika went to pick it up. It was like a big plastic ball and she could see some animals inside. Mika cracked the shell just like an egg, and she found the four cute small animals inside. Mika was so surprised and she dropped them on the wet ground...

*found 見つけた（findの過去形）

"Look! They are walking," Toshi shouted. Those four animals were walking in lines chanting "A.A./a/a/ apple, B.B. /b/b/ bear, C.C./c/c/ cow"...

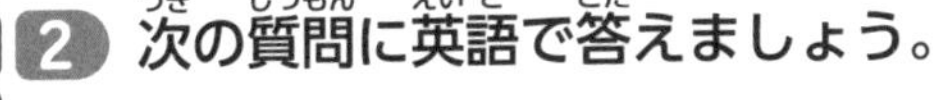

2 次の質問に英語で答えましょう。

(1) How was the weather? Choose the correct one.

ア 

イ 

ウ 

(　　　)

(2) チャンツを参考に，ふきだしの空らんに自由に英単語をいれましょう。

D.D./d/d/ ＿＿＿＿＿＿＿ .
H.H./h/h/ ＿＿＿＿＿＿＿ .

10 We can teach you English!

英語を教えてあげるよ！

解答 p.517

1 はじめに音声を聞いてみましょう。次に声に出してストーリーを読んでみましょう。

"They are so cute!" Mika and Toshi watched them. "They are marching with ABC chants." When it came to Z, they stopped and said, "Hello, Mika!" in one big voice.

"Do you know me?" Mika said in a very small voice. "Sure! We are here to help you," said the first animal with the letter L on her shirt. It looked like a Squirrel... "You made a wish," said the second one with the letter S. It looked like an elephant. The rest two had the letters W and R and they looked like a panda and a monkey. They said, "We can teach you English!"

"Mika and Toshi, are you still there? You will be late for school." Mika and Toshi heard their mother. Toshi said, "Hurry up!" He quickly grabbed the panda and the monkey and put them in his pocket. Mika copied him and put the squirrel and the elephant in her pocket. They headed for school.

***grabbed** つかんだ **copied** まねした **headed** 向かった

2 次の質問に答えましょう。

(1) みかととしの前に現れた4匹の動物を，下の中から選んで○でかこみましょう。

pig elephant cow squirrel panda owl monkey

(2) 次の動物に書かれていたアルファベットを書きましょう。

squirrel

elephant

11 Magic!

まほう！

解答 p.518

1 はじめに音声(おんせい)を聞(き)いてみましょう。次(つぎ)に声(こえ)に出(だ)してストーリーを読(よ)んでみましょう。

Mika was in her classroom and met Luke. She remembered her mother's advice and she said, "Hello!" to Luke with a smile.

He seemed very happy and said, "You can speak English!" When Mika said, "No," right way, she heard a small voice from her pocket saying "Say 'YES.'" It was the elephant. Mika said, "I mean 'YES, I can. I can speak English.'" It was like a magic. Mika could speak English so well holding the elephant in her pocket.

Luke said, "We have P.E. in the first period. Where is the gym? How can we go?" Mika answered, "Let's go together. This way," Mika also realized she could understand what Luke said. Thanks to the squirrel in her pocket this time.

*realized 気がついた　holding 持っている

2 次の質問に対する答えを選び，記号で答えましょう。

(1) ポケットのゾウにさわると，みかはどんなことができましたか。

ア．英語をきくことができた。　イ．英語を読むことができた。

ウ．英語を書くことができた。　エ．英語を話すことができた。

(　　)

(2) ポケットのリスにさわると，みかはどんなことができましたか。

ア．英語をきくことができた。　イ．英語を読むことができた。

ウ．英語を書くことができた。　エ．英語を話すことができた。

(　　)

12 Lunch time
給食の時間

解答 p.518

1 はじめに音声を聞いてみましょう。次に声に出してストーリーを読んでみましょう。

Mika was a big helper for Luke all morning. Luke was happy and all the children in class were surprised to see Mika can listen and speak English.

It was time for lunch. The lunch menu was curry and nan.

"I never had curry like this."

"I like curry. This is my most favorite lunch menu."

"Me, too. I like curry, but my mother's curry is the best."

"Really? What's in your curry?"

"Oh, potatoes, carrots and onions. No beef in our curry, but we like chicken."

"Chicken in your curry? Sounds good."

"What food do you like, Luke?"

"I like seafood. I like fish better than meat. Sushi is my favorite!"

*like ~ better than ... …より～が好き

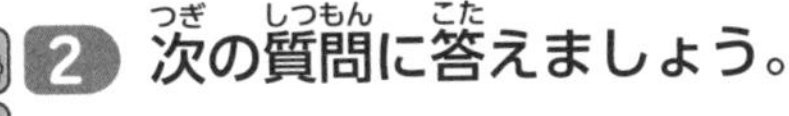

2 次の質問に答えましょう。

(1) What is in Yui's curry?
(ゆいのカレーに入っているのは何ですか？○をしましょう)

   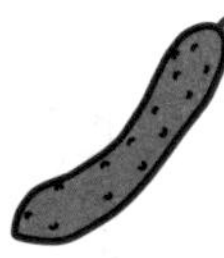

(2) Luke のセリフを完成させましょう。

I like ______________ than ________ .

13 ABC poems
ABC ポエム

解答 p.519

1 はじめに音声を聞いてみましょう。次に声に出してストーリーを読んでみましょう。

Mika and Toshi hurried home after school that day. They wanted to check out those four animals closely.

When Mika and Toshi put them on the floor in Toshi's room, they made a line right away and started marching. It was not ABC chants but ABC poems. That sounded so funny and Mika and Toshi chanted along too.

B for baby, B for boy, B for bear in the bath. P for pan, P for pencil, P for pig on the piano.
C for cake, C for Candy, C for cat under the cow. G for game, G for gum, G for gorilla by the gate.
D for donut, D for doll, D for dog behind the door.
T for tea, T for tennis, T for tiger between the tables.

2 下(した)の6つの絵(え)を指(ゆび)さしながら，ABC ポエムを言(い)いましょう。

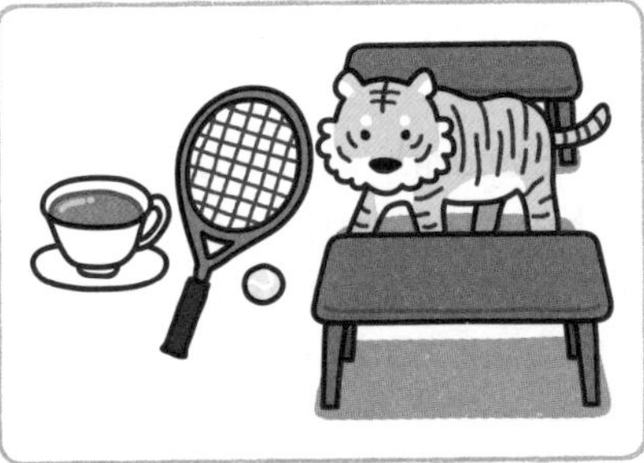

14 Self-introduction 自己紹介

解答 p.519

1 はじめに音声を聞いてみましょう。次に声に出してストーリーを読んでみましょう。

"Stop!" Mika said. They all stopped, facing Mika and Toshi. "Who are you?" "What are your names?" "Where are you from?" The four animals started answering at the same time, so Toshi shouted, "One at a time, please."

First, the squirrel answered. "We are animals sent from ABC Star. Mika made a wish so we are here to help you. My name is Lisa, the squirrel. Call me Lisa. I am good at listening. See this letter? It's L for listening. You can listen 100 world languages with me."

Second, the elephant followed. "My name is Sam, the elephant. Just call me Sam. I can speak 100 world languages and 100 animal languages. I like singing and speaking. I can teach you how to speak!"

Next was the panda. "My name is Willy, the panda. Call me Willy. I can teach you how to write. I like writing poems. Do you like my ABC poems?"

The last one was a monkey. He said, "My name is Roy, the monkey. Call me Roy. I like reading books."

*one at a time 1人ずつ language 言語

2 4ひきの動物と正しい情報を線でむすびましょう。

 • • Willy • • 

 • • Lisa • • 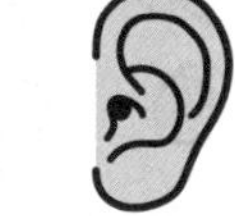

 • • Roy • • 

 • • Sam • • 

15 Luke speaks Japanese?

ルークが日本語？

解答 p.520

1 はじめに音声を聞いてみましょう。次に声に出してストーリーを読んでみましょう。

Mika and Toshi were so excited. Mika took all four animals each in her pockets and went to school. Mika had a great idea. She put those four animals in the doll house in her classroom. The doll house was perfect for them.

She put Lisa in the bed room, Sam in the living room, Willy in the kitchen and Roy by the front door. Her classmates gathered around the magic house and said, “Wow!” “So cute.” “Can we touch them?”

Mika said, "Please don't touch them." But before she finished speaking, Luke touched the elephant. Luke looked at Mika and said, "Gomen-nasai" in perfect Japanese!!

It was so natural that no one paid attention... Now, what is going to happen next?

*perfect かんぺきな gathered around 周りに集まった
no one paid attention だれも気に留めなかった

2 次の質問に答えましょう。

(1) 話の順番に数字を入れなさい。

(　　)ア. Mika makes a wish upon the star.

(　　)イ. Ms.Tanaka is with a new student, Luke.

(　　)ウ. Four animals are put in Mika's doll house.

(　　)エ. Mika and Toshi find four animals in the garden.

(2) あなたは1ぴきだけを選ぶとしたら，どの動物を選びますか。その動物と何がしたいですか。

(3) ストーリーはどのように続いていくと思いますか。自分のストーリーを考えてみましょう。

エピローグ See you again, Luke!

翌日
出発 Departure →
Luke!!!
みんな！
Luke, アメリカに帰っちゃうのは本当なのね！
I'm sorry...
水くさいよ！
短い間だったけど，本当に色々ありがとう！みんなと出会えて，とても楽しかったよ
I'm sad!!
いつかぼくの国にも遊びに来てほしいな
私たち，もっと英語の勉強をがんばって，いつか絶対Lukeに会いに行くよ！
ぼくもおこづかいためるぞ!
絶対だよ!!
サポートするぜ
ねえ，せっかくだから最後にみんなで写真をとりましょうよ
Yes, Please!
そうして，Lukeは母国アメリカに帰っていったのでした。
See you again!
Good bye, Luke!
Have a nice flight!!
Luke?
Yes, mom?
Your friends are amazing! What is your best memory in Japan?
Everything!

☆世界のあいさつについて学ぼう！

世界には6,000をこえることばがあると言われています。いろいろな国のあいさつのことばを見てみましょう。また，あいさつのしかたも国によってちがうこともあります。調べてみると面白いでしょう。

日本

こんにちは

アメリカ

ハロー
Hello

フランス

ボンジュール
Bonjour

イタリア

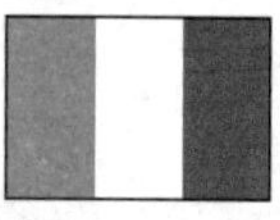

ボン
Buon
ジョールノ
giorno

ロシア

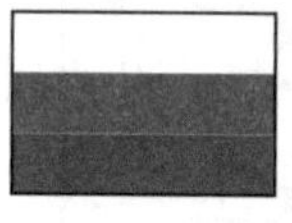

ズトラーストヴィチェ
Здравствуйте

中国

ニーハオ
你好

韓国

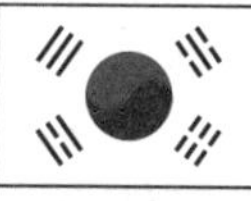

アンニョンハセヨ
안녕하세요?

ブラジル

ボア
Boa
タルヂ
tarde

ケニア

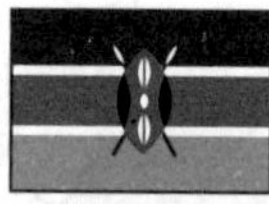

ジャンボ
Jambo

さまざまなジェスチャー

ジェスチャーは自分の気持ちや考えを伝えるのに，とても便利です。世界の国々には，いろいろなジェスチャーがありますが，ここでは，日本と他の国々のジェスチャーをくらべてみましょう。

"Good."
(いいわね。)

"Good luck!"
(がんばってね!)

"I don't know."
(わかりません。)

"Come here."
(こっちへ来て。)

"Bad!"
(だめだね！)

"You did it!"
(やったね！)

"So-so."
(まあまあ。)

"Whoa!"
(驚いたなあ！)

☆世界の給食ってどんな料理？

世界の学校の給食はさまざまです。日本の給食と比べてみましょう。教室，食堂，校庭で食べたりする国もあります。

ピザ，バターコーン(サラダ)，フルーツ，デザートなど

キムチ，スープ，サラダ，お米など

カレー，ナン，サラダなど

ボルシチ(スープ)，パン，ピロシキ(肉料理)など

サンドイッチ，野菜料理，デザート，フルーツなど

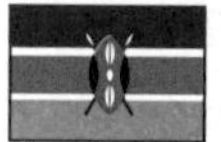

ウガリ(トウモロコシや雑穀の粉を練ったもの)，豆の煮物，鳥のからあげなど

英語でも動物の鳴き声は同じ？

世界中にいろいろな動物がいますが，英語ではどのように鳴くでしょうか。日本の動物の鳴き声と比べてみましょう。

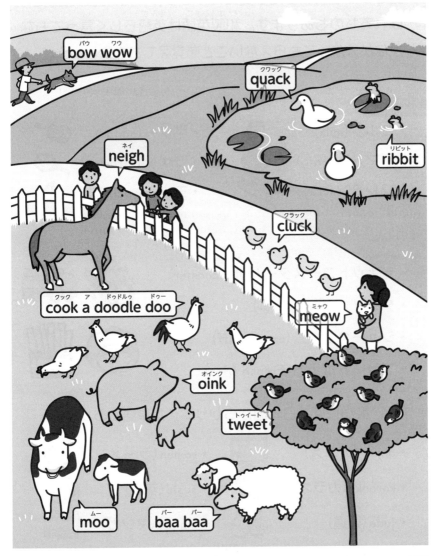

bow wow

quack

neigh

ribbit

cluck

cook a doodle doo

meow

oink

tweet

moo

baa baa

☆カタカナ語と英語/和製英語の単語

日本語には，世界の国々の言葉がたくさんあります。これらは「外来語」と呼ばれ，カタカナで表します。一方，英単語をつなぎ合わせたり変えたりして作った「和製英語」と呼ばれるものもあります。和製英語は英語らしく言ってもなかなか分かってもらえないことを覚えておきましょう。

外来語

- ミルク(milk) 

- ギター(guitar) 
- トマト(tomato) 
- ラケット(racket) 
- クレヨン(crayon) 
- ヨット(yacht) 

和製英語

- ジェットコースター(roller coaster)
- ダンプカー(dump car)
- シュークリーム(cream puff)
- フライドポテト(French fries)

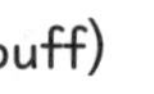

また，英語には，日本語からかりてきた単語もあります。

- anime(アニメ) 
- ramen(ラーメン) 
- karaoke(カラオケ) 
- sushi(すし) 
- judo(柔道) 
- manga(マンガ) 

筆記体一覧(大文字・小文字)

一筆書きのように，文字を続けて書く形を「筆記体」と言います。筆記体は続けて速く書くのに適していますが，ブロック体にも見やすく読みやすいという利点があります。

A B C D E F G

● から書き始めよう。

a b c d e f g

H I J K L M N

h i j k l m n

O P Q R S T

o p q r s t

U V W X Y Z

u v w x y z

動詞の不規則変化表

動詞は，現在形も過去形も同じ形のパターンもありますが，異なるパターンもあります。現在進行形は，動詞の後ろに「～ing」をつけますが，一番後ろの文字が重なることがあります。以下の表を見て，つづりを覚えましょう。

• 動詞の現在形も過去形も同じつづり

意味	現在形	過去形	現在進行形
切る	cut	cut	cutting
打つ	hit	hit	hitting
置く	put	put	putting
読む	read [ríːd]	read [réd]	reading

• 動詞の現在形と過去形が違うつづり

意味	現在形	過去形	現在進行形
～である	am, is/are	was/were	being
～となる	become	became	becoming
する	do	did	doing
食べる	eat	ate	eating
行く	go	went	going
持つ	have	had	having
作る	make	made	making
見る	see	saw	seeing

ここからスタート！

Part 6

英検®問題にチャレンジしよう

実用英語技能検定（英検®）

どれくらいの英語の能力を持っているのか，レベル別に試験を受けることができます。「聞く」「読む」「話す」「書く」といったさまざまなスキルを使います。

学習することがら

1. 英検®の問題について知る
2. 実際の問題に取り組む

● 英検® のポイント

あなうめ

Mika：What (　　　) is it?
Luke：It's three o'clock.

何について受け答えをしているのか，よく見てみよう。ルークのセリフを見れば，時間について話していることがわかるね。だから答えは time だろう，と予測できるんだ！

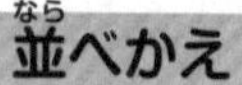

並べかえ

主語　動詞　目的語

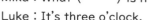

語順がカンジン！何が主語か，何が動詞かをきちんとおさえて並べかえよう。ふつうの文では，ほとんどの場合，主語→動詞の順番になるよ。

リスニング

これからリスニング問題をはじめます。

お昼ご飯と買い物，勉強と公園に関する問題があるのかな。

音声が流れる前にイラストを見て，場面を頭に入れておこう。先に場面を知ることで，音声に集中しやすくなるよ！

スピーキング

My name is Mika,

an elementary school student.

Good to see you!

正しく文章を切りながら話せば，伝わりやすくなるよ！あなた自身のことも聞かれるから，日ごろから話す練習をしておこう！

会話文のコツ

二人のやりとりはキャッチボール！自然な会話の流れになる選択肢を選ぼう。

長い英文の読み方

Roy is happy because he is at the amusement park.

試験ではあまり時間がない！だから，言葉の順番で場面が想像できるように，後戻りしない読み方を心がけよう。

わからない単語や熟語

これってどういう意味なんだろう？
コーヒーと関係ありそうだけど…。

Emma は
「うん, お願い！」って言ってるな。

Luke asked his mother, Emma. "Would you like some coffee?"
She said, "Yes, please."

知らない表現が出てもあわてないで！前後の文脈から大体の意味をつかんで，意味を推理することもテクニックのひとつだよ。

英検®練習問題 ①

解答 p.520

1 次の英文の空所に合うものを1, 2, 3, 4の中から1つ選びなさい。

(1) I like (　　　). I play the piano and the organ.
1 sports　**2** music　**3** books　**4** pictures

(2) August is the (　　　) month of the year.
1 sixth　**2** seventh　**3** eighth　**4** ninth

★ (3) I usually read books in my (　　　) time.
1 much　**2** free　**3** fast　**4** cloudy

(4) **A**: Is that your bike, Keiko?
B: Yes, it's (　　　).
1 I　**2** my　**3** me　**4** mine

★ (5) My racket is very old. I want a (　　　) one.
1 little　**2** high　**3** slow　**4** new

(6) **A**: (　　　) are you from?
B: I'm from England.
1 Who　**2** What　**3** Where　**4** When

(7) **A**: May I (　　　) your name?
B: My name is Mary.
1 ask　**2** speak　**3** make　**4** listen

スコアアップ　● 反対語はよく問われるからおさえておこう！

big (大きい) ↔ small (小さい)　　long (長い) ↔ short (短い)
good (良い) ↔ bad (わるい)　　hot (あつい) ↔ cold (さむい)
happy (うれしい) ↔ sad (かなしい)　　easy (かんたんな) ↔ hard (むずかしい)

2 次の(1)から(3)までの会話について，(　)に入れるのに正しいものを1，2，3，4の中から1つ選びなさい。

(1) **Student:** May I open the windows?
Teacher: Sure. (　　　　) today.

1 It's very cold　　**2** It's very hot
3 It's very easy　　**4** It's very wide

(2) **Girl:** Thank you very much for your help.
Boy: (　　　　　　　　)

1 I'm sorry.　　**2** You're welcome.
3 No, thank you.　　**4** That's all.

(3) **Boy:** I like this T-shirt. (　　　　)
Woman: Ten dollars.

1 How much is it?　　**2** How are you?
3 Who is it?　　**4** What time is it?

3 次の(1)から(3)までの日本文の意味を表すように①～④までを並べ替えて(　)の中に入れなさい。そして1番目と3番目にくるものの正しい組み合わせを1，2，3，4の中から選びなさい。ただし，(　)の中では，文のはじめにくる語も小文字になっています。

(1) きょうは何曜日ですか。
(① day　② of　③ the week　④ what)
(　1番目　)(　　　)(　3番目　)(　　　) is it today?
1 ④－①　**2** ②－③　**3** ③－①　**4** ④－②

(2) 遅くなって，すみません。
(① be　② to　③ sorry　④ late).
I'm (　1番目　)(　　　)(　3番目　)(　　　).
1 ②－③　**2** ③－①　**3** ④－②　**4** ④－③

(3) 私はすぐにでかけなければなりません。
(① leave　② have　③ soon　④ to)
I (　1番目　)(　　　)(　3番目　)(　　　).
1 ②－①　**2** ②－④　**3** ③－①　**4** ④－②

英検®練習問題②(Listening)

5級レベル

解答 p.521

1 イラストを参考にしながら，英文と応答を聞き，最も適切な応答を１～３の中から１つ選びなさい。

(1)

(2)

(3)

(4)

(5)

(6)

(7)

(8)

(9)

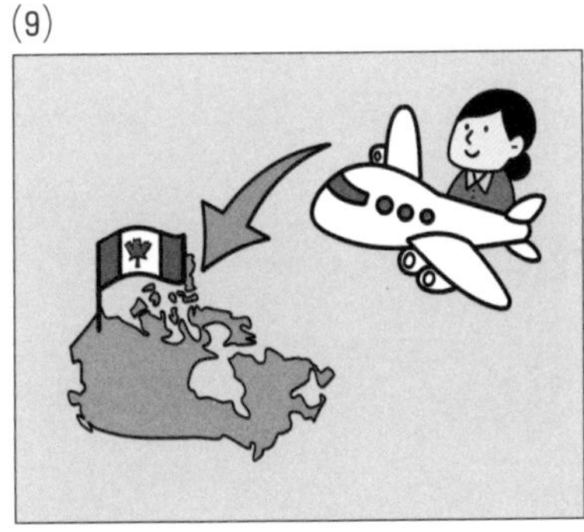

(10)

英検®練習問題③(Listening)

5級レベル

解答 p.523

1 対話と質問を聞き，その答えとして最も適切なものを１～４の中から１つ選びなさい。

(1) 1 Math.
2 Music.
3 Japanese.
4 English.

(2) 1 Every Saturday.
2 Every Sunday.
3 Every Monday.
4 Every Tuesday.

(3) 1 Yes, she does.
2 No, she doesn't.
3 She lives with her family.
4 Her apartment is near here.

(4) 1 He reads books.
2 He goes to the library.
3 He sleeps.
4 He plays tennis.

(5) 1 One.
2 Two.
3 Three.
4 Four.

英検®練習問題④(Speaking)

5級レベル

解答 p.524

1 次の英文の黙読と音読を行ったあと，3つの質問に答えてください。

Bob's Pet

Bob is nine years old. He has a cat. The cat's name is Mari. Mari is white.

Bob likes Mari. Mari sometimes sleeps with Bob on his bed. Bob greets Mari with "Hello" in the morning.

パッセージの黙読，音読タスクが課されます。

No. 1　Please look at the passage.
　　　How old is Bob?

No. 2　What does Bob say to Mari in the morning?

No. 3　Do you have any pets?

実際の試験では
問題文は入っていないよ。

英検®練習問題 ⑤

解答 p.524

1 次の英文の空所に合うものを1～4の中から1つ選びなさい。

(1) Please open your books to page 20. (　　　) to me carefully.
 1 Read　**2** Listen　**3** Write　**4** Repeat

(2) (　　　) is the third month of the year.
 1 January　**2** February　**3** March　**4** April

(3) The room is getting (　　　). Turn on the lights, please.
 1 small　**2** dark　**3** fine　**4** cloudy

(4) I can't (　　　) you. Will you speak louder?
 1 hear　**2** listen　**3** dance　**4** go

(5) **A:** (　　　) do you go to school?
B: I walk to school.
 1 Who　**2** Where　**3** Why　**4** How

(6) **A:** Which (　　　) do you like the best?
B: I like math the best.
 1 sport　**2** food　**3** subject　**4** music

(7) That's all for today. Then, (　　　) till tomorrow.
 1 hello　**2** goodbye　**3** home　**4** school

スコアアップ　● 反対語はよく問われるからおさえておこう！

light（明るい） ⇔ dark（暗い）　fast（速い） ⇔ slow（遅い）

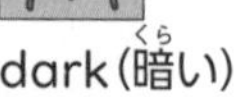

early（早い） ⇔ late（遅い）　heavy（重い） ⇔ light（軽い）

push（押す） ⇔ pull（引く）　open（開ける） ⇔ close（閉める）

2 次の(1)から(3)までの会話について，(　)に入れるのに正しいものを 1 ～ 4 の中から 1 つ選びなさい。

(1) **Teacher:** Who broke the vase?
Student: (　　　)

1 Yes, I did.　　**2** Yes, I do.
3 I did.　　**4** I was.

(2) **Teacher:** Where is a blackboard cleaner?
Student: (　　　), Mr. Oka.

1 It is clean　　**2** Here it is
3 You can use it　　**4** It is too small

(3) **Man:** How would you like your coffee?
Woman: (　　　)

1 I don't drink coffee.　　**2** I like coffee very much.
3 With cream, please.　　**4** Two coffees, please.

3 次の(1)から(3)までの日本文の意味を表すように①～⑤までを並べ替えて(　　)の中に入れなさい。そして 2 番目と 4 番目にくるものの正しい組み合わせを 1 ～ 4 の中から選びなさい。

(1) あなたに話したいことがあります。
(① to　② you　③ have　④ tell　⑤ something)
I (　　　)(2番目)(　　　)(4番目)(　　　).
1 ⑤－④　**2** ④－③　**3** ③－①　**4** ②－⑤

(2) 私は仕事でここへやって来ました。
(① came　② business　③ here　④ I　⑤ on)
(　　　)(2番目)(　　　)(4番目)(　　　).
1 ②－③　**2** ①－⑤　**3** ④－②　**4** ④－③

(3) チェスの仕方を教えてくれませんか。
(① me　② how　③ you　④ will　⑤ show)
(　　　)(2番目)(　　　)(4番目)(　　　) to play chess?
1 ②－③　**2** ②－④　**3** ③－①　**4** ④－②

英検®練習問題 ⑥

解答 p.525

1 次の英文の内容に関して，あとの質問に対する答えとして最も適切なものを 1 ～ 4 の中から 1 つ選びなさい。

Curry

Japanese curry is very popular in Japan. Many Japanese people love curry. It is said that Japanese eat curry more than once a week.

I'll show you how to make curry. Use onions, potatoes, carrots and beef. You can use pork or chicken instead of beef. After cooking them for a while, you add water and then cook for a little longer. Finally add curry roux to the pot. Finished!

*roux：ルー

- まずは題名に注目して，何についての英文かをつかみましょう。
- パラグラフ（段落）ごとに話題の中心をつかみながら読むといいわよ。

(1) What is popular in Japan?
  1 Yes, it is.
  2 No, it isn't.
  3 Many Japanese people.
  4 Japanese curry.

(2) What can you use instead of beef?
  1 Onions.
  2 Potatoes.
  3 Carrots.
  4 Pork.

(3) When do you add the water?
  1 Finally.
  2 After cooking meat and the vegetables.
  3 Before cooking meat and the vegetables.
  4 Once a week.

(4) Finally, what do you add?
  1 Yes, we do.
  2 A little longer.
  3 Curry roux.
  4 To the pot.

what や when などのぎもん詞に注目して，何について聞かれているかをつかみましょう。

英検®練習問題 ⑦

4級レベル

解答 p.525

1 次の英文の内容に関して，あとの質問に対する答えとして最も適切なものを 1 ～ 4 の中から 1 つ選びなさい。

Sumo

My name is Tom Brown. I came to Japan from the US three months ago. I lived in Ueno. I moved to Shinagawa yesterday. I like to learn about Japanese culture.

The other day I went to the Ryogoku Kokugikan and saw sumo. Sumo wrestlers, called rikishi, wore *mawashi*. The grand champion threw down the other wrestler by pulling the *mawashi*. A smaller wrestler pushed a much bigger wrestler out of the circle called *dohyo*. The referees were wearing kimonos. Sumo was very fast. It was difficult for them to decide a winner.

Sumo has a long history. It started as a ceremony more than one thousand years ago. Rikishi throw salt to clean the *dohyo*.

題名や，よく出てくる単語（wrestler や *mawashi* など）に注目すれば，話の流れをつかみやすいわね。

(1) Where is Tom Brown from?
1 From Japan.
2 From the US.
3 From Germany.
4 From France.

(2) Where was Sumo held?
1 In Shinagawa.
2 In Ryogoku.
3 In Yokohama.
4 In Ueno.

(3) How did the grand champion throw down the other rikishi?
1 By throwing salt.
2 By pulling the *mawashi*.
3 By calling the other rikishi.
4 By pushing the other rikishi.

(4) When did sumo start?
1 The other day.
2 Yesterday.
3 1,000 years ago.
4 Last month.

(5) Why do rikishi throw salt?
1 To throw the other rikishi.
2 To clean the *dohyo*.
3 To wear kimono.
4 To become strong.

英検®練習問題⑧(Listening)

4級レベル

解答 p.525

1 イラストを参考にしながら，英文と応答を聞き，最も適切な応答を１～３の中から１つ選びなさい。

(1)

(2)

(3)

(4)

(5)

(6)

(7)

(8)

(9)

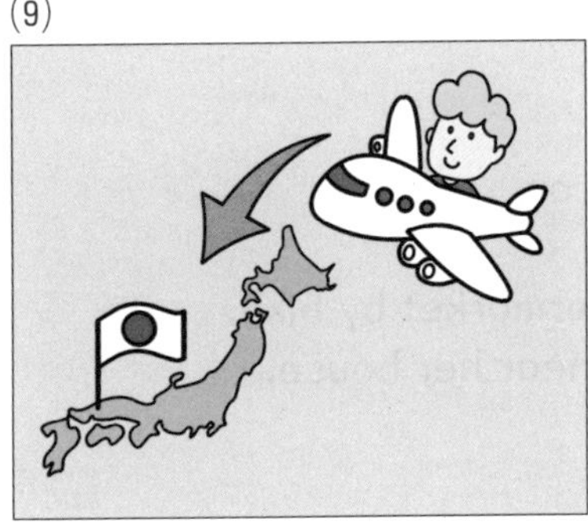

(10)

英検®練習問題⑨(Listening)

4級レベル

解答 p.528

1 対話と質問を聞き，その答えとして最も適切なものを 1 ～ 4 の中から 1 つ選びなさい。

(1) **1** A large iced tea.
2 A large hot tea.
3 A small iced tea.
4 A small hot tea.

(2) **1** One year ago.
2 Before school.
3 After school.
4 Next year.

(3) **1** A professional basketball player.
2 Yukio.
3 Midori.
4 A tall boy.

(4) **1** She doesn't have a car.
2 She likes walking.
3 She goes to the supermarket by bike.
4 The supermarket is near her house.

(5) **1** Only the boy will go to the station.
2 Only the woman will go to the station.
3 The boy and the woman will go to the station.
4 The boy and the woman won't go to the station.

(6) 1 He had fish and miso soup.
2 He had ham and eggs.
3 He got up late.
4 He didn't like natto.

(7) 1 Once a month.
2 Three times.
3 Anime.
4 The theater.

(8) 1 After dinner.
2 Before dinner.
3 After breakfast.
4 Before breakfast.

(9) 1 In Awaji Island.
2 On the subway.
3 On the roof of the tall building.
4 In the movie theater.

(10) 1 In a hospital.
2 In a station.
3 In a post office.
4 In a restaurant.

英検®練習問題⑩(Speaking)

4級レベル

解答 p.532

1 次の英文の黙読と音読を行ったあと，4つの質問に答えてください。

Koichi's Sister

Koichi has a sister. Her name is Yukiko. She is 25 years old. She is a teacher of Japanese. She is popular with the students. She reads 50 books in a year. She likes to make "haiku." She likes Matsuo Basho the best. Koichi wants to make "haiku," too.

パッセージの黙読，音読タスクが課されます。

No. 1　Please look at the passage.
How old is Yukiko?

No. 2　What does Yukiko teach?

No. 3　Please look at the picture.
What is the woman doing?

No. 4　What subject do you like the best?

実際の試験では問題文は入っていないよ。

解答編

Part 1 英語の音を学ぼう

1 アルファベットチャート/ABCソング

p.22~23

1

台本

ABCDEFGHIJKLMN,

OPQRSTU,

VWXYZ

Happy, happy, I'm happy.

I can sing my ABCs. （くり返し）

2 大文字

p.24~25

2

台本

E, B, K, C, L, I, M, F

3 (1) A　(2) G

台本

(1) A　(2) G

4

台本

O, N, S, W, X, P, Z, U

5 (1) Q　(2) V

台本

(1) Q　(2) V

3 小文字

p.26~27

2

e	e	f	c	b
e	e	f	c	b
k	k	f	g	b
k	a	l	g	b
h	a	m	i	h
h	a	j	i	h
h	d	d	d	d

台本

l, a, j, c, g, i

3 (1) b　(2) m

台本

(1) b　(2) m

4

p	x	x	x	r
p	q	q	y	r
p	t	z	y	r
u	t	o	o	r
u	v	v	w	s
u	v	v	w	s
n	n	n	w	s

台本

q, t, o, y, w

5 (1) z　(2) p

台本

(1) z　(2) p

4 ジングル/アルファベット(Aa~Zz)

p.28~29

1

台本

ジングル①

※大文字は名前読み，小文字は音読み。
音声を聞いて確認しよう。

A / a / a / apple
B / b / b / bear
C / c / c / cat
D / d / d / dog
E / e / e / egg
F / f / f / fan
G / g / g / gum
H / h / h / hat
I / i / i / ink
J / j / j / jam
K / k / k / king
L / l / l / lion
M / m / m / milk
N / n / n / nut
O / o / o / orange
P / p / p / pig
Q / q / q / queen
R / r / r / racket
S / s / s / sun
T / t / t / ten
U / u / u / umbrella
V / v / v / vest
W / w / w / watch
X / x / x / fox
Y / y / y / yes
Z / z / z / zebra

ジングル②

apple / apple / a / a / a
bear / bear / b / b / b
cat / cat / c / c / c
dog / dog / d / d / d
egg / egg / e / e / e
fan / fan / f / f / f
gum / gum / g / g / g
hat / hat / h / h / h
ink / ink / i / i / i
jam / jam / j / j / j
king / king / k / k / k
lion / lion / l / l / l
milk / milk / m / m / m
nut / nut / n / n / n
orange / orange / o / o / o
pig / pig / p / p / p
queen / queen / q / q / q
racket / racket / r / r / r
sun / sun / s / s / s
ten / ten / t / t / t
umbrella / umbrella / u / u / u
vest / vest / v / v / v
watch / watch / w / w / w
fox / fox / x / x / x
yes / yes / y / y / y
zebra / zebra / z / z / z

ジングル③

A / A / a / a / a
B / B / b / b / b
C / C / c / c / c
D / D / d / d / d
E / E / e / e / e

F / F / f / f / f
G / G / g / g / g
H / H / h / h / h
I / I / i / i / i
J / J / j / j / j
K / K / k / k / k
L / L / l / l / l
M / M / m / m / m
N / N / n / n / n
O / O / o / o / o
P / P / p / p / p
Q / Q / q / q / q
R / R / r / r / r
S / S / s / s / s
T / T / t / t / t
U / U / u / u / u
V / V / v / v / v
W / W / w / w / w
X / X / x / x / x
Y / Y / y / y / y
Z / Z / z / z / z

5 アルファベット(a~h)

p.30~31

2 (1) bus (2) ant (3) donut

台本

(1) bus (2) ant (3) donut

3 (1)

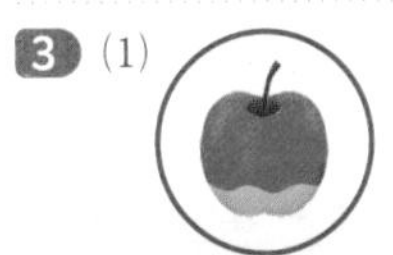

(2)

(2)

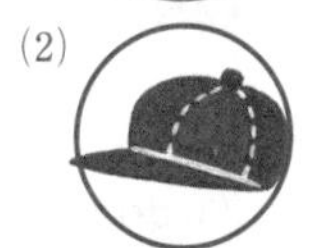

(3)

台本

(1) a (2) c (3) d

5 (1) hat (2) fish (3) girl

台本

(1) hat (2) fish (3) girl

6 (1)

(1)

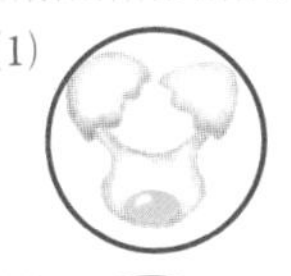

(2) 5

(3)

台本

(1) e (2) f (3) h

6 アルファベット(i~p)

p.32~33

2 (1) king (2) jet (3) lemon

台本

(1) king (2) jet (3) lemon

3 (1)

(1)

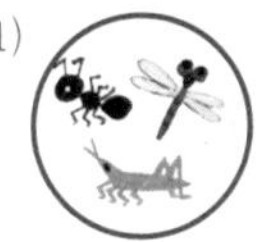

(2)

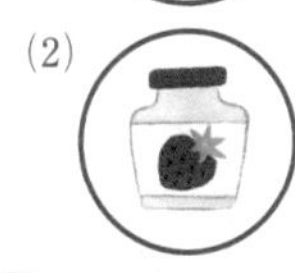

(3)

台本

(1) i (2) j (3) k

5 (1) orange (2) net (3) pen

台本

(1) orange (2) net (3) pen

6 (1)

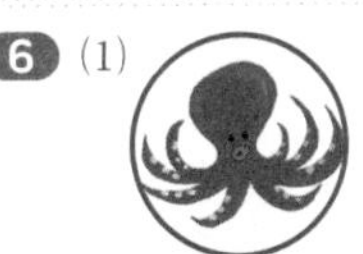

(2)

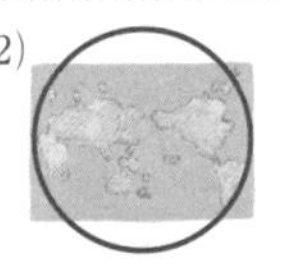

(2)  (3) 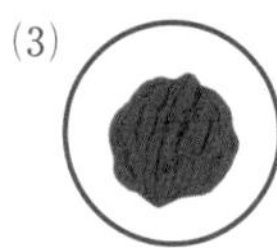

台本

(1) o　(2) m　(3) n

7 アルファベット(q~z)

p.34~35

2 (1) racket　(2) ten　(3) six

台本

(1) racket　(2) ten　(3) six

3 (1) 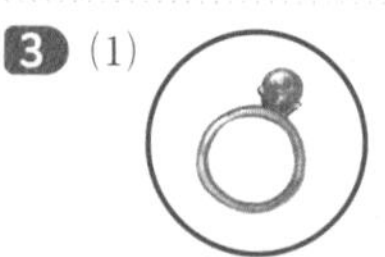 (2) 

(2) 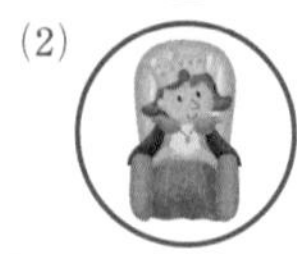 (3) 

台本

(1) r　(2) q　(3) t

5 (1) fox　(2) wolf　(3) zoo

台本

(1) fox　(2) wolf　(3) zoo

(1)  (2) 

(3) 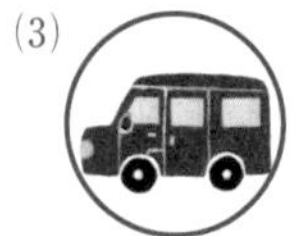

台本

(1) u　(2) y　(3) v

8 母音+子音①

p.36~37

2 (1) mat ㋒　(2) jam ㋓
(3) cat ㋐　(4) pan ㋑

台本

(1) mat　(2) jam　(3) cat　(4) pan

4 (1) bed ㋑　(2) jet ㋐
(3) wet ㋓　(4) pen ㋒

台本

(1) bed　(2) jet　(3) wet　(4) pen

9 母音+子音②

p.38~39

2 (1) win ㋒　(2) hit ㋑
(3) lip ㋓　(4) pig ㋐

台本

(1) win　(2) hit　(3) lip　(4) pig

4 (1) mop ㋓　(2) dog ㋑
(3) hot ㋐　(4) pot ㋒

台本

(1) mop　(2) dog　(3) hot　(4) pot

10 母音+子音③

p.40

2 (1) sun ㋑　(2) nut ㋐
(3) hug ㋓　(4) cup ㋒

台本

(1) sun　(2) nut　(3) hug　(4) cup

11 Challenge!①

p.41

1 (1)イ　(2)ウ　(3)ア

2 (1) ant　(2) bus　(3) dog

(4) hat (5) ink (6) jet

(7) pig (8) six (9) ten

(10) van (11) fox (12) zoo

台本

(1) ant (2) bus (3) dog

(4) hat (5) ink (6) jet

(7) pig (8) six (9) ten

(10) van (11) fox (12) zoo

12 Magic-e①

p.42~43

3 (1)

(2)

(3)

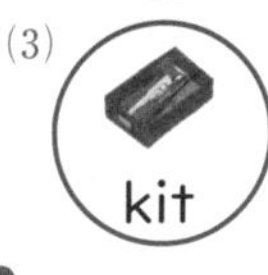

(4)

台本

(1) mate (2) hat (3) kit (4) like

5 (1) Kate (2) like (3) hate

13 Magic-e②

p.44~45

3 (1)

(2)

(3)

(4)

台本

(1) pet (2) hope (3) not

(4) cute

5 (1) Pete (2) base (3) nine

14 2重子音①

p.46~47

2 (1) fish (2) chair (3) ship

(4) bath (5) white (6) this

(7) graph (8) cheese

台本

(1) fish (2) chair (3) ship

(4) bath (5) white (6) this

(7) graph (8) cheese

15 2重子音②

p.48~49

2 (1) flower (2) frog (3) black

(4) brush (5) clock (6) crab

(7) block (8) fruit

台本

(1) flower (2) frog (3) black

(4) brush (5) clock (6) crab

(7) block (8) fruit

16 Challenge!②

p.50

1 (1) イ (2) ア (3) ウ

2 (1) kite (2) tape (3) note

(4) cute (5) chalk (6) shoes

(7) that (8) white (9) black

(10) frog (11) crab (12) clock

台本

(1) kite (2) tape (3) note

(4) cute (5) chalk (6) shoes

(7) that (8) white (9) black

(10) frog (11) crab (12) clock

Part 2 いろいろな英単語を知ろう

1 Hi! How are you?

p.52~53

3 (1) Good morning.
(2) Thank you.
(3) Good night.

6 What shape do you see?

p.62~63

3 ② star
③ cross
④ rectangle

7 Let's do math!

p.64~65

3 (1) Five plus ten is fifteen.
(2) Sixteen minus four is twelve.
(3) Seven times ten is seventy.

23 Touch your head!

p.100~101

3 (1) head (2) hand(s)
(3) shoulder(s) (4) knee(s)

26 Lotus roots have many holes!

p.106~107

3 (1) green pepper (2) lettuce
(3) tomato

31 Where is the post office?

p.120~123

3 (1) airport (2) stadium
(3) hospital (4) restaurant
(5) park (6) zoo
(7) castle (8) museum
(9) fire station

Part 3 いろいろな表現を学ぼう

1 Good morning.

p.156~157

1, 2

訳例

みか：「おはよう，ルーク。」
ルーク：「おはよう，みか。」

3 (1)ア (2)ウ (3)イ

訳例

(1)みか：「おはよう，ルーク。」
ルーク：「おはよう，みか。」
(2)ルーク：「こんばんは，みか。」
みか：「こんばんは，ルーク。」
(3)みか：「こんにちは，ルーク。」
ルーク：「こんにちは，みか。」

台本

(1) Mika: "Good morning, Luke."
Luke: "Good morning, Mika."
(2) Luke: "Good evening, Mika."
Mika: "Good evening, Luke."
(3) Mika: "Good afternoon, Luke."
Luke: "Good afternoon, Mika."

4 (1) Good morning.

(2) Good evening.

(3) Good afternoon.

(4) Good night.

訳例

(1)おはようございます。

(2)こんばんは。

(3)こんにちは。

(4)おやすみなさい。

2 Thank you.

p.158~159

1, 2

訳例

みか：「これは，おにぎりだよ。食べてみて。」

ルーク：「ありがとう。」

みか：「どういたしまして。」

3 ア

訳例

はな：「みか，これはあなたの昼食よ。はい，どうぞ。」

みか：「ありがとう，お母さん。」

はな：「どういたしまして。」

台本

Hana: "Mika, this is your lunch. Here you are."

Mika: "Thank you, mom."

Hana: "You're welcome."

4 (1) Thank you.

(2) You're welcome.

訳例

(1)ありがとう。

(2)どういたしまして。

3 I am ~.

p.160~161

1, 2

訳例

みか：「ルーク，調子はどうかしら。」

ルーク：「ぼくは幸せだよ。今日はぼくの誕生日なんだ。」

みか：「誕生日おめでとう，ルーク！」

3 ア

訳例

ルーク：「調子はどう，みか。」

みか：「わたしはお腹がすいているの。あなたはどう，ルーク。あなたもお腹がすいているかしら。」

ルーク：「いや，すいていないよ。ぼくは眠たいんだ。」

台本

Luke: "How are you, Mika?"

Mika: "I'm hungry. How about you, Luke? Are you hungry, too?"

Luke: "No, I'm not. I am sleepy."

4 (1) I am (I'm) sad.

(2) I am (I'm) happy.

訳例

(1)わたしは悲しいです。

(2)わたしは幸せです。

4 What do you like?

p.162~163

1, **2**

訳例

みか：「あなたは何が好きかしら。」
ルーク：「ぼくはケーキが好きだよ。
みか，きみはどうだい。」
みか：「わたしはドーナツがとても
好きよ。」

3 ウ

訳例

ルーク：「コーヒーは好きかい。」
みか：「好きではないわ。」
ルーク：「きみは何が好きなの。」
みか：「わたしはリンゴジュースが
好きよ。」

台本

Luke: “Do you like coffee?”
Mika: “No, I don’t.”
Luke: “What do you like?”
Mika: “I like apple juice.”

4 What do you like, Mika?
—I like apples.

訳例

あなたは何が好きですか，みか。
—わたしはリンゴが好きです。

5 (例)I like bananas.

訳例

(例)わたしはバナナが好きです。

5 What do you want to do?

p.164~165

1, **2**

訳例

じゅん：「今日は日曜日だね。みか，
きみは何がしたいんだい。」
みか：「わたしはピクニックに行き
たいわ。」
じゅん：「それはとてもいいね！」

3 イ

訳例

ルーク：「今度の日曜日，きみは何
がしたいの，みか。」
みか：「公園に行きたいわ。」
ルーク：「公園で何がしたいんだい。」
みか：「テニスをしたいの。」
ルーク：「いい考えだね。そうしよ
う。」

台本

Luke: “What do you want to do
this Sunday, Mika?”
Mika: “I want to go to a park.”
Luke: “What do you want to do
in the park?”
Mika: “I want to play tennis.”
Luke: “It’s a good idea. Let’s
do it.”

4 (1) What do you want to do?
(2) I want to make a cake.

訳例

(1)あなたは何がしたいですか。
(2)わたしは，ケーキを作りたいです。

6 Hello. This is ~.

p.166~167

1, **2**

訳例

みか：「もしもし。」

ルーク：「もしもし。ルークです。」

みか：「こんにちは，ルーク。」

ルーク：「今，時間はあるかい。いっしょにサッカーをしようよ！」

3 イ

訳例

ルーク：「もしもし。ぼくはルークです。午後にいっしょにテニスをしようよ。」

みか：「やあ，ルーク。もちろん！」

台本

Luke: "Hello. This is Luke. Let's play tennis this afternoon."

Mika: "Hi, Luke. Sure!"

4 (1) Hello. This is Luke.

(2) Hello. This is Mika.

(3)(例) Hello. This is Makoto.

訳例

(1)こんにちは。わたしはルークです。

(2)こんにちは。わたしはみかです。

(3)(例)こんにちは。わたしはまことです。

7 Do you want to leave a message?

p.168~169

1, **2**

訳例

はな：「もしもし。」

ルーク：「もしもし。ぼくはルークです。みかさんはいらっしゃいますか。」

はな：「彼女は家にいないのよ。伝言を残しますか。」

ルーク：「はい，残します。」

3 (1)×　(2)○

訳例

(1)ルーク：「もしもし。ぼくはルークです。みかさんはいらっしゃいますか。」

はな：「こんにちは，ルーク。残念だけど彼女はいません。伝言を残しますか。」

ルーク：「いいえ，大丈夫です。あとでかけ直します。」

(2)ルーク：「もしもし。ぼくはルークです。みかさんはいらっしゃいますか。」

はな：「こんにちは，ルーク。残念ですが彼女はいません。伝言を残しますか。」

ルーク：「はい，残します。電話をかけ直すよう伝えてください。」

台本

(1) Luke: "Hello. This is Luke. Is Mika at home?"

Hana: "Hello, Luke. I am sorry but she is not at home. Do you want to leave a message?"

Luke: "No, thanks. I will call her back later."

(2) Luke: "Hello. This is Luke. Can I speak with Mika?"
Hana: "Hello, Luke. I am sorry but she is not at home. Do you want to leave a message?"
Luke: "Yes, I do. Please ask her to call me back."

4 (例)Hello. <u>This</u> <u>is</u> <u>Megumi</u>. May I speak to <u>Mika</u>?

訳例

(例)もしもし。わたしはめぐみです。みかさんはいますか。

5 Do you want to leave a message?

訳例

伝言を残しますか。

8 When is your birthday?

p.170~171

1, **2**

訳例

みか：「ルーク，あなたの誕生日はいつなの。」
ルーク：「ぼくの誕生日は7月9日だよ。きみの誕生日はいつなんだい。」
みか：「わたしの誕生日は明日よ。5月5日。」
ルーク：「誕生日おめでとう！」

3 (1)イ　(2)ウ　(3)ア

訳例

ルーク：「じゅんの誕生日はいつだい。」
みか：「11月24日よ。」
ルーク：「はなの誕生日はいつだい。」
みか：「彼女の誕生日は6月23日よ。」
ルーク：「きみのお兄さんの誕生日はいつだい。」
みか：「1月8日よ。」

台本

Luke: "When is Jun's birthday?"
Mika: "It's November twenty fourth."
Luke: "When is Hana's birthday?"
Mika: "Her birthday is June twenty third."
Luke: "How about your brother's?"
Mika: "It's January eighth."

4 (1) When is your birthday?
(2)(例) My birthday is March fourth.

訳例

(1)あなたの誕生日はいつですか。
(2)(例)わたしの誕生日は3月4日です。

9 My name is ~. Nice to meet you.

p.172~173

1, **2**

訳例

ルーク：「ぼくの名前はルークです。はじめまして。あなたの名前は何ですか。」

みか：「わたしの名前はみかです。こちらこそはじめまして。」

3 ア，キ，ク

訳例

こんにちは。ぼくの名前はけんです。はじめまして。ぼくはサッカーが好きです。ぼくはバスケットボールも好きです。

台本

Ken: Hello. My name is Ken. Nice to meet you. I like soccer. I like basketball, too.

4 Hello.
My name is .... I like ....
Nice to meet you.

訳例

(こんにちは。)
わたしの名前は…です。わたしは…が好きです。はじめまして。

10 Hi. How are you? I am fine.

p.174~175

1, **2**

訳例

ルーク：「やあ。元気かい，みか。」

みか：「元気よ。ありがとう。」

3 イ

訳例

ルーク：「やあ。元気かい，みか。」

みか：「わたしは眠いの。」

台本

Luke: "Hi. How are you, Mika?"

Mika: "I'm sleepy."

4 (1) I am fine/good / great.
(2) I am sleepy.

訳例

(1)元気です。
(2)ぼくは眠いです。

11 Please ~.

p.176~177

1, **2**

訳例

ルーク：「あぁ，消しゴムを持ってない。」

みか：「わたしは2つ持っているわ。これを使ってください。」

ルーク：「ありがとう，みか。」

3 ウ

訳例

田中先生：「みか，ドアを開けてください。」

みか：「わかりました。」

台本

Ms. Tanaka: "Mika, open the door, please."

Mika: "OK."

4 (1) Please use my pen.

(2) Please read this book.

訳例

(1)わたしのペンを使ってください。

(2)この本を読んでください。

12 What day is it today?

p.178~179

1, **2**

訳例

田中先生：「おはようございます，みかさん。元気ですか。」

みか：「元気です。」

田中先生：「とてもよいですね。今日は何曜日ですか。」

みか：「水曜日です。」

3 (1)イ　(2)ア

訳例

(1)みか：「今日は何曜日かしら。」

ルーク：「今日は火曜日だよ。水泳教室に行く予定なんだ。」

(2)みか：「今日は何曜日かしら。」

ルーク：「今日は水曜日だよ。テストがあるんだ。」

台本

(1) Mika: "What day is it today?"

Luke: "It's Tuesday today. I'll go to my swimming lesson."

(2) Mika: "What day is it today?"

Luke: "It's Wednesday today. I'll have an test."

4 (1) A："What day is it today?"

B："It's Monday today."

(2) A："What day is it today?"

B："It's Thursday today."

訳例

(1) A：「今日は何曜日ですか。」

B：「(今日は)月曜日(です。)」

(2) A：「今日は何曜日ですか。」

B：「(今日は)木曜日(です。)」

13 Do you have math on Monday?

p.180~181

1, **2**

訳例

ルーク：「月曜日に算数はあるかな。」

みか：「うん，あるよ。わたしは算数がとても好きよ。」

ルーク：「いいね。」

3 ア，イ，エ

訳例

(1)ルーク：「今日は何曜日だい。」

みか：「今日は火曜日よ。」

ルーク：「火曜日に音楽はあるかな。」

みか：「うん，あるよ。」

ルーク：「体育はあるの。」

みか：「いいえ，ないよ。」

ルーク：「社会はどうかな。」

みか：「火曜日にあるよ。」

ルーク：「理科もあるかな。」

みか：「うん，理科もあるよ。」

台本

Luke: "What day is it today?"

Mika: "It's Tuesday today."

Luke: "Do you have music on Tuesday?"

Mika: "Yes, I do."

Luke: "Do you have P.E.?"

Mika: "No, I don't."

Luke: "How about social studies?"

Mika: "I have it on Tuesday."

Luke: "Do you have science, too?"

Mika: "Yes, I have science, too."

4 (1) Do you have English on Tuesday?

(2) Do you have music on Thursday?

訳例

(1)火曜日に英語はありますか。

(2)木曜日に音楽はありますか。

14 What time do you get up?

p.182~183

1, 2

訳例

ルーク：「おはよう，みか。きみは毎日早く学校に来るね。毎日何時に起きるの。」

みか：「わたしは毎朝6時に起きるわ。」

ルーク：「それは早いね。」

3 イ

訳例

ルーク：「何時に朝ごはんを食べるの。」

みか：「わたしはたいてい6時30分に朝食を食べるよ。」

ルーク：「何時に学校に行くの。」

みか：「わたしは7時30分に学校に行くよ。」

ルーク：「何時に寝るの。」

みか：「毎日10時に寝るよ。」

台本

Luke: "What time do you eat breakfast?"

Mika: "I usually eat breakfast at six thirty."

Luke: "What time do you go to school?"

Mika: "I go to school at seven thirty."

Luke: "What time do you go to bed?"

Mika: "I go to bed at ten every day."

4 I leave my house at eight.

訳例

ぼくは8時に家を出ます。

15 I am ~ing.

p.184~185

1, **2**

訳例

みか：「ルーク，外で遊びたいの。」
ルーク：「今お昼ごはんを食べているんだ。少し待って。」
みか：「わかった。」

3 ア，ウ

訳例

みか：「今，何をしているの。」
はな：「お昼ご飯を作っているところよ。」
みか：「サンドイッチを作っているの。」
はな：「そうよ。サンドイッチを作っているの。」
みか：「サラダは作っているの。」
はな：「いいえ，作っていないわよ。」
みか：「スープは作っているの。」
はな：「ええ，スープは作っているわよ。」

台本

Mika: "What are you doing now?"
Hana: "I'm making lunch."
Mika: "Are you making sandwiches?"
Hana: "Yes, I am making sandwiches."
Mika: "Are you making salad?"
Hana: "No, I'm not."
Mika: "Are you making soup?"
Hana: "Yes, I am making soup."

4 (1) I'm playing the piano.
(2) I'm drinking orange juice.

訳例

(1)わたしはピアノをひいているところです。
(2)わたしはオレンジジュースを飲んでいるところです。

16 How is the weather?

p.186~187

1, **2**

訳例

田中先生：「おはようございます。今日の天気はどうですか。」
みか：「晴れです。」
田中先生：「そうですね。遠足に行くのにとても良い日ですね。」

3 イ

訳例

みか：「今日の天気はどうかしら。」
ルーク：「雨だよ。」
みか：「今日はかさが必要だね。」
ルーク：「うん。そうだね。」

台本

Mika: "How is the weather today?"
Luke: "It's rainy."
Mika: "We need an umbrella today."
Luke: "Yes. You're right."

4 (1) How is the weather?

(2) It's rainy.

訳例

(1)天気はどうですか。
(2)雨です。

17 I like ~.

p.188~189

1, **2**

訳例

田中先生：「わたしたちは今日の体育の授業でサッカーをします。」
ルーク：「すごい！ぼくはサッカーがとても好きです。」
田中先生：「試合の練習をしましょう。」

3 ウ

訳例

みか：「テニスは好きかしら。」
ルーク：「うん，テニスは好きだよ。」
みか：「バレーボールも好きなの。」
ルーク：「いや，バレーボールは好きではないんだ。」

台本

Mika: "Do you like tennis?"
Luke: "Yes, I like tennis."
Mika: "Do you like volleyball, too?"
Luke: "No, I don't like volleyball."

4 (例)(1) I like tennis / baseball / soccer / swimming / ....

(2) I like dogs / cats / rabbits / bears / ....

(3) I like grapes / ice creams / cakes / ....

訳例

(例)(1)わたしはテニス／野球／サッカー／水泳が好きです。
(2)わたしは犬／ネコ／ウサギ／クマが好きです。
(3)わたしはブドウ／アイスクリーム／ケーキが好きです。

18 Luke likes ~.

p.190~191

1, **2**

訳例

みか：「けんは理科が好きなのよ。」
ルーク：「ぼくも好きだよ！」
みか：「けんは社会も好きなの。」
ルーク：「ぼくも好きだよ。」
みか：「本当に。」

3 イ，エ

訳例

はな：「あなたの新しい友だちについて教えてくれるかしら。」
みか：「ルークはテニスが好きよ。」
はな：「彼はバスケットボールも好きなのかしら。アメリカでは人気のスポーツよ。」
みか：「ああ，彼はバスケットボールも好きよ。」

台本

Hana: "Please tell me about your new friend."

Mika: "Luke likes tennis."

Hana: "Does he also like basketball? It is a popular sport in the US."

Mika: "Oh, he likes basketball, too."

4 (例)(1) Yui likes baseball.

(2) Ken likes math.

(3) My father likes cats.

訳例

(例)(1)ゆいは野球が好きです。

(2)けんは算数が好きです。

(3)わたしの父はネコが好きです。

19 What subject do you like?

p.192~193

1, 2

訳例

みか：「あなたは何の教科が好きなの。」

ルーク：「ぼくは算数が好きだよ。きみはどう，みか。」

みか：「わたしは音楽が好きよ。ピアノを上手に弾くの。」

3 (1)ウ　(2)イ

訳例

ルーク：「きみは何の教科が好きなんだい，みか。」

みか：「わたしは理科が大好きよ。あなたは何の教科が好きなの，ルーク。」

ルーク：「ぼくは美術が好きだよ。」

台本

Luke: "What subject do you like, Mika?"

Mika: "I like science very much. What subject do you like, Luke?"

Luke: "I like art."

4 (1) What subject do you like?

(2) I like social studies.

訳例

(1)何の教科が好きですか。

(2)ぼくは社会が好きです。

20 Good job.

p.194~195

1, 2

訳例

田中先生：「まぁ。かわいいですね。よくできました，みか。」

みか：「ありがとうございます。」

3 ウ

訳例

ルーク：「きみの英語はすばらしいね。」

みか：「ありがとう。英語を勉強するのが好きなのよ。」

台本

Luke: "Your English is excellent."

Mika: "Thank you. I like studying English."

4 (例)(1)(2) Good job./ Excellent. /Great./... など

訳例

(例)(1)(2)いいね。／すばらしい。／よくできたね。

21 How many ~ do you have?

p.196~197

1, 2

訳例

ルーク：「あなたは筆箱の中にたくさんの鉛筆を持っているね。何本の鉛筆を持っているの。」

みか：「わたしは 10 本の鉛筆を持っているわ。」

ルーク：「10 本!! とっても多いね!!」

3 イ

訳例

ルーク：「何冊のノートを持っているの。」

みか：「わたしはノートを 3 冊持っているわ。」

台本

Luke: "How many notebooks do you have?"

Mika: "I have three notebooks."

4 (1) How many color pencils do you have?

(2) I have two rulers.

訳例

(1)何本の色鉛筆を持っていますか。

(2)わたしは定規を 2 本持っています。

22 Whose ~ is this?

p.198~199

1, 2

訳例

みか：「これはだれのノートなの。」

ルーク：「あぁ，それはぼくのものだよ。」

みか：「はい，どうぞ。」

3 (1)ウ　(2)イ　(3)ア

訳例

ルーク：「これはだれのものさしだい，みか。」

みか：「それはわたしのものよ。」

ルーク：「これはだれの鉛筆かな。」

みか：「それは田中先生のものよ。これはだれの消しゴムかしら，ルーク。」

ルーク：「それはぼくのものだよ。」

台本

Luke: "Whose ruler is this, Mika?"

Mika: "It's mine."

Luke: "Whose pencil is this?"

Mika: "It's Ms. Tanaka's. Whose eraser is this, Luke?"

Luke: "It's mine."

4 (1) Whose bag is this?

(2) It's Luke's.

訳例

(1)これはだれのカバンですか。

(2)それはルークのものです。

23 What's this?

p.200~201

1, 2

訳例

みか:「クイズゲームをしましょう。それは楽器です。それは黒と白です。これはなんでしょう。」

ルーク:「それはピアノだね。」

みか:「正解！」

3 イ

訳例

みか:「あなたは学校でこれを使います。あなたはそれに座ることができます。これは何ですか。」

台本

Mika: "You use this at school. You can sit on it. What's this?"

4 (1) What's this?

(2) It's a recorder.

訳例

(1)これは何ですか。

(2)それはリコーダーです。

24 What are these?

p.202~203

1, 2

訳例

ルーク:「これらは何かな。」

みか:「それらはひな人形よ。女の子のお祭りのためのものなの。」

ルーク:「なるほど。それらは美しいね。」

3 ウ

訳例

ルーク:「これらは何かな。」

みか:「これらはこいのぼりよ。子どもの日にあげるの。」

ルーク:「それらは色とりどりだね。」

みか:「ええ。黒色は父親よ。赤色は母親ね。ほかは子どもたちなの。」

台本

Luke: "What are these?"

Mika: "These are carp streamers. We raise them on Children's Day."

Luke: "They are different colors."

Mika: "Yes. The black one is father. The red one is mother. Others are children."

4 (1) What are these?

(2) They are chopsticks.

訳例

(1)これらは何ですか。

(2)それらははしです。

25 Can I ~?

p.204~205

1, **2**

訳例

みか：「今日は暑いね。」

ルーク：「うん，そうだね。」

みか：「窓を開けてもいいかしら。」

ルーク：「もちろん。」

3 ア

訳例

みか：「田中先生，お昼休みの間に体育館に行ってもいいですか。」

田中先生：「もちろんよ。体育館に行って，スポーツをしてもいいですよ。」

みか：「音楽室にも行ってもいいですか。」

田中先生：「残念だけど，音楽室は行ってはいけません。」

台本

Mika: "Ms. Tanaka, can I go to the gym during lunch time?"

Ms. Tanaka: "Sure. You can go to the gym and play sports."

Mika: "Can I go to the music room, too?"

Ms. Tanaka: "Sorry, but you can't go to the music room."

4 (1) Can I use this eraser?

(2) Can I close the window?

訳例

(1)この消しゴムを使ってもいいですか。

(2)窓を閉めてもいいですか。

26 Do you play ~?

p.206~207

1, **2**

訳例

みか：「放課後はたいてい何をするの。」

ルーク：「ぼくはたいてい友だちとサッカーをするよ。きみもサッカーをするかい。」

みか：「うん，するわ！」

ルーク：「いいね。いっしょにしよう。」

3 イ

訳例

みか：「あなたはスポーツが大好きね。放課後にテニスをするの。」

ルーク：「ううん，テニスはしないよ。」

みか：「野球はするの。」

ルーク：「ううん，しないよ。」

みか：「どんなスポーツをするの。」

ルーク：「ぼくは放課後にバスケットボールをするよ。」

台本

Mika: "You like sports very much. Do you play tennis after school?"

Luke: "No, I don't play tennis."

Mika: "Do you play baseball?"

Luke: "No, I don't."

Mika: "What sport do you play?"

Luke: "I play basketball after school."

4 (1) Do you play rugby, Luke?

(2) Do you play volleyball, Mika?

訳例

(1)あなたはラグビーをしますか，ルーク。

(2)あなたはバレーボールをしますか，みか。

27 I can ～.

p.208~209

1, 2

訳例

みか：「わたしたちは明日水泳の試合があるの。」

ルーク：「それはすごいね。きみは速く泳げるよ。」

みか：「ありがとう。」

ルーク：「うまくいきますように。」

3 ウ

訳例

みか：「あなたはピアノをひけるかしら。」

ルーク：「いいや。ピアノはひけないけど，とても上手に歌えるよ。きみはどうだい，みか。きみは何ができるの。」

みか：「わたしはとても上手に絵をかけるわ。わたしの趣味なの。」

台本

Mika: "Can you play the piano?"

Luke: "No. I can't play the piano, but I can sing very well. How about you, Mika? What can you do?"

Mika: "I can draw pictures very well. It's my hobby."

4 (1) I can speak English very well.
(2) I can play tennis very well.

訳例

(1)わたしはとても上手に英語を話せます。
(2)ぼくはとても上手にテニスができます。

28 I can run faster than you.

p.210~211

1, **2**

訳例

ルーク：「明日は体育祭があるね。ぼくはとってもワクワクしているよ。ぼくはとても速く走れるんだ。」
みか：「わたしも速く走れるわ。」
ルーク：「ぼくのほうがきみより速く走れるよ！」

3 ウ→ア→イ

訳例

ルーク：「ぼくはとても速く走れるんだ。きみより速く走れるよ，みか。」
みか：「そうね，あなたはわたしより速く走れるけど，わたしの兄はスポーツが大好きなの。彼はあなたより速く走れるわ，ルーク。」
ルーク：「その通り。としはぼくより速く走れるよ。」

台本

Luke: "I can run very fast. I can run faster than you, Mika."
Mika: "Yes, you can run faster than I, but my brother likes sports very much. He can run faster than you, Luke."
Luke: "That's right. Toshi can run faster than I."

4 (1) Toshi can run faster than Mika.
(2) Luke can jump higher than Mika.

訳例

(1)としはみかより速く走れます。
(2)ルークはみかより高くジャンプできます。

29 I went to ~.

p.212~213

1, **2**

訳例

ルーク：「夏休みの間きみは何をしたんだい。」
みか：「わたしはおばあちゃんの家に行ったわ。川で泳いだの。馬にも乗ったわ。いい時間を過ごしたのよ。」
ルーク：「それはいいね。」

3 イ

訳例

みか：「わたしは夏休みの間に遊園地に行ったの。ルーク，あなたは夏休みの間にどこに行ったの。」

ルーク：「ぼくは友だちといっしょに動物園に行ったよ。」

みか：「いいわね。動物園のとなりには水族館があるわね。水族館にも行ったの。」

ルーク：「いや，水族館には行っていないよ。」

台本

Mika: "I went to the amusement park during summer vacation. Luke, where did you go during summer vacation?"

Luke: "I went to the zoo with my friends."

Mika: "That's nice. There is an aquarium next to the zoo. Did you go to the aquarium, too?"

Luke: "No, I didn't go to the aquarium."

4 解答略

30 Where is ~?

p.214~215

1, 2

訳例

旅行者：「すみません。駅はどこですか。」

ルーク：「2ブロックまっすぐ行ってください。右手に駅が見えます。」

旅行者：「ありがとう。」

3 イ

訳例

とし：「きみの家はどこだい。」

ルーク：「学校の近くだよ。1ブロック進んで，右手にぼくの家が見えるんだ。」

とし：「オーケー。わかったよ。」

台本

Toshi: "Where is your house?"

Luke: "It's near the school. Go down one block and you will find my house on your right."

Toshi: "OK. I get it."

4 (1) Where is the bookstore?

(2) Where is the post office?

訳例

(1)本屋はどこですか。

(2)郵便局はどこですか。

31 Turn right.

p.216~217

1, 2

訳例

旅行者：「博物館はどこですか。」

みか：「ここから近いですよ。その角を右に曲がってください。あなたの左手に見えます。」

旅行者：「ありがとう。」

3 ア

訳例

みか：「アイスクリーム屋さんはどこかしら。」

ルーク：「まっすぐ行って，2つ目の角を左に曲がって。左手に見えるはずだよ。」

みか：「ありがとう。」

台本

Mika: “Where is the ice cream shop?”

Luke: “Go straight and turn left at the second corner. You will find it on your left.”

Mika: “Thank you.”

4 Turn left at the first corner.

訳例

最初の角を左に曲がって。

32 Let's ～.

p.218~219

1, 2

訳例

みか：「放課後に何をするの。」

ルーク：「ぼくはバドミントンをしたいんだ。あなたもバドミントンをしたいかい。」

みか：「いいね。公園に行こう。」

ルーク：「うん，行こう。」

3 イ

訳例

ルーク：「ジャングルジムで遊ぼう。」

みか：「えっと，ごめんなさい。とても高いわ。シーソーで遊びましょう。」

ルーク：「いいね。」

台本

Luke: “Let's play at the jungle gym.”

Mika: “Well, sorry. It is very high. Let's play on the seesaw.”

Luke: “Sounds nice.”

4 (1) Let's go to the zoo.

(2) Let's go to the museum.

訳例

(1)動物園に行きましょう。

(2)美術館に行きましょう。

33 How much ~?

p.220~221

1, **2**

訳例

みか：「このチョコレートはいくらですか。」
店員：「100円です。」
みか：「それらの2つを買いたいです。」
店員：「わかりました。」

3 (1)ウ (2)イ (3)ア

訳例

みか：「このチョコレートはいくらですか。」
店員：「それは100円です。」
みか：「このドーナツはいくらですか。」
店員：「それは80円です。」
みか：「このあめはいくらですか。」
店員：「それは20円です。」

台本

Mika: "How much is this chocolate?"
Staff: "It's 100 yen."
Mika: "How much is this donut?"
Staff: "It's 80 yen."
Mika: "How much is this candy?"
Staff: "It's 20 yen."

4 (1) How much is this ice cream?
(2) It's 500 yen.

訳例

(1)このアイスクリームはいくらですか。
(2)それは500円です。

34 Do you like ~?

p.222~223

1, **2**

訳例

みか：「あなたはクッキーが好きかしら。」
ルーク：「うん，ぼくはクッキーがとっても好きだよ。」
みか：「これをどうぞ。わたしのお母さんが作ったの。」
ルーク：「ありがとう。」
みか：「どういたしまして。」

3 エ

訳例

ルーク：「ピザは好きかい。」
みか：「ううん，好きではないわ。」
ルーク：「牛乳はどうだい。牛乳は好きかな。」
みか：「ううん，好きではないわ。」
ルーク：「ぼくはサラダが好きだよ。きみはサラダは好きかな，みか。」
みか：「うん，サラダは大好きよ。」

台本

Luke: "Do you like pizza?"
Mika: "No, I don't."
Luke: "How about milk? Do you like milk?"

Mika: "No, I don't."

Luke: "I like salad. Do you like salad, Mika?"

Mika: "Yes, I like salad very much."

4 (1) Do you like donuts?

(2) Do you like chocolate?

訳例

(1)ドーナツは好きですか。

(2)チョコレートは好きですか。

35 I don't like ~.

p.224~225

1, **2**

訳例

ルーク：「みか，きみはトマトが好きかな。」

みか：「ううん。わたしはトマトが好きではないの。」

ルーク：「ニンジンはどうかな。」

みか：「ニンジンはとても好きよ。」

3 ア，イ，ウ

訳例

みか：「キャベツは好きかしら。」

ルーク：「いや，キャベツは好きではないよ。」

みか：「ニンジンは好きかしら。」

ルーク：「いや，ニンジンは好きではないよ。」

みか：「ピーマンはどうかしら。ピーマンは好きかしら。」

ルーク：「いや，ピーマンは好きではないけど，タマネギは好きだよ。」

台本

Mika: "Do you like cabbages?"

Luke: "No, I don't like cabbages."

Mika: "Do you like carrots?"

Luke: "No, I don't like carrots."

Mika: "How about green peppers? Do you like green peppers?"

Luke: "No, I don't like green peppers, but I like onions."

4 (1) I don't like green peppers.

(2) I don't like carrots.

訳例

(1)わたしはピーマンが好きではありません。

(2)わたしはニンジンが好きではありません。

36 What food do you like?

p.226~227

1, **2**

訳例

みか：「どんな食べ物が好きかしら，ルーク。」

ルーク：「ぼくは日本の食べ物が好きだよ。」

みか：「どんな日本の食べ物が好きなの。」
ルーク：「ぼくは天ぷらがとても好きだよ。」

3 ア

訳例

みか：「どんな食べ物が好きかしら，ルーク。」
ルーク：「スパゲッティが好きだよ。きみはどうだい，みか。どんな食べ物が好きかな。」
みか：「わたしはカレーライスが好きよ。」

台本

Mika: "What food do you like, Luke?"
Luke: "I like spaghetti. How about you, Mika? What food do you like?"
Mika: "I like curry and rice."

4 (1) What food do you like?
(2) I like noodles.

訳例

(1)どんな食べ物が好きですか。
(2)わたしはめん類が好きです。

37 I like ~ better than ....

p.228~229

1, **2**

訳例

みか：「洋ナシは好きかしら。」
ルーク：「好きだよ，でもリンゴのほうが洋ナシよりも好きなんだ。」
みか：「わたしも！」

3 ア→ウ→イ

訳例

みか：「ブドウとオレンジは好きかしら。」
ルーク：「うん，ブドウとオレンジは好きだけど，ブドウよりオレンジのほうが好きだよ。」
みか：「サクランボはどうなの。サクランボは好きかしら。」
ルーク：「サクランボはぼくの大好きな果物なんだ。オレンジよりサクランボのほうが好きだよ。」

台本

Mika: "Do you like grapes and oranges?"
Luke: "Yes, I like grapes and oranges, but I like oranges better than grapes."
Mika: "How about cherries? Do you like cherries?"

Luke: "Cherries are my favorite fruit. I like cherries better than oranges."

4 (例)(1) I like strawberries better than lemons.
(2) I like peaches better than bananas.

訳例
(例)(1)わたしはレモンよりイチゴのほうが好きです。
(2)わたしはバナナよりモモのほうが好きです。

38 What would you like?

p.230~231

1, 2

訳例
店員：「何になさいますか。」
みか：「チョコレートケーキをください。」
店員：「かしこまりました。お飲み物はいかがですか。」
みか：「オレンジジュースをお願いします。」

3 ア，ウ

訳例
店員：「こんにちは。何になさいますか。」
ルーク：「ハンバーガーをください。」
店員：「お飲み物はいかがですか。」
ルーク：「牛乳をお願いします。」
店員：「わかりました。」

台本
Waiter: "Hello. What would you like?"
Luke: "I'd like a hamburger."
Waiter: "How about a drink?"
Luke: "I'd like milk, please."
Waiter: "OK."

4 (1) What would you like?
(2) I'd like a cup of coffee.

訳例
(1)何になさいますか。
(2)コーヒーを1杯ください。

39 Salt, please. —Here you are.

p.232~233

1, 2

訳例
みか：「塩をちょうだい。」
はな：「はい，どうぞ。」
みか：「ありがとう。」
はな：「どういたしまして。」

3 ア，ウ

訳例
じゅん：「このフライドポテトは好きかい。」
みか：「うーん…もう少し塩とケチャップが欲しいな。」
じゅん：「オーケー。塩とケチャップをくれないかい，とし。」
とし：「はい，どうぞ。」
じゅん：「ありがとう。」

台本

Jun: "Do you like these French fries?"

Mika: "Well ... I want some salt and ketchup."

Jun: "OK. Salt and ketchup, please, Toshi."

Toshi: "Here you are."

Jun: "Thank you."

4 (1) Pepper, please.
(2) Here you are.

訳例

(1)コショウをください。
(2)はい，どうぞ。

40 This is delicious!

p.234~235

1, 2

訳例

みか：「このケーキはあなたのためよ。食(た)べてみて。」

ルーク：「わあ。これはとてもおいしいね。」

みか：「本当(ほんとう)にこのケーキ気(き)に入(い)ったわ。」

ルーク：「ぼくも！」

3 ウ

訳例

みか：「あなたのためにピザを焼(や)いたの。好(す)きかしら。」

ルーク：「うーん…まあまあだね。」

みか：「カレーはどうかしら。」

ルーク：「ごめん，でも少(すこ)しからいよ。」

みか：「サンドイッチはどうかしら。」

ルーク：「わあ，これはとてもおいしいよ！」

台本

Mika: "I made a pizza for you. Do you like it?"

Luke: "Well ... it's OK."

Mika: "How about the curry?"

Luke: "Sorry, but it's a little spicy."

Mika: "How about the sandwich?"

Luke: "Oh, this is delicious!"

4 (1) This pizza is delicious.
(2) This omelet is delicious.

訳例

(1)このピザはとてもおいしいです。
(2)このオムレツはとてもおいしいです。

41 Happy Birthday! This is for you.

p.236~237

1, 2

訳例

みか：「誕生日(たんじょうび)おめでとう，ルーク！これをあなたに。」

ルーク：「わぁ，すてきな靴(くつ)だね。どうもありがとう。」

みか：「どういたしまして。」

3 イ

訳例

じゅん：「誕生日おめでとう！
これをあなたに。」

みか：「どうもありがとう。今開けてもいいかしら。」

じゅん：「どうぞ。あなたのプレゼントだよ。」

みか：「わあ。とってもかわいいドレス(ワンピース)ね！ 気に入ったわ。」

台本

Jun: “Happy birthday! This is for you.”

Mika: “Thank you very much. Can I open it now?”

Jun: “Please. It’s your present.”

Mika: “Wow. It’s a very cute dress! I love it.”

4 (1) Happy birthday! This is for you.

(2) Thank you (very much).

訳例

(1)誕生日おめでとう！ これをあなたに。

(2)どうもありがとう。

42 I was at ~ yesterday.

p.238~239

1, 2

訳例

ルーク：「きみは昨日何をしたの。」

みか：「昨日わたしはおじいちゃんの家にいたわ。彼はとても優しいの。」

ルーク：「いいね！きみのおじいちゃんに会いたいよ。」

3 ア

訳例

みか：「あなたは昨日何をしたの。」

ルーク：「図書館にいたよ。たくさん本を読んだんだ。きみはどうだったの，みか。昨日は何をしたの。」

みか：「わたしは家にいたの。家族とテレビを見たのよ。」

台本

Mika: “What did you do yesterday?”

Luke: “I was at the library. I read many books. How about you, Mika? What did you do yesterday?”

Mika: “I was at home. I watched TV with my family.”

4 (1) What did you do yesterday?

(2) I was at the library. I studied math.

訳例

(1)あなたは昨日何をしましたか。
(2)図書館にいました。算数を勉強しました。

43 I ~ last year.

p.240~241

1, 2

訳例

みか：「この写真を見て。去年動物園に行ったの。」
ルーク：「すてきだね！　ゾウを見たかい。」
みか：「うん，見たわよ。とても大きかったの。」

3 エ

訳例

ルーク：「去年の夏，何をしたの。」
みか：「家族と海に行ったわ。」
ルーク：「海で泳いだかい。」
みか：「ううん，泳がなかったよ。お父さんとつりを楽しんだわ。」

台本

Luke: "What did you do last summer?"
Mika: "I went to the sea with my family."
Luke: "Did you swim in the sea?"
Mika: "No, I didn't. I enjoyed fishing with my father."

4 (1) I saw dolphins at the aquarium last year.
(2) I swam in the sea last year.

訳例

(1)去年，水族館でイルカを見ました。
(2)去年，海で泳ぎました。

44 I will ~ tomorrow.

p.242~243

1, 2

訳例

ルーク：「明日は何をするつもりだい。」
みか：「明日は図書館に行くつもりよ。」
ルーク：「いいね。」

3 イ，エ

訳例

ルーク：「明日は土曜日だね。何をするんだい。」
みか：「部屋を掃除するつもりよ。」
ルーク：「家族とどこかに行くかい。」
みか：「ううん，行かないつもりなの。明日は友達を家に招待するつもりよ。」
ルーク：「すてきな考えだね。よい週末を。」

台本

Luke: "It's Saturday tomorrow. What will you do?"
Mika: "I will clean my room."

Luke: "Will you go anywhere with your family?"
Mika: "No, I will not. I will invite my friends to my house tomorrow."
Luke: "That's a nice plan. Have a nice weekend."

4 (1) I will play tennis tomorrow.
(2) I will watch TV tomorrow.

訳例

(1)明日，わたしはテニスをするつもりです。
(2)明日，わたしはテレビを見るつもりです。

45 Will you please help me?

p.244~245

1, 2

訳例

田中先生：「こんにちは，みか。あなたは何をしていますか。」
みか：「七夕祭りのためにかべの飾り付けをしていますが，高すぎます。手伝ってくださいませんか。」
田中先生：「いいですよ。」

3 イ

訳例

ルーク：「すみません。ノートを買いたいです。手伝ってくださいませんか。」
店員：「もちろんです。」

台本

Luke: "Excuse me. I want to buy a notebook. Will you please help me?"
Staff: "Of course."

4 (1) Will you please open the door?
(2) Will you please take a picture?

訳例

(1)ドアを開けてくださいませんか。
(2)写真をとってくださいませんか。

46 Our hometown is nice.

p.246~247

1, 2

訳例

ルーク：「ぼくたちの故郷はすてきなんだよ。」
みか：「どうして。」
ルーク：「美しい山と川があるんだ。」
みか：「なるほど。」

3 ウ

訳例

みか：「わたしたちの故郷はすてきです。」
エマ：「どうして。」
みか：「わたしたちの町はとても歴史的なんです。お寺や神社がたくさんあります。」
エマ：「本当なの。あなたの町を訪れたいわ。」

台本

Mika: "Our home town is nice."
Emma: "Why?"
Mika: "Our town is very historical. There are many temples and shrines."
Emma: "Really? I want to visit your hometown."

4 解答略

47 Welcome to ~.

p.248~249

1, 2

訳例

地域の人：「文化祭にようこそ。もし質問があれば，自由にたずねてください。」
エマ：「質問があります。これは何ですか。」
地域の人：「おせちです。お正月の日本の特別な料理です。」
エマ：「なるほど。きれいですね！」

3 ア

訳例

みか：「日本の文化祭へようこそ。2月の初めにこのイベントがあります。みんなが豆まきをします。」

台本

Mika: "Welcome to the Japanese culture festival. We have this event in early February. People throw dried soy beans."

4 (1) Welcome to my birthday party.
(2) Welcome to the summer festival.

訳例

(1)私の誕生日パーティーへようこそ。
(2)夏祭りへようこそ。

48 What sport do you want to watch?

p.250~251

1, 2

訳例

みか：「オリンピックでどんなスポーツを観たいの。」
ルーク：「テニスを観たいよ。」
みか：「なるほど。あなたはよいテニス選手だものね。それはワクワクするでしょうね。」

3 (1)エ　(2)ウ

訳例

じゅん：「オリンピックでどんなスポーツを観たいんだい。」

みか：「バドミントンを観たいわ。お父さんはどうかしら。どんなスポーツを観たいの。」

じゅん：「ぼくは野球を観たいよ。」

台本

Jun: "What sport do you want to watch in the Olympic Games?"

Mika: "I want to watch badminton. How about you, dad? What sport do you want to watch?"

Jun: "I want to watch baseball."

4 (1) What sport do you want to watch?

(2) I want to watch swimming.

訳例

(1)どんなスポーツを観たいですか。

(2)水泳を観たいです。

49 What country do you want to go to?

p.252~253

1, 2

訳例

ルーク：「どの国に行きたいの，みか。」

みか：「わたしはオーストラリアに行きたいわ。あなたはどの国に行きたいの，ルーク。」

ルーク：「ぼくはカナダに行きたいよ。」

みか：「いいわね。わたしもカナダに行きたいわ。」

3 ア

訳例

みか：「お母さんはどの国に行きたいの。」

はな：「わたしはフランスに行きたいわ。」

みか：「お父さんはどうかしら。どの国に行きたいの。」

じゅん：「ぼくはカナダに行きたいよ。」

みか：「わたしもカナダに行きたいな。としはどの国に行きたいの。」

とし：「アメリカに行きたいよ。そこでバスケットボールの試合を見たいんだ。」

台本

Mika: "What country do you want to go to, mom?"

Hana: "I want to go to France."

Mika: "How about you, dad? What country do you want to go to?"

Jun: "I want to go to Canada."

Mika: "I also want to go to Canada. What country do you want to go to, Toshi?"

Toshi: "I want to go to the US. I want to watch basketball games there."

4 (1) I want to go to China.

(2) I want to go to Italy.

訳例

(1)ぼくは中国に行きたいです。

(2)わたしはイタリアに行きたいです。

50 Have you ever been to ~?

p.254~255

1, **2**

訳例

ルーク：「アメリカに行ったことがあるかい。」

みか：「いいえ，そこへは行ったことがないわ。」

ルーク：「将来，アメリカに行くべきだよ。いい国だよ。あなたはそこで大きなハンバーガーが食べられるよ。」

3 ア，エ

訳例

みか：「ペルーに行ったことはあるの。」

ルーク：「ないけど，いつか行ってみたいね。」

みか：「イギリスには行ったことがあるの。」

ルーク：「うん，あるよ。スペインにも行ったことがあるよ。」

みか：「いいね！タイはどうかしら。タイに行ったことはあるかしら。」

ルーク：「いいえ，タイに行ったことはないよ，でも行ってみたいし，ゾウに乗ってみたいんだ。」

台本

Mika: "Have you ever been to Peru?"

Luke: "No, I haven't, but I want to go there someday."

Mika: "Have you ever been to the UK?"

Luke: "Yes, I have. I have also been to Spain."

Mika: "Nice! How about Thailand? Have you ever been to Thailand?"

Luke: "No, I have not been to Thailand, but I want to go there and ride an elephant."

4 (1) Have you ever been to India?

(2) Have you ever been to Russia?

訳例

(1)インドに行ったことがありますか。

(2)ロシアに行ったことがありますか。

51 Why do you want to go to ~? Because ~.

p.256~257

1, **2**

訳例

みか：「どの国に行きたいの。」
はな：「フランスに行きたいわ。」
みか：「どうしてフランスに行きたいの。」
はな：「都市がとても美しいのと，エッフェル塔が見たいからよ。」

3 行きたい国　A
行きたい理由　C

訳例

ルーク：「どの国に行きたいんだい。」
みか：「オーストラリアに行きたいわ。」
ルーク：「どうしてオーストラリアに行きたいんだい。」
みか：「コアラとカンガルーを見たいからよ。」

台本

Luke: "What country do you want to go to?"
Mika: "I want to go to Australia."
Luke: "Why do you want to go to Australia?"
Mika: "Because I want to see koalas and kangaroos."

4 (例)I want to go to the US. Because I want to watch basketball games.

訳例

(例)わたしはアメリカに行きたいです。
バスケットボールの試合を見たいからです。

52 What's your best memory?

p.258~259

1, **2**

訳例

みか：「あなたの一番の思い出は何かしら。」
ルーク：「ぼくの一番の思い出は運動会だよ。」
みか：「どうしてそう思うの。」
ルーク：「ぼくのクラスがリレーで優勝したからだよ。」

3 (1)イ　(2)ウ

訳例

田中先生：「ルーク，あなたの一番の思い出は何ですか。」
ルーク：「ぼくの一番の思い出は遠足です。動物園に行きました。とても楽しかったです。」
田中先生：「そうですね，動物園でたくさんの種類の動物を見ました。みか，あなたの一番の思い出は何ですか。」
みか：「わたしの一番の思い出はキャンプです。屋外でたくさんゲームをすることを楽しみました。」

田中先生：「そうですね，楽しかったですね。」

台本

Ms.Tanaka: "What's your best memory, Luke?"

Luke: "My best memory is our field trip. We went to the zoo. It was a lot of fun."

Ms.Tanaka: "Yes, we saw many kinds of animals in the zoo. What's your best memory, Mika?"

Mika: "My best memory is camping. I enjoyed playing many games outside."

Ms.Tanaka: "Yes, we had a nice time together."

4 (例)My best memory is our swimming meet.

訳例

(例)わたしの一番の思い出は水泳大会です。

53 Who is your hero?

p.260~261

1, 2

訳例

みか：「だれがあなたのヒーローなの。」

祖母：「わたしのヒーローは夫よ。」

みか：「おじいちゃんなの。どうして。」

祖母：「彼はいつでもわたしに優しいからよ。」

3 ウ

訳例

ルーク：「だれがきみのヒーローだい。」

みか：「わたしのヒーローはお兄ちゃんよ。」

ルーク：「どうして。」

みか：「テニスが上手で，わたしによくテニスを教えてくれるからだよ。」

台本

Luke: "Who is your hero?"

Mika: "My hero is my brother."

Luke: "Why?"

Mika: "Because he is a good tennis player and he often teaches me tennis."

4 (例)My hero is Honda Keisuke because he is a good soccer player.

訳例

(例)わたしのヒーローは本田圭佑です。すばらしいサッカー選手だからです。

54 I want to be ～.

p.262~263

1，2

訳例

みか：「将来は何になりたいの。」
とし：「宇宙飛行士になりたいよ。」
みか：「それはすてきな夢ね！」

3 (1)イ　(2)ウ

訳例

田中先生：「今日はあなたたちの夢について話しましょう。将来は何になりたいですか，みか。」
みか：「わたしは先生になりたいです。」
田中先生：「いい夢ですね。ルークはどうですか。将来は何になりたいですか。」
ルーク：「ぼくはサッカー選手になりたいです。」
田中先生：「ええ，あなたはサッカーがとても上手です。それもすてきです！」

台本

Ms.Tanaka: "Let's talk about your dream today. What do you want to be in the future, Mika?"
Mika: "I want to be a teacher."
Ms.Tanaka: "Good dream. How about you, Luke? What do you want to be in the future?"
Luke: "I want to be a soccer player."
Ms.Tanaka: "Yes, you play soccer very well. That's also nice!"

4 (例)I want to be a chef because I like cooking very much.

訳例

(例)わたしはシェフになりたいです。料理が大好きだからです。

55 I want to ～.

p.264~265

1，2

訳例

田中先生：「中学校で何をしたいですか。」
みか：「たくさん友だちを作りたいです。」
田中先生：「とてもいいですね！」

3 (1)イ　(2)エ

訳例

田中先生：「あなたたちはもうすぐ中学生になります。中学校で何をしたいですか，みか。」

みか：「英語を一生けん命勉強したいです。」

田中先生：「すばらしいです！　中学校で何をしたいですか，ルーク。」

ルーク：「ぼくはたくさん本を読みたいです。」

田中先生：「どんな本を読みたいですか。」

ルーク：「小説を読みたいです。」

台本

Ms.Tanaka: "You will be junior high school students soon. What do you want to do in junior high school, Mika?"

Mika: "I want to study English harder."

Ms.Tanaka: "Great! What do you want to do in junior high school, Luke?"

Luke: "I want to read many books."

Ms.Tanaka: "What book do you want to read?"

Luke: "I want to read novels."

4 (例)I want to join a tennis club.
I want to do volunteer works.

訳例

(例)テニス部に入りたいです。
ボランティア活動をしたいです。

Part 4 英語のルールを学ほう

1 I am ~. / You are ~.

p.268~269

1

訳例

みか：「こんにちは，わたしはみかよ。あなたはルークね。はじめまして。」

ルーク：「こんにちは，みか。はじめまして。」

2 (1)○　(2)×　(3)○

訳例

(1)田中先生：「こんにちは，田中です。はじめまして。」

ルーク：「こんにちは，ルークです。こちらこそはじめまして。」

(2)けん：「こんにちは，けんです。みなさん，はじめまして。」

みんな：「こんにちは，けん。こちらこそはじめまして。」

(3)ゆい：「こんにちは，みか。こちらはルークよ。」
みか：「ああ，ルークね！こんにちは。みかよ。はじめまして。」
ルーク：「こちらこそはじめまして。」

台本

(1) Ms. Tanaka: "Hi, I am Tanaka. Nice to meet you."
Luke: "Hello, I'm Luke. Nice to meet you, too."
(2) Ken: "Hello, I am Ken. Nice to meet you, everyone."
All: "Hi, Ken. Good to meet you, too!"
(3) Yui: "Hi, Mika! This is Luke."
Mika: "Oh, you are Luke! Hello. I'm Mika. Nice to meet you."
Luke: "Nice to meet you, too."

3 (1) I am Ryoko.
(2) You are John.

2 Are you ~? — Yes, I am. / No, I am not.

p.270~271

1

訳例

田中先生：「こんにちは，田中です。あなたがルークですか。」
ルーク：「はい，そうです。ぼくはルークです。はじめまして。」
田中先生：「こちらこそはじめまして。」

2 (1)○　(2)×　(3)○

訳例

(1)ルーク：「こんにちは。あなたはじゅんですか。」
じゅん：「はい，わたしはじゅんです，みかの父です。はじめまして。」
(2)ルーク：「はな，忙しいですか。」
はな：「いいえ，忙しくないわよ。」
(3)みか：「痛い！」
田中先生：「みか，大丈夫ですか。」
みか：「いいえ，大丈夫ではありません。」

台本

(1) Luke: "Hi. Are you Jun?"
Jun: "Yes, I'm Jun, Mika's father. Nice to meet you."
(2) Luke: "Are you busy, Hana?"
Hana: "No, I'm not."
(3) Mika: "Ouch!"
Ms. Tanaka: "Are you OK, Mika?"
Mika: "No, I am not!"

3 (1) Are you Ryoko?
(2) Are you Ms. Tanaka?
(3) Are you cold?

3 I am not ~. / You are not ~.

p.272~273

1

訳例

ルーク：「あなたは校長先生ですか。」
田中先生：「いいえ，わたしは校長先生ではありません。」
ルーク：「ああ，あなたは校長先生ではないのですね。」
田中先生：「わたしはあなたの担任の先生です。」

2 (1)○　(2)○　(3)×

訳例

(1)わたしは警察官ではありません。
(2)あなたは幸せではありません。
(3)わたしは歌手ではありません。

台本

(1) I am not a police officer.
(2) You are not happy.
(3) I am not a singer.

3 (1) You are not a cook.
(2) I am not Ms. Tanaka.
(3) I am not angry.

4 He is ~. / She is ~.

p.274~275

1

訳例

田中先生：「みなさん，彼は新入生です。」
ルーク：「こんにちは。ぼくはルークです。ぼくはアメリカ合衆国出身です。はじめまして。」
田中先生：「ルーク，彼女はみかです。彼女のとなりに座って。」
ルーク：「こんにちは，みか。」

2 (1) A　(2) B　(3) A

訳例

(1)彼女は警察官です。
(2)彼は幸せです。
(3)彼女はわたしの母です。

台本

(1) She is a police officer.
(2) He is happy.
(3) She is my mother.

3 (1) She, cook　(2) He is
(3) He is

5 Is he ~? / Is she ~?

p.276~277

1

訳例

みか：「彼はけん，彼女はあき，彼女はゆい，彼はしん…。」
ルーク：「わかったよ。彼はけんかな。」
みか：「ええ，そうよ。」
ルーク：「彼女はゆいかな。」
みか：「いいえ，ちがうわ。彼女はあきよ。」

2 (1) A　(2) A　(3) B

訳例

(1) A：「彼は警察官ですか。」
B：「はい，そうです。」
(2) A：「彼女は幸せですか。」

B:「いいえ，幸せではありません。」

(3) A:「彼女は 70 歳ですか。」

B:「はい，そうです。」

台本

(1) A: “Is he a police officer?”

B: “Yes, he is.”

(2) A: “Is she happy?”

B: “No, she isn’t.”

(3) A: “Is she 70 years old?”

B: “Yes, she is.”

3 (1) she, teacher

(2) Is, angry (3) he, ?

6 He is not ~. / She is not ~.

p.278~279

1

訳例

ルーク:「彼女はあきかい。」

みか:「そうよ。」

ルーク:「彼はけんかな。」

みか:「いいえ。彼はけんではないわ。彼はしんよ。彼はけんのふたごの兄弟よ。」

ルーク:「ああ，なるほどね。」

2 (1)○ (2)× (3)○

訳例

(1)彼はサッカー選手ではありません。

(2)彼女は看護師ではありません。

(3)彼は 10 歳ではありません。

台本

(1) He isn’t a soccer player.

(2) She is not a nurse.

(3) He isn’t 10 years old.

3 (1) She (2) is not (3) He, not

7 This is ~. / That is ~.

p.280~281

1

訳例

みか:「これはわたしたちの給食よ。はい，どうぞ。」

ルーク:「わーい！」

みか:「あれは今日のデザートのゼリーよ。やった！」

ルーク:「いいね！」

2 (1) B (2) D (3) E

訳例

(1)これはわたしのイヌのポチです。

(2)あれは市立図書館です。

(3)あれはわたしの父の車です。

台本

(1) This is my dog, Pochi.

(2) That is the city library.

(3) That is my father’s car.

3 (1) That, dog (2) This is

(3) That is

8 Is this ~? / Is that ~?

p.282~283

1

訳例

ルーク：「これは塩かな。」
みか：「ええ，そうよ。」
ルーク：「あれは砂糖かな。」
みか：「いいえ，ちがうわ。それはコショウよ。」
ルーク：「おもしろいね。」

2 (1) B (2) A (3) A

訳例

(1)あれは警察署ですか。
(2) A：「これはあなたのねこですか。」
B：「はい，そうです。」
(3) A：「これはあなたの自転車ですか。」
B：「いいえ，ちがいます。」

台本

(1) Is that a police station?
(2) A: "Is this your cat?"
B: "Yes, it is."
(3) A: "Is this your bike?"
B: "No, it isn't."

3 (1) that / No (2) Is / it (3) this / isn't

9 This is not ~. / That is not ~.

p.284~285

1

訳例

けん：「これは汁わんではないよ。これは茶わんだよ。それをここに置いて。」
ルーク：「わかったよ。ありがとう。みか，あれはきみのおぼんかい。」
みか：「いいえ。あれはわたしのおぼんじゃないわ。」

2 (1)○ (2)○ (3)×

訳例

(1)こちらは野球選手ではありません。
(2)これは図書館ではありません。
(3)あちらはシマウマではありません。

台本

(1) This isn't a baseball player.
(2) This isn't a library.
(3) That isn't a zebra.

3 (1) This (2) isn't (3) is not

10 We are ~. / You are ~. / They are ~.

p.286~287

1

訳例

みか：「クラブ活動の時間よ！わたしはテニス選手なの。ルーク，あなたはどうなの。」
ルーク：「ぼくは野球選手だよ。」
みか：「いいわね。彼らは野球部よ。」
けんとしん：「そうだよ！ぼくたちは野球部だよ。ぼくたちについてきて。」

2 (1)○ (2)× (3)×

訳例

(1)わたしたちは歌手です。
(2)彼らは怒っています。
(3)あなたたちは先生です。

台本

(1) We are singers.

(2) They are angry.

(3) You are teachers.

3 (1) They are baseball players.

(2) You are safe.

(3) We are doctors.

11 Are you ~? / Are they ~?

p.288~289

1

訳例

ルーク：「きみたちは野球選手なの。」

けんとしん：「うん，そうだよ。きみは(野球選手かい)。」

ルーク：「そうだよ。彼らはサッカー選手かな。」

けんとしん：「いや，ちがうよ。彼らはバスケットボール部だよ。」

2 (1)× (2)× (3)○

訳例

(1) A：「こんにちは，あなたたちはブラウン家の人たちですか。」

B：「はい，そうです。」

(2) A：「彼らは忙しいですか。」

B：「はい，忙しいです。」

(3) A：「彼らは消防士ですか。」

B：「はい，そうです。」

台本

(1) A: “Hi. Are you the Brown family?”

B: “Yes, we are.”

(2) A: “Are they busy?”

B: “Yes, they are.”

(3) A: “Are they firefighters?”

B: “Yes, they are.”

3 (1) Are, nurses / are

(2) we / We

12 We are not ~. / You are not ~. / They are not ~.

p.290~291

1

訳例

ルーク：「きみたちはふたごなのかい。」

けんとしん：「そうだよ。ぼくたちはふたごだよ。」

ルーク：「彼女たちは姉妹なのかな。」

けんとしん：「いいや。彼女たちは姉妹じゃないよ。」

2 (1) B (2) B (3) A

訳例

(1) A　わたしたちは教師ではありません。

B　わたしたちは歌手ではありません。

C　わたしたちは警察官です。

(2) A　わたしは教師です。

B　あなたたちは先生ではありません。

C　あなたたちは先生です。

(3) A　彼らは歌手ではありません。
B　彼らは先生です。
C　彼らは警察官ではありません。

台本

(1) A　We are not teachers.
B　We are not singers.
C　We are police officers.

(2) A　I am a teacher.
B　You are not teachers.
C　You are teachers.

(3) A　They aren't singers.
B　They are teachers.
C　They are not police officers.

3 (1) You are not cooks.
(2) We are not fine.
(3) They are not tall.

13 What is this? / What is that?

p.292~293

1

訳例

ルーク：「これは何だい。」
みか：「けん玉よ。」
ルーク：「あれは何だい。」
みか：「大凧よ。」

2 (1) A　(2) B

訳例

(1)ルーク：「これは何だい。」
みか：「ボールよ。」
(2)ルーク：「あれは何だい。」
みか：「いすよ。」

台本

(1) Luke: "What is this?"
Mika: "It's a ball."
(2) Luke: "What is that?"
Mika: "It is a chair."

3 (1) What is this?
(2) What is that?
(3) What's this?
(4) It is a key.

①be動詞のまとめ

p.294~295

チャレンジしよう！

(1) you / am　(2) Is / isn't
(3) are

14 I play ~. / You study ~.

p.296~297

1

訳例

みか：「あなたの日曜日の計画は何かしら。」
ルーク：「けんとしんといっしょに野球をするんだ。きみはどうだい。」
みか：「わたしは家で英語を勉強するわ。」
ルーク：「家で英語を勉強するなんて！みか，きみはいい生徒だね。」

2 (1) F　(2) C　(3) A

訳例

(1)ルーク：「体育の授業では何をするの。」
みか：「今日は，プールで水泳をするのよ。」
ルーク：「わーい！」
(2)みか：「昼食に何を食べるの。」
ルーク：「ピザを食べるよ。」
みか：「いい昼食ね。」
(3)ルーク：「放課後は何をするの。」
みか：「ピアノのレッスンがあるの。」
ルーク：「いいね。」

台本

(1) Luke: "What do we do in P.E. class?"
Mika: "We swim in the pool today."
Luke: "Yeah!"
(2) Mika: "What do you eat for lunch?"
Luke: "I eat pizza."
Mika: "Nice lunch."
(3) Luke: "What do you do after school?"
Mika: "I have a piano lesson."
Luke: "Good."

3 (1) like (2) eat (3) play

15 I do not eat ~. / We do not like ~.

p.298~299

1

訳例

ルーク：「きみのおやつは何なの。」
みか：「今日は『たこ焼き』を食べるわ。」
ルーク：「それは何だい。」
みか：「ええと…タコのお団子よ。」
ルーク：「きみたちはタコを食べるのかい。ぼくたちはタコを食べないよ。」
みか：「どうして食べないの。とてもおいしいわよ！」

2 (1) B (2) B

訳例

(1)男の子：「ぼくは野球の練習があるんだ。だから，土曜日に学校へ行くんだよ。ゆみ，きみはどうだい。」
女の子：「わたしは土曜日は学校へ行かないわ。」
(2)男の子：「ぼくたちは昼食後にチョコレートを食べるよ。お母さんはどうなの。」
女の人：「いいえ。わたしはチョコレートは食べないわ。」
男の子：「わかったよ。」

台本

(1) boy: "I have baseball practice. So I go to school on Saturday. How about you, Yumi?"

girl: "I don't go to school on Saturday."

(2) boy: "We eat chocolate after lunch. How about you, mom?"

woman: "No. I don't eat chocolate."

boy: "OK."

3 (1) I don't like milk.

(2) We do not eat natto.

16 Do you like ~?

p.300~301

1

訳例

みか：「あなたのおやつは何かしら。」

ルーク：「ぼくはクッキーを食べるよ。」

みか：「クッキー！」

ルーク：「きみはクッキーが好きかい。」

みか：「ええ，好きよ。チョコチップクッキーが好きよ。」

ルーク：「ぼくもだよ。」

2 (1)○　(2)×　(3)○

訳例

(1) A：「ネコは好きですか。」

B：「はい，好きです。」

(2) A：「彼らはテニスが好きですか。」

B：「いいえ，好きではありません。」

(3) A：「あなたたちはおすしが好きですか。」

B：「はい，好きです。」

台本

(1) A: "Do you like cats?"

B: "Yes, I do."

(2) A: "Do they like tennis?"

B: "No, they don't."

(3) A: "Do you like sushi?"

B: "Yes, we do."

3 (1) Do you like cake?

(2) Do you like dogs?

(3) Do you like soccer?

17 What do you like?

p.302~303

1

訳例

ルーク：「ぼくはサンドイッチが好きなんだ。」

みか：「わたしも好きよ。ツナサンドが好きだわ。あなたは何が好きなの。」

ルーク：「ぼくはピーナッツバターとジャムのサンドイッチが好きだよ。」

みか：「わたしはそれらを知らないわ。」

ルーク：「ほんとうかい。じゃあ，ぼくの家へおいでよ。見せてあげるから。」

2 (1) C　(2) E　(3) A

訳例

(1)はな：「何が好きなの。」

みか：「赤いドレスが好きよ。」

(2)みか：「何が好きなの。」
ルーク：「アイスクリームが好きだよ。」
(3)田中先生：「あなたは何が好きなの。」
とし：「サッカーが好きです。」

台本

(1) Hana: "What do you like?"
Mika: "I like the red dress."
(2) Mika: "What do you like?"
Luke: "I like ice cream."
(3) Ms. Tanaka: "What do you like?"
Toshi: "I like soccer."

3 (1) What do you like?
(2) What do you like?
(3) What do you like?
—I like apples.

18 What ~ do you like?

p.304~305

1

訳例

エマ：「はい，どうぞ。」
ルーク：「これらはピーナッツバターサンドだよ。食べてみて。」
みか：「ありがとう。うーん，おいしいわ！」
ルーク：「何の飲み物が好きかな。牛乳，オレンジジュース，サイダーがあるよ。」
みか：「牛乳をお願いするわ。」
ルーク：「わかったよ。」

2 (1) A (2) A (3) B

訳例

(1)はな：「どんなスポーツが好きなの。」
みか：「テニスが好きよ。」
(2)みか：「どんな動物が好きなの。」
ルーク：「イヌが好きだよ。」
(3)田中先生：「どんな食べ物が好きなの。」
みか：「ケーキが好きです。」

台本

(1) Hana: "What sport do you like?"
Mika: "I like tennis."
(2) Mika: "What animal do you like?"
Luke: "I like dogs."
(3) Ms. Tanaka: "What food do you like?"
Mika: "I like cake."

3 (1) food (2) What
(3) sport, like

19 Where is ~?

p.306~307

1

訳例

みか：「あなたのお母さんはどこにいるの。」
ルーク：「市立図書館にいるよ。彼女は日本語のレッスンがあるんだ。」
みか：「わあ。彼女はとても忙しいのね！」

2 (1) F　(2) A　(3) E

訳例

(1)ルーク：「ぼくの帽子はどこかな。」
　はな：「寝室にあるわよ。」
　ルーク：「ありがとう。」
(2)じゅん：「としはどこだ。」
　はな：「学校よ。」
　じゅん：「わかった。」
(3)はな：「みかはどこかしら。」
　とし：「ルークと図書館にいるよ。」
　はな：「よかった。」

台本

(1) Luke: “Where is my cap?”
　Hana: “It’s in the bedroom.”
　Luke: “Thank you.”
(2) Jun: “Where is Toshi?”
　Hana: “He is at school.”
　Jun: “OK.”
(3) Hana: “Where is Mika?”
　Toshi: “She is in the library with Luke.”
　Hana: “Good.”

3 (1) Where is your mother
(2) Where is my handkerchief? / It is in the bathroom.

②一般動詞のまとめ

p.308~309

チャレンジしよう！

(1) want　(2) Do, play
(3) don’t drink

20 I have two ~. / You have many ~.

p.310~311

1

訳例

ルーク：「映画を見ようよ。」
みか：「いいわ，どんな映画があるの。」
ルーク：「ええと…『ハリーポッター』，『スターウォーズ』…。」
みか：「『スターウォーズ』が好きなのかしら。」
ルーク：「うん，好きだよ。パパがその映画が大好きなんだ。たくさん DVD を持っているんだ。きみに見せてあげるよ。」

2 (1) A　(2) A　(3) B

訳例

(1)みか：「わたしはマーカーを 10 本持っています。」
(2)はな：「わたしは３つチョコレートを持っています。」
(3)じゅん：「わたしは車を２台持っています。」

台本

(1) Mika: “I have ten markers.”
(2) Hana: “I have three chocolates.”
(3) Jun: “I have two cars.”

3 (1) I have ten candies.
(2) You have two books.

21 How many ~?

p.312~313

1

訳例

みか：「わあ！何冊の本があるの。」

ルーク：「500冊以上だよ。これらはパパのだよ。これらはママのだよ。ぼくたちは本が大好きなんだ。きみはどうかな。」

みか：「わたしも本が好きよ。」

2 (1) E (2) B (3) C

訳例

(1)ルーク：「きみは何枚のCDを持っているの。」

みか：「わたしは8枚のCDを持っているわ。」

ルーク：「すごい！」

(2)はな：「引き出しには何枚のTシャツが入っているの。」

ルーク：「7枚だよ。」

はな：「わかったわ。」

(3)ルーク：「きみのおばあさんは何びきのネコを飼っているの。」

みか：「2ひき飼っているわ。」

ルーク：「いいね。」

台本

(1) Luke: "How many CDs do you have?"

Mika: " I have eight CDs."

Luke: "Nice!"

(2) Hana: "How many T-shirts do you have in your drawer?"

Luke: " I have seven."

Hana: "OK."

(3) Luke: "How many cats does your grandma have?"

Mika: "She has two cats."

Luke: "Good."

3 (1) books (2) How

22 Play ~. / Don't play ~.

p.314~315

1

訳例

田中先生：「今はとても風が強いわ。凧を飛ばさないで。」

しんとけん：「ブー。」

みか：「ねえ，あなたたち。いっしょにけん玉をしなさいよ。」

ルーク：「ほら，けん玉だよ。」

しんとけん：「わかったよ。」

2 (1) A (2) A (3) A

訳例

(1)はな：「夕食の時間よ。手を洗って。」

みか：「わかったわ。」

(2)みか：「よく聞いて。とても大切よ。」

ルーク：「わかったよ。」

(3)田中先生：「ろうかで走ってはいけません。」

みか：「ごめんなさい。」

台本

(1) Hana: "It's dinner time! Wash your hands."
Mika: "OK."

(2) Mika: "Listen carefully. It's very important."
Luke: "I see."

(3) Ms. Tanaka: "Don't run in the hallway!"
Mika: "Sorry."

3 (1) Don't swim (2) Do (3) Don't ride

23 How much is this[that]?

p.316~317

1

訳例

ルーク：「この本を見て。これはとても古くて高価なんだよ。」
みか：「ほんとうなの。いくらなの。」
ルーク：「わからないけど，パパがそう言うんだ。」
みか：「まあ，そうなのね。」

2 (1) A (2) B (3) B

訳例

(1)はな：「このドレスはいくらですか。」
店員：「5 千円です。」
はな：「わかりました，それを買います。」

(2)みか：「あのノートはいくらなの。」
ルーク：「350 円だよ。」
みか：「それがほしいわ。」

(3)じゅん：「あの車はかっこいいな！あの車がほしいな。」
はな：「いくらなの。」
としとみか：「800 万円だよ！」
はな：「冗談じゃないわ。」

台本

(1) Hana: "How much is this dress?"
Clerk: "It's 5,000 yen."
Hana: "OK, I'll take it."

(2) Mika: "How much is that notebook?"
Luke: "It's 350 yen."
Mika: "I want it."

(3) Jun: "That car is cool! I want that car."
Hana: "How much is that?"
Toshi & Mika: "Eight million yen!"
Hana: "No way!"

3 (1) How much is that watermelon?
(2) How much is this pen?

24 Who is ~?

p.318~319

1

訳例

みか：「彼はだれなの。」
ルーク：「ぼくのおじいちゃんだよ。」
みか：「じゃあ…彼女はあなたのおばあちゃんかしら。」

ルーク：「うん，彼らは合衆国に住んでいるんだ。」

2 (1) E (2) D (3) F

訳例

(1)ルーク：「彼女はだれですか。」
はな：「わたしのピアノの先生よ。」
ルーク：「ああ，なるほど。」
(2)じゅん：「彼はだれだい。」
はな：「みかの友達のルークよ。」
じゅん：「わかった。」
(3)ルーク：「彼らはだれだい。」
とし：「ぼくの祖父母だよ。」
ルーク：「若く見えるね。」

台本

(1) Luke: "Who is she?"
Hana: "She is my piano teacher."
Luke: "Oh, I see."
(2) Jun: "Who is he?"
Hana: "He is Mika's friend, Luke."
Jun: "OK."
(3) Luke: "Who are they?"
Toshi: "They are my grandparents."
Luke: "They look young!"

3 (1) Who is he?—He is my father.
(2) Who are they?—They are my parents.
(3) Who is that man?—He is my uncle.

25 I, my, me / you, your, you

p.320~321

1

訳例

みか：「ルーク，あなたの大好きな色は何なの。」
ルーク：「ぼくの大好きな色は赤だよ。」
みか：「わたしもよ。見て，彼女のTシャツも赤よ！」
ルーク：「すてきなTシャツだね。」

2 (1) A (2) B (3) A

訳例

(1) A：「こちらはわたしの父です。」
(2) B：「わたしは彼を知っています。」
(3) A：「あなたの大好きな食べ物は何ですか。」

台本

(1) A: "This is my father."
B: "This is I father."
(2) A: "I know his."
B: "I know him."
(3) A: "What's your favorite food?"
B: "What's you favorite food?"

3 (1) my (2) She (3) your

4 (1) My favorite fruit is banana.
(2) I like his dog.
(3) She is my friend. Do you know her?

26 What time is it now?

p.322~323

1

訳例

みか：「今，何時なの。」
ルーク：「5 時だよ。」
みか：「まあ，家に帰る時間だわ。」
ルーク：「ほんとうかい。来てくれてありがとう。」
みか：「ありがとう。楽しかったわ。」

2 (1) A　(2) D　(3) C　(4) E

訳例

(1)みか：「今，何時なの。」
はな：「午後 10 時よ。寝る時間よ。」
みか：「わかったわ，お母さん。」
(2)みか：「何時に起きるの。」
ルーク：「たいてい 7 時に起きるよ。」
みか：「いいわね。」
(3)田中先生：「何時に学校に来るの。」
とし：「8 時 15 分ごろです。」
(4)じゅん：「何時にお風呂に入るんだい。」
みか：「6 時 45 分にお風呂に入るのよ。」
じゅん：「6 時 45 分だよ。」
みか：「わかった。ありがとう。」

台本

(1) Mika: "What time is it now?"
Hana: "It's ten p.m. It's time to go to bed."
Mika: "Yes, mom."
(2) Mika: "What time do you get up?"
Luke: "I usually get up at seven."
Mika: "Good."
(3) Ms. Tanaka: "What time do you come to school?"
Toshi: "About eight fifteen."
(4) Jun: "What time do you take a bath?"
Mika: "I take a bath at six forty-five."
Jun: "It's six forty-five."
Mika: "OK. Thank you."

3 (1) What time is it?
(2) What time do you eat lunch? /
I eat lunch at twelve thirty.

27 Let's~. / Please ~.

p.324~325

1

訳例

みか：「さあ，家へ帰りましょう。」
ルーク：「そうだね。」
田中先生：「職員室に来て。」
ルーク：「わかりました。みか，ちょっと待ってて。」
みか：「いいわよ。」

2 (1) A　(2) B　(3) A

訳例

(1) A：「塩をわたしてください。」
　B：「はい，どうぞ。」
(2) A：「図書館に行きましょう。」
　B：「いいですよ。」
(3) A：「静かにしてください。」
　B：「ごめんなさい。」

台本

(1) A: “Please pass me the salt.”
　B: “Here you are.”
(2) A: “Let’s go to the library.”
　B: “OK.”
(3) A: “Be quiet, please!”
　B: “Sorry.”

3 (1) Let’s sing the song.
(2) Please pass me the sugar.

28 When do you ~?

p.326~327

1

訳例

エマ：「いつ歯医者に行くの。」
ルーク：「3時だよ。2時30分ごろもう一度きいてよ。」
エマ：「わかったわ。」

2 (1) B　(2) B　(3) B

訳例

(1)ルーク：「いつピアノ教室に行くんだい。」
　みか：「毎週土曜日よ。」
(2)みか：「今晩は何時に夕食を始めるの。」
　はな：「7時よ。」
　みか：「わかったわ。」
(3)ルーク：「日本では学校はいつ始まるんだい。」
　みか：「4月よ。アメリカではどうなの。」
　ルーク：「9月だよ。」

台本

(1) Luke: “When do you go to a piano class?”
　Mika: “On Saturdays.”
(2) Mika: “When do we start dinner tonight?”
　Hana: “At seven.”
　Mika: “OK.”
(3) Luke: “When do schools start in Japan?”
　Mika: “In April. How about in the US?”
　Luke: “In September.”

3 (1) When　(2) play

29 Where do you ~?

p.328~329

1

訳例

みか：「放課後どこで野球をするの。」
ルーク：「ぼくたちは校庭で野球をするよ。でもサッカー部も使うんだ。とても混みあうよ。」
みか：「それは気の毒ね。」

2 (1) C　(2) E　(3) A

訳例

(1)ルーク：「どこに行くの。」
お母さん：「おばあちゃんのお見舞いに病院へ行くのよ。」
ルーク：「どこか悪いの。」
お母さん：「ひどい風邪をひいているの。」

(2)じゅん：「とし，どこへ行くんだい。」
とし：「図書館だよ。友達といっしょに宿題をするんだ。」
じゅん：「わかった，がんばれ。」

(3)とし：「日曜日にサッカーの練習があるんだ。」
はな：「お昼はどこで食べるの。」
とし：「学校で食べるよ。お弁当を作ってよ。」
はな：「いいわよ。」

台本

(1) Luke: "Where do you go?"
Mom: "I go to the hospital to see grandma."
Luke: "What's wrong with her?"
Mom: "She has a bad cold."

(2) Jun: "Where do you go, Toshi?"
Toshi: "I go to the library. I do homework with my friends."
Jun: "OK, good luck."

(3) Toshi: "I have a soccer practice on Sunday."
Hana: "Where do you eat lunch?"
Toshi: "I eat lunch at school. Please make a lunch box."
Hana: "All right."

3 (1) Where do you study?
(2) Where do you brush your teeth?

30 Whose ~ is this[that]?

p.330~331

1

訳例

エマ：「ただいま。」
ルーク：「おかえり，ママ。」
エマ：「これはだれのハンカチなの。」
ルーク：「ああ，みかのだよ。」
エマ：「明日彼女に返してあげなさい。」
ルーク：「わかった，ありがとう。」

2 (1)× (2)○ (3)○

訳例

(1) A：「これはだれのかばんなの，みか。」
B：「わたしのよ。」

(2) A：「あれはだれの車かな。」
B：「ぼくのママのだよ。」
A：「かっこいいね！」

(3) A：「これはだれのケーキかな。」
B：「あなたのよ。お誕生日おめでとう，パパ。」

台本

(1) A: "Whose bag is this, Mika?"
B: "It's mine."

(2) A: "Whose car is that?"
B: "It's my mom's."
A: "Cool!"

(3) A: "Whose cake is this?"
B: "It's yours. Happy birthday, dad !"

3 (1) Whose pencil is this?
(2) Whose dog is that?
(3) Whose book is this?

③複数形・ぎもん詞のまとめ

p.332~333

チャレンジしよう！ 1

(1) books (2) men

チャレンジしよう！ 2

(1) When (2) Who

31 He plays ~. / She studies ~.

p.334~335

1

訳例

ルーク：「みかは学校でテニスをするんだよ。」
とし：「うん，彼女はテニスがとても上手だよ。」
ルーク：「きみはどうかな。」
とし：「ぼくかい。ぼくはしないよ。」

2 (1) B (2) A

訳例

じゅん：「こちらはぼくの友達のかいだよ。彼はサッカーが大好きなんだ。」
けいこ：「そうなのね。こちらはわたしの友達のくみよ。彼女はテニスが好きなの。わたしたちはいつもいっしょにテニスをするのよ。」

台本

Jun: "This is my friend, Kai. He likes soccer very much."
Keiko: "I see. This is my friend, Kumi. She likes tennis. We always play tennis together."

3 (1) Mary cooks lunch.
(2) Tom likes apples.
(3) My father washes his car at the garage.

32 He does not like ~.

p.336~337

1

訳例

みか：「いっしょにカレーを作りましょう。」
ルーク：「いいね。ぼくはカレーが好きだよ。ニンジンが好きなんだ。」

みか：「わたしもよ！でも，わたしの兄はニンジンが好きじゃないの。」
ルーク：「おやおや。」

2 (1)○ (2)○ (3)×

訳例

ぼくはたろうです。ぼくは３人の友達がいます。さきは体育の授業が好きです。でも，彼女は理科は好きではありません。りょうは算数が好きです。りょうは野球をしません。さくらは算数と理科が好きではありません。

台本

I'm Taro. I have three friends. Saki likes the P.E. class. But she doesn't like science. Ryo likes math. Ryo doesn't play baseball. Sakura doesn't like math and science.

3 (1) Tom doesn't like this book.
(2) Meg doesn't drink milk.
(3) My mother does not cook tonight.

33 Does he[she] play ~?

p.338~339

1

訳例

じゅん：「ルークのお父さんはゴルフをするの。」
みか：「ええ，するわよ。彼の家に写真があるわ。」
はな：「ルークのお母さんは料理が好きなの。」
みか：「ええ,好きよ。彼女のクッキーはとてもおいしいのよ。」

2 (1)× (2)○ (3)○

訳例

(1)ルーク：「きみのお兄さんはバイオリンをひくのかい。」
みか：「いいえ。彼はどんな楽器も演奏しないわ。」
(2)ルーク：「みか，きみのおばあさんは車の運転をするのかい。」
みか：「いいえ，しないわ，でもわたしのおじいちゃんはするわ。」
(3)ルーク：「みか，きみのお母さんはピアノをひくのかい。」
みか：「ええ，ひくわよ。毎日ひくのよ。」

台本

(1) Luke: "Does your brother play the violin?"
Mika: "No. He doesn't play any musical instruments."
(2) Luke: "Does your grandma drive a car, Mika?"
Mika: "No, she doesn't. But my grandpa does."
(3) Luke: "Does your mom play the piano, Mika?"
Mika: "Yes, she does. She plays it every day."

3 (1) Does your mother play the piano?
(2) Does the teacher dance every day?
(3) Does Mike like rice?

34 These[Those] are ～.

p.340~341

1

訳例

みか：「こんにちは。調子はどう。」
サム：「元気だよ。」
みか：「わあ。夢じゃないのね。」
みんな：「こんにちは。」
みか：「現実だわ。これらは生きているわ。」

2 (1) A (2) C (3) E

訳例

(1)これらはわたしのイヌです。
(2)あれらは公共の建物です。
(3)あれはパンダです。

台本

(1) These are my dogs.
(2) Those are city buildings.
(3) That is a panda.

3 (1) Those, cats
(2) These are
(3) those / They

35 Which ～, A or B?

p.342~343

1

訳例

みか：「まず，あなたたちの名前を教えてよ。」
リサ：「リサよ。」
ロイ：「ロイだよ。」
サム：「サムだよ。」
ウィリー：「ウィリーだよ。」
みか：「わかったわ。リーダーはだれなのかしら。」
リサとロイ：「わたし〔ぼく〕！わたし〔ぼく〕！」
みか：「ええと，リサとロイのどちらがリーダーなの。」

2 (1) B (2) B (3) A

訳例

(1)ルーク：「音楽と体育のどちらが好きだい。」
みか：「音楽が好きよ。」
(2)みか：「赤と青のどちらのペンがほしいかな。」
サム：「赤いのがほしいな。」
みか：「はい，どうぞ。」
サム：「ありがとう。」
(3)ルーク：「夏と冬ではどちらの季節が好きだい。」
みか：「夏が好きよ。あなたはどうなの。」
ルーク：「ぼくも夏が好きだよ。」

台本

(1) Luke: "Which do you like, music or P.E.?"

Mika: "I like music."

(2) Mika: "Which pen do you want, red or blue?"

Sam: "I want the red one!"

Mika: "Here you are."

Sam: "Thank you."

(3) Luke: "Which season do you like, summer or winter?"

Mika: "I like summer. How about you?"

Luke: "I like summer, too."

3 (1) Which (2) watch

36 I can ~. / He can ~.

p.344~345

1

訳例

ルーク：「わあ！きみのポスターは美しいね。」

みか：「ありがとう。わたしはそれをペンでかくけど，としはコンピュータでポスターが作れるのよ。」

ルーク：「すごいね！」

2 (1) C (2) A (3) A, B

訳例

みか：「わたしはみかよ。バドミントンができるわ。」

ルーク：「ぼくはルーク。ぼくは野球ができるよ。としはどうだい。」

みか：「彼はサッカーと野球ができるわ。」

台本

Mika: "I'm Mika. I can play badminton."

Luke: "I'm Luke. I can play baseball. How about Toshi?"

Mika: "He can play soccer and baseball."

3 (1) I can sing songs well.

(2) John can run fast.

(3) My teacher can play the violin.

37 He[She] can't play ~.

p.346~347

1

訳例

サム：「ぼくはとても上手に話せるよ。でも彼は上手に話せないんだ。」

ウィリー：「そうさ，ぼくは上手に話せないけど，とても上手に書けるんだ，でも彼は上手に書けないよ。」

みか：「なるほど。あなたたちそれぞれが何か特別なことができるのね。」

2

	Luke	Mika	Toshi	Hana
play the piano	×	○	×	○
play baseball	○	×	○	×
play tennis	○	○	○	○

訳例

みか：「としは楽器を演奏できないの。ルーク，あなたはどうなの。」

ルーク：「できないよ。きみはピアノがひけるんだよね。」

みか：「ええ，わたしはピアノがひけるわ。母もピアノがひけるのよ。わたしたちはいっしょにピアノを演奏できるわ。」

ルーク：「いいね。ぼくは上手に野球ができて，としも野球ができるね。きみときみのお母さんはどうなの。」

みか：「できないわ。でもわたしたちはテニスができるわ。あなたとしはテニスもできるでしょ。だから，わたしたちはいっしょにテニスができるわよね。」

ルーク：「そうだね。」

台本

Mika: "Toshi can't play musical instruments. How about you, Luke?"

Luke: "No, I can't. You can play the piano, right?"

Mika: "Yes, I can play the piano. My mother can play the piano, too. We can play it together."

Luke: "Good. I can play baseball well and Toshi can play baseball, too. How about you and your mom?"

Mika: "No, we can't. But we can play tennis. You and Toshi can play tennis, too. So we can play tennis together, OK?"

Luke: "Yes."

3 (1) She cannot play *kendama* well.

(2) I can't run fast.

(3) My mother cannot drive a car.

38 Can he[she] see ~?

p.348~349

1

訳例

みか：「リサ，ロイは首に何をかけているの。」

リサ：「そうがん鏡だよ。」

みか：「まあ。じゃあ，彼は遠くのオーロラを見ることができるのかしら。」

リサ：「そうね，できるわ。3キロメートル先が見えるのよ。」

みか：「いいわね。」

2 (1)○ (2)○ (3)○

訳例

(1)じゅん：「やあ，みか。サムは英語を話せるの。」
みか：「ええ，話せるわ。」
じゅん：「わあ，彼はすごい象だね。」

(2)ルーク：「ウィリーは書道ができるのかな。」
みか：「ええ，できるわ。」
ルーク：「わあ，すごいね！」

(3)とし：「ロイは飛べるの。」
みか：「いいえ，飛べないわ。」

台本

(1) Jun: “Hi, Mika. Can Sam speak English?”
Mika: “Yes, he can.”
Jun: “Wow, he is a super elephant!”

(2) Luke: “Can Willy do calligraphy?”
Mika: “Yes, he can.”
Luke: “Wow, amazing!”

(3) Toshi: “Can Roy fly?”
Mika: “No, he can't.”

3 (1) Can Toshi ski?
(2) Can your mother play the violin?

39 Can I ~? / Can you ~?

p.350~351

1

訳例

みか：「ウィリー，あなたの辞書を使ってもいいかしら。」
ウィリー：「だめだよ，ごめん。」
みか：「まあ…。サム，わたしに英語を教えてくれないかしら。」
サム：「だめだよ，ごめん。」
みか：「どうしてだめなの。」
ウィリーとサム：「ごめん，ぼくたちは今忙しいんだ。」

2 (1) C (2) D (3) E (4) B

訳例

(1)みか：「あなたのヘッドフォンを使ってもいいかしら。」
リサ：「もちろん。」
みか：「ありがとう。」

(2)みか：「いっしょに買い物に行ってもいい。」
はな：「いいえ，だめです。」
みか：「ブー。」

(3)ルーク：「今トイレに行ってもいいですか。」
田中先生：「もちろん。」

(4)みか：「写真を撮ってくれないかな。」
とし：「いいよ。」

台本

(1) Mika: "Can I use your headset?"
Lisa: "Sure."
Mika: "Thank you."

(2) Mika: "Can I go shopping with you?"
Hana: "Sorry, you can't."
Mika: "Boo."

(3) Luke: "Can I go to the bathroom now?"
Ms.Tanaka: "Sure."

(4) Mika: "Can you take a picture?"
Toshi: "OK."

3 (1) Can I come in?
(2) Can you come at 12:00?
(3) Can I use your pencil?

④三人称単数現在・Can ~?のまとめ

p.352~353

チャレンジしよう! 1
(1) Does, study
(2) does / plays (3) Do

チャレンジしよう! 2
(1) Can your father sing the song?
(2) What can I do for you?

40 I am studying ~.

p.354~355

1

訳例

とし:「今，何してるの。」
みか:「彼らと英語を勉強しているのよ。」
とし:「おお。やあ，みんな。」
みんな:「こんにちは。」
とし:「ぼくも加わっていいかい。」
みんな:「もちろん。」

2 (1) D (2) F (3) A

訳例

(1)ルーク:「何をしているの，みか。」
みか:「ピアノをひいているのよ。」
(2)はな:「お父さんは何をしているの。」
みか:「車を洗っているわ。」
(3)ルーク:「きみのお母さんは何をしているの。」
みか:「夕食を料理しているわ。」
ルーク:「夕食は何だい。」
みか:「知らないわ。」

台本

(1) Luke: "What are you doing, Mika?"
Mika: "I'm playing the piano."

(2) Hana: "What is your dad doing?"
Mika: "He is washing his car."

(3) Luke: "What is your mother doing?"

Mika: "She is cooking dinner."
Luke: "What's for dinner?"
Mika: "I don't know."

3 (1) is playing (2) are eating
(3) am cooking

41 Mika and Toshi are not playing ~.

p.356~357

1

訳例

じゅん：「みかとトシは何をしているの。」
はな：「彼らは自分たちの部屋で勉強しているわ。」
じゅん：「ほんとうかな。彼らの声が聞こえるけど。彼らは勉強してないよ。」
はな：「あなたたち，今，何をしているの。」

2 (1) A (2) B (3) B

訳例

(1)みか：「何のテレビ番組を見ているの。」
とし：「テレビは見ていないよ。CD を聞いているんだ。」
みか：「それはいいの。」
とし：「うん，気に入っているよ。」
(2)みか：「今，何を料理しているの。」
はな：「料理していないわ。掃除をしているのよ。」
みか：「わかったわ。」
(3)ルーク：「ぼくは宿題をしているんだ。みか，きみはどう。」
みか：「宿題をしていないわ。手紙を書いているのよ。」

台本

(1) Mika: "What TV program are you watching?"
Toshi: "I'm not watching TV. I'm listening to a CD."
Mika: "Is it good?"
Toshi: "Yes, I like it."
(2) Mika: "What are you cooking now?"
Hana: "I'm not cooking. I'm cleaning."
Mika: "I see."
(3) Luke: "I'm doing my homework. How about you, Mika?"
Mika: "I'm not doing my homework. I'm writing a letter."

3 (1) I am not listening to music now.
(2) She is not swimming.

42 Is Toshi listening to ~?

p.358~359

1

訳例

はな：「あなたは何をしているの。」
みか：「勉強しているのよ。」
はな：「とし，あなたも勉強しているの。」

とし：「ああ…ぼくは英語の CD を聞いているんだ。」

2 (1)○　(2)×　(3)○

訳例

(1) A：「ルーク，みかと話しているの。」

ルーク：「うん，そうだよ。」

(2)みか：「けんとしんはサッカーをしているの。」

ルーク：「いいや，してないよ。」

(3)ルーク：「はなはケーキを食べているの。」

みか：「ええ，食べているわ。」

台本

(1) A: “Luke, are you talking to Mika?”

Luke: “Yes, I am.”

(2) Mika: “Are Ken and Shin playing soccer?”

Luke: “No, they aren’t.”

(3) Luke: “Is Hana eating cake?”

Mika: “Yes, she is.”

3 (1) Are you cooking?

(2) Is Jun watching TV?

(3) Are Luke and Toshi playing baseball?

43 How do we go to ～?

p.360~361

1

訳例

みか：「おばあちゃんの家へはどうやって行くの。」

はな：「バスで行くか，歩いていくわ。ええと…，次のバスまで 15 分ね。」

みか：「歩きましょうよ。」

2 (1) F　(2) A　(3) E

訳例

(1)とし：「アメリカ合衆国ではどうやって通学するの。」

ルーク：「バスで通学するよ。」

(2)じゅん：「彼らはどうやって大阪へ来るんだい。」

はな：「飛行機で来るわ。」

じゅん：「わかった。空港に迎えにいくよ。」

(3)とし：「日曜日にサッカーの試合があるんだ。」

はな：「競技場へはどうやって行くの。」

とし：「車で行くよ。」

はな：「そうなのね。」

台本

(1) Toshi: “How do you go to school in the US?”

Luke: “I go to school by bus.”

(2) Jun: “How do they come to Osaka?”

Hana: "They come here by plane."
Jun: "OK. I'll pick them up at the airport."
(3) Toshi: "I have a soccer game on Sunday."
Hana: "How do we go to the stadium?"
Toshi: "We go there by car."
Hana: "All right."

3 (1) How do you go to Tokyo?
(2) I go there by bus or train.
(3) How do you go to Okinawa? / I go there by plane.

44 I went to ～. / She ate ～.

p.362~363

1

訳例

みか：「この前の日曜日に母とデパートに行きました。
わたしたちはおばあちゃんの誕生日プレゼントを買いました。
買い物の後，わたしたちは日本料理店へ行きました。わたしはすしを食べて，母は天ぷらを食べました。わたしたちは楽しい時間を過ごしました。」

2 (1) D (2) A (3) C (4) B (5) E

訳例

(1)みかは音楽を聞きました。
(2)ルークはスパゲッティを食べました。
(3)じゅんとはなは昨日テニスをしました。
(4)としはこの前の日曜日にサッカーをしました。
(5)ルークは日本語を勉強しました。

台本

(1) Mika listened to music.
(2) Luke ate spaghetti.
(3) Jun and Hana played tennis yesterday.
(4) Toshi played soccer last Sunday.
(5) Luke studied Japanese.

3 (1) I studied English yesterday.
(2) She lived in America last year.
(3) They ate steak last night.

45 Toshi did not go ～.

p.364~365

1

訳例

ウィリー：「としもそこへ行ったのかい。」
みか：「いいえ。としはデパートへ行かなかったわ。彼はそのとき野球の練習があったの。」

2 (1)○ (2)× (3)×

訳例

(1)わたしたちはこの前の土曜日に学校へ行きました。
(2)みかは昨日ピアノのレッスンがありませんでした。
(3)ルークは昼食を食べませんでした。

台本

(1) We went to school last Saturday.
(2) Mika didn't have a piano lesson yesterday.
(3) Luke did not eat lunch.

3 (1) did not (2) didn't (3) eat

46 Did you write ~?

p.366~367

1

訳例

ウィリー：「日記は書いたの。」
みか：「いいえ，書いてないわ。」
ウィリー：「何を書いたの。」
みか：「友達に手紙を書いたのよ。」
ウィリー：「いいことだね。」

2 (1) B (2) C (3) A

訳例

(1)はな：「みかとルークはこの前の水曜日に音楽の授業があったのかしら。」
とし：「うん，あったよ。」
(2)じゅん：「はなは土曜日に買い物に行ったのかい。」
みか：「いいえ，行かなかったわ。日曜日に買い物に行ったわ。」
(3)みか：「昨年あなたたちはアメリカ合衆国に行ったの。」
ルーク：「うん，行ったよ。」

台本

(1) Hana: "Did Mika and Luke have a music class last Wednesday?"
Toshi: "Yes, they did."
(2) Jun: "Did Hana go shopping on Saturday?"
Mika: "No, she didn't. She went shopping on Sunday."
(3) Mika: "Did you go to the US last year?"
Luke: "Yes, we did."

3 (1) Did you eat cake?
(2) Did he walk his dog?
(3) Did they play soccer yesterday?

⑤進行形・過去形のまとめ

p.368~369

チャレンジしよう！ 1

(1) are reading
(2) is / watching

チャレンジしよう！ 2

(1) did / went (2) didn't

47 Why ~? / Because ~.

p.370~371

1

訳例

はな：「どうしてあなたは英語の辞書がほしいの。」
みか：「英単語を学びたいからよ。」
はな：「じゃあ，お父さんに頼んでごらんなさい。」
みか：「1冊手に入るかしら。」
はな：「たぶんね。」

2 (1)○　(2)×　(3)○

訳例

(1)みか：「アイスクリームが食べたいわ。」
ルーク：「どうしてアイスクリームが食べたいの。」
みか：「この部屋はとても暑いからよ。」
ルーク：「なるほど。」
(2)じゅん：「どうしてそれを買うんだい。」
はな：「来週はとしの誕生日だからよ。彼は野球をするでしょ。」
じゅん：「わかった。」
(3)はな：「どうしてそんなにいっしょうけんめい勉強するの。」
とし：「テストがあるからだよ。」
はな：「いいわね。」

台本

(1) Mika: "I want to eat an ice cream."
Luke: "Why do you want to eat an ice cream?"
Mika: "Because it's so hot in this room."
Luke: "I see."
(2) Jun: "Why do you buy it?"
Hana: "Because it's Toshi's birthday next week. He plays baseball."
Jun: "OK."
(3) Hana: "Why do you study so hard?"
Toshi: "Because I have a test."
Hana: "Good."

3 (1) Why　(2) did / Because

48 I want ~. / I want to ~.

p.372~373

1

訳例

みか：「パパ，英語の辞書がほしいわ。」
じゅん：「としが持っているよ。お兄さんにきいてごらんなさい。」
みか：「いやよ。わたしは自分のを持ちたいの。お願い！」

2 (1) E (2) B (3) F

訳例

(1)じゅん:「誕生日プレゼントに何がほしいのかな。」
みか:「新しい DVD がほしいわ。」
じゅん:「わかったよ。」
(2)とし:「放課後は何をしたいの。」
ルーク:「サッカーをしたいな。」
とし:「そうしよう。」
(3)はな:「何を読みたいのかしら。」
とし:「マンガを読みたいな。」
はな:「あなたはアニメが好きね。」

台本

(1) Jun: "What do you want for a birthday present?"
Mika : "I want a new DVD."
Jun: "OK."
(2) Toshi: "What do you want to do after school?"
Luke: "I want to play soccer."
Toshi: "Let's play it!"
(3) Hana: "What do you want to read?"
Toshi: "I want to read a comic book."
Hana: "You like anime."

3 (1) I want a new dress.
(2) I want to go shopping next Sunday.

49 What would you like?—I would like~.

p.374~375

1

訳例

店員:「何になさいますか。」
とし:「ハンバーガーとフライドポテトをください。」
みか:「わたしも。」
はな:「カレーとサラダをください。」
店員:「かしこまりました。しばらくお待ちください。」

2 (1) C (2) B (3) E

訳例

(1) A:「何をお求めですか。」
B:「赤いドレスがほしいのです。」
(2) A:「何になさいますか。」
B:「アイスクリームをお願いします。」
(3) A:「何になさいますか。」
B:「カレーライスをお願いします。」

台本

(1) A: "What would you like?"
B: "I'd like the red dress."
(2) A: "What would you like?"
B: "Ice cream, please."
(3) A: "What would you like?"
B: "I'd like curry and rice."

3 (1) What would you like?
(2) would like

50 I enjoy ~ing. / am[is, are] good at ~

p.376~377

1

訳例

みか：「今日はスケートをして楽しんだわ。とし，あなたは楽しんだの。」

とし：「いいや。みか，きみはスケートが得意だね。」

はな：「ええと，あなたはスケートが得意ではないわね。」

とし：「今度の日曜日にテニスをしようよ。」

2 (1) A (2) B (3) B

訳例

ルーク：「みか，何のスポーツが得意なの。」

みか：「テニスをするのが得意よ。」

ルーク：「とし，きみはどうかな。」

とし：「ぼくは野球をするのがとても得意だよ。」

ルーク：「そうなんだ。ぼくも野球をするのが得意だよ。」

台本

Luke: "What sport are you good at, Mika?"

Mika: "I am good at playing tennis."

Luke: "How about you, Toshi?"

Toshi: "I am very good at playing baseball."

Luke: "I see. I'm good at playing baseball, too."

3 (1) Mary enjoys cooking.
She is good at cooking.

(2) I am good at playing baseball.

51 形容詞〔副詞〕+er than ~

p.378~379

1

訳例

みか：「外はとても寒いわ。」

はな：「ええ，今日は昨日より寒いわね。」

とし：「冬は好きじゃないよ。」

みか：「ほんとうなの。わたしは冬が好きだわ。」

2 (1) A (2) A (3) A

訳例

(1) A ウィリーはサムより体重が軽いです。ロイはウィリーより体重が軽いです。

B サムはウィリーより体重が軽いです。ウィリーはロイより体重が軽いです。

(2) A みかはとしより年下です。
としはじゅんより年下です。

B としはみかより年下です。
じゅんはとしより年下です。

(3) A 日本はアメリカ合衆国より大きいです。

B アメリカ合衆国は日本より大きいです。

台本

(1) A

Willy is lighter than Sam.

Roy is lighter than Willy.

B

Sam is lighter than Willy.

Willy is lighter than Roy.

(2) A

Mika is younger than Toshi.

Toshi is younger than Jun.

B

Toshi is younger than Mika.

Jun is younger than Toshi.

(3) A

Japan is larger than the US.

B

The US is larger than Japan.

3 (1) taller (2) heavier

(3) His, bigger, mine

52 good[well] -better-best/ bad-worse-worst

p.380~381

1

訳例

はな:「夏と冬ではどちらのほうが好きなの。」

みか:「わたしは冬が好きよ。」

とし:「ぼくは夏が好きだよ。お母さんはどう。」

はな:「ええと…わたしは春がいちばん好きよ。」

みか:「だめよ!花粉症のせいで春はわたしには最悪の季節だわ。」

2 (1) D (2) B (3) E

訳例

(1) 5人の中でだれがいちばん背が高いですか。

(2) としとルークではどちらのほうが背が高いですか。

(3) みかとはなではどちらのほうが背が高いですか。

台本

(1) Which is the tallest of the five?

(2) Which is taller, Toshi or Luke?

(3) Which is taller, Mika or Hana?

3 (1) tallest (2) better (3) best

⑥比較級・最上級のまとめ

p.382~383

チャレンジしよう！ 1

(1) bigger (2) better

(3) taller

チャレンジしよう！ 2

(1) highest (2) fastest

(3) best

53 I will ～.

p.384~385

1

訳例

はな：「おばあちゃんのところに行って，彼女のために料理をするわ。」

みか：「いっしょに行ってもいい。」

はな：「ええ，もちろんよ。手伝ってちょうだい。とし，あなたはどう。」

とし：「ぼくは行かないよ。」

2 (1) D (2) A (3) C (4) B (5) E

訳例

(1)みかは明日ピアノをひくでしょう。

(2)ルークは今晩スパゲッティを食べるでしょう。

(3)じゅんとはなは今度の日曜日にテニスをするでしょう。

(4) A：としは今晩，英語を勉強するつもりですか。

B：はい，勉強するつもりです。

(5)ゆいは音楽を聞くつもりです。

台本

(1) Mika will play the piano tomorrow.

(2) Luke will eat spaghetti tonight.

(3) Jun and Hana will play tennis next Sunday.

(4) A: "Will Toshi study English tonight?"

B: "Yes, he will."

(5) Yui will listen to music.

3 (1) He will practice soccer tomorrow.

(2) Will she visit America next year?

54 Will you ～? / Can you ～?

p.386~387

1

訳例

はな：「このかばんを家に持って帰ってくれないかしら。」

とし：「できないよ，ごめん。午後はルークに会って，図書館に行くんだ。」

はな：「わかったわ，暗くなる前に戻りなさい。」

とし：「5時ごろ帰ってくるよ。」

2 (1) D (2) B (3) C (4) A

訳例

(1)みか：「ウィリー，ここにあなたの名前を書いていただけるかしら。」

ウィリー：「いいよ。」
みか：「ありがとう。」
(2)みか：「ルーク，その本をわたしのためにれ持っていただけるかしら。」
ルーク：「いいよ。」
(3)はな：「じゅん，この箱をリビングへ持って行ってくれるかしら。」
じゅん：「わかった。」
(4)とし：「みか，砂糖をぼくにわたしてくれる。」
みか：「はい。」

台本

(1) Mika: "Would you write your name here, Willy?"
Willy: "Sure."
Mika: "Thank you."
(2) Mika: "Could you carry the books for me, Luke?"
Luke: "Sure."
(3) Hana: "Will you take this box to the living room, Jun?"
Jun: "OK."
(4) Toshi: "Will you pass me the sugar, Mika?"
Mika: "Here."

3 (1) Will you go with me?
(2) Can you help me?

55 Have you ever ~?

p.388~389

1

訳例

みかとはな：「ただいま。」
としとじゅん：「おかえり。」
はな：「見て。こんなに大きな魚をこれまで見たことあるかしら。」
みか：「おじいちゃんがこれをつかまえたのよ。」
とし：「わあ。」
はな：「鍋パーティーをしましょう！」
みかととし：「やった！」

2 (1)○ (2)× (3)×

訳例

(1)みか：「ルーク，今までに沖縄を訪れたことがあるかしら。」
ルーク：「うん，あるよ。ぼくは沖縄が大好きだよ。」
(2)とし：「ルーク，今までに納豆を食べたことはあるかい。」
ルーク：「いや，一度もないよ。」
とし：「おいしいよ。」
(3)じゅん：「はな，今までにスノーボードをやったことあるかい。」
はな：「いいえ，ないわ。」

台本

(1) Mika: "Have you ever visited Okinawa, Luke?"
Luke: "Yes, I have. I love Okinawa."

(2) Toshi: "Have you ever eaten natto, Luke?"
Luke: "No, never!"
Toshi: "It's delicious."
(3) Jun: "Have you ever tried snow boarding, Hana?"
Hana: "No, I haven't."

3 (1) Have (2) eaten (3) Have

Part 5 英語で物語を読もう

1 Meet my family!

p.392

1

訳例

みか：「こんにちは。わたしの名前は，みかです。わたしは，10才です。わたしは，ミドリ小学校に通っています。」

みか：「これは，わたしの家族です。母，父，兄です。」

はな：「こんにちは，わたしはみかの母です。わたしの名前は，はなです。」
じゅん：「やあ，わたしの名前は，じゅんです。みかの父です。」
とし：「ぼくの名前は，としです。ぼくは，12才です。」

2 (1) Mika
(2) Toshi

2 The first day of school

p.393

1

訳例

6:30です。
みかととしは起きます。みかとともしは家を出て，学校に行きます。
みか：「行ってきます！」
はな：「行ってらっしゃい！」

今日は，長かった夏休み明け最初の日です。
みかは，とてもわくわくしています。
みか：「今日，新しい生徒がわたしたちのクラスに来るの。」

みか：「おはよう，あき。」
あき：「おはよう，みかととし。それは何。」
みか：「ああ，箱よ。わたしの夏休みの宿題が入っているの。」

2 (1) Aki
(2) box

3 My summer memory

p.394

1

訳例

あき：「わあ，日焼けしたね。どこに行ったの。」
けん：「泳ぎに行ったんだ。とても楽しかったよ。」

ゆい：「みか。あれは何。」
みか：「わたしは，人形の家を作ったの。」
ゆい：「すてきだね。これは，あなたなの。」
みか：「うん。それは，わたしだよ。」

田中先生が，クラスにやって来ます。
田中先生：「おはよう，みなさん！」
みか：「おはようございます，田中先生。」
田中先生：「みなさん，座ってください。楽しい夏を過ごしましたか。泳ぎに行った人はいますか。キャンプに行った人はいますか。」

2 (1) go
(2) swimming

4 A new friend

p.395

1

訳例

田中先生は，新しい生徒といっしょにいます。
田中先生：「わたしたちの新しい友だちに会ってもらおうと思います。」
ルーク：「こんにちは！ぼくは，ルークです。アメリカ合衆国出身です。よろしく！」

あきは，手を上げます。
あき：「日本語でも大丈夫ですか。」
ルーク：「いえ，ぼくは，英語しか話せません。」
ルークは黒板に自分の名前を書きます。
ルーク：「友だちになってください！」

2 Nice (to) meet (you)!

3 (1) the US
(2) Canada
(3) Japan

5 I want to speak English well.

p.396

1

訳例

放課後，みかとしは家に帰ります。あきは，ふたりといっしょに歩いています。彼らは，校門でルークを見かけて，「さようなら！」と言います。彼は，「また明日！」と言います。

みかが，「英語が上手に話せたらいいな。」と言うと，あきが「わたしも。」と言います。

としは「彼，いい子だね。」と言い，さらにたずねます。
「彼の名前は何ていうの。」
「彼は，どこの出身なの。」
「彼は，日本語を話すのかな。」

2 (1) Luke
(2) the US
(3) No, he doesn't.

6 Dinner time

p.397

1

訳例

みかとよしは７時に夕食をとります。ふたりはとり肉のカレーを食べています。

「ぼく，このとり肉のカレーが一番好き！」と，としはお母さんに言います。

みかは，とても静かです。
お父さんは，「みか。大丈夫かい。今日は，とても静かだね。
どうかしたのかい。」と言います。
みかは「大丈夫よ。新しいクラスメイトのことを考えているだけ。」と答えます。

「新しいクラスメイト。新しいクラスメイトがいるのかしら。」と，お母さんはみかにたずねます。
みかは，ただうなずくだけです。
そして，彼女はまた静かになります。

2 (1) at 7:00

(2) curry

7 Hana's advice

p.398

1

訳例

みかは，はなに「わたし，新しいクラスメイトのルークと友だちになりたいの。」と言います。
「いいわね。明日，彼のところに行って話してごらんなさい。」みかは「うーん。わたしは英語を話せないし，彼は日本語を話せないの…。」と言います。

はなは，「それでも友だちになれるわ。３つアドバイスしてあげる。一つ目は，笑顔で『こんにちは！』と言うの。二つ目は，彼にかんたんな日本語で話してあげるの。三つ目は，ジェスチャーを使うのよ。」と言います。

みかは「明日，それらをやってみるわ。」と言います。

2 (1)○　(2)×　(3)○

8 A shooting star

p.399

1

訳例

その夜，みかは自分の部屋から星を見上げて，願い事をとなえました。「英語を話せるようになりますように。」

ちょうどその時，彼女は流れ星を見ました。
その星は，ちょうど彼女の家の裏にある庭に落ちていきました。
「わあ！」と，みかはさけびました。
彼女はとしの部屋に走って行って，

「あれ，見たかしら。」と，たずねました。としは「いや，見てないよ。」と，答えました。それは彼女の願いがかなうしるしにちがいないと，みかは考えました。

2 B → D → C → A

9 Four animals

p.400~401

1

訳例

次の日は，雨でした。みかととしが学校に行こうとしていたところ，としは庭で何かを見つけました。

彼は「あれは何。」と言いました。みかはそれを拾いに行きました。それは大きいプラスチックのボールのようで，中には何匹かの動物が見えます。
みかは，卵でそうするように，からを壊すと，中に4匹の小さくてかわいい動物を見つけました。みかはとてもびっくりして，濡れた地面にそれらを落としてしまいました…

「見てよ！そいつら，歩いている。」と，としはさけびました。それらの4匹の動物は「A. A./a/a/ apple, B. B./b/b/ bear, C. C./c/c/ cow」ととなえながら，列になって歩いていました…

2 (1)イ
(2)(例)dog, donut, door, desk
hat, hot, hen など

10 We can teach you English!

p.402~403

1

訳例

「みんな，とてもかわいいわ！」
みかととしはそれらを見ました。
「ABC チャンツを歌いながら行進しているのよ。」
Z まできたとき，それらは止まって，声をそろえて大きな声で「こんにちは，みか！」と言いました。

「わたしを知っているの。」みかは小さな声でたずねました。
「もちろんさ！ぼくたちは，きみを助けるためにここにいるんだよ。」シャツにLと書かれた先頭の動物が言いました。リスのようです…
「願い事をとなえたよね。」Sと書かれた2番目の動物が言いました。それはゾウのようでした。残りの2匹は，それぞれのシャツにWとRと書いてあり，パンダとサルのようでした。それらは言いました。「ぼくたちが，きみに英語を教えてあげるよ！」

「みかととし，まだそこにいるの。学校に遅れるわよ！」みかととしは，お母さんの声を聞きました。としは「急げ！」と言いました。彼は急いでパンダとサルをつかむと，ポケットに入れました。みかも彼をまねして，リスとゾウをポケットに入れました。ふたりは学校に向かいました。

2 (1) elephant, squirrel, panda, monkey

(2)① L　② S

11 Magic!

p.404~405

1

訳例

みかは教室にいて，ルークに会いました。彼女はお母さんのアドバイスを思い出して，ルークにほほえみながら「こんにちは！」と言いました。彼はとてもうれしそうにして，「きみは英語が話せるんだね！」と言いました。みかはすぐ「いいえ。」と言いましたが，そのときポケットから「『うん』って言うんだよ。」という小さな声が聞こえました。それはゾウでした。みかは言いました，「『はい』っていう意味よ，そう，わたしは英語を話せるの。」それは，まほうのようでした。みかは，ポケットの中でゾウを手に持っていると，とても上手に英語を話せるのです。

ルークは，「1時間目は体育だね。体育館はどこ。どうやって行けばいいのかな。」と言いました。みかは，「いっしょに行きましょう。こっちよ。」と答えました。みかはまた，ルークが何と言ったのか理解できたことに気がつきました。今回は，ポケットの中のリスのおかげでした。

2 (1)エ

(2)ア

12 Lunch time

p.406~407

1

訳例

午前中ずっと，ルークにとって，みかはとても助かる存在でした。ルークはとてもうれしそうで，また，クラスのみんなはみかが英語をきいたり話したりできるところを見て，おどろきました。

給食の時間になりました。給食はカレーとナンでした。

ルーク：「こんなカレー，食べたことないよ。」

みか：「わたしはカレーが好きなの。これが一番好きな給食だよ。」

ゆい：「わたしも。カレーは好きだけど，お母さんのカレーが一番だわ。」

みか：「本当。あなたの家のカレーには，何が入っているの。」

ゆい：「えっとね，ジャガイモ，ニンジンとタマネギ。牛肉は入ってなくて，とり肉が好きなの。」
みか：「とり肉が入っているの。いいね。」
みか：「ルークは，どんな食べ物が好きなの。」
ルーク：「ぼくは，シーフードが好きだよ。肉より魚が好きなんだ。すしがお気に入りだよ！」

2 (1)イ，ウ，オ，カ
(2) I like fish better than meet.

13 ABC poems

p.408~409

1

訳例

その日の放課後，みかとしは急いで家に帰りました。4 匹の動物を細かく注意して確認したかったのです。

みかとしがそれらをとしの部屋の床に置くと，それらはすぐに列になって，行進を始めました。ABC チャンツではなく，ABC ポエムでした。とてもおもしろいので，みかとしはいっしょに口ずさみました。

B は baby の B，B は boy の B，
B は bath に入っている bear の B。
P は pan の P，P は pencil の P，
P は piano の上にいる pig の P。
C は cake の C，C は candy の C，
C は cow の下にいる cat の C。
G は game の G，G は gum の G，
G は gate のそばにいる gorilla の G。
D は donut の D，D は doll の D，
D は door の後ろにいる dog の D。
T は tea の T，T は tennis の T，
T は table の間にいる tiger の T。

2 解答略

14 Self-introduction

p.410~411

1

訳例

「止まって！」みかは言いました。それらはみんな止まって，みかとしのほうを向きました。「あなたたちはだれ。」「あなたたちの名前は何。」「どこから来たの。」4 匹の動物たちが同時に答え始めたので，としは「1 人ずつ頼む！」とさけびました。

最初に，リスが答えました。「わたしたちは，ABC の星からやってきた動物よ。みかが願い事をとなえたから，あなたを助けるためにやってきたの。わたしは，リスのリサよ。リサって呼んでね。わたしはリスニングが得意なの。この文字が見えるかしら。listening の L よ。わたしがいれば，世界の 100 の言語をきけるわよ。」

2番目に，ゾウが続きました。「ぼくは，ゾウのサムだ。サムって呼んでくれ。ぼくは世界の100の言語を話せるし，100の動物語も話せる。歌うことと話すことが好きなのさ。ぼくは，speakingを教えてあげよう。」

次は，パンダでした。「ぼくは，パンダのウィリーだ。ウィリーって呼んでくれ。ぼくは，writingを教えてあげるよ。詩を書くのが好きなんだ。ぼくのABCポエム，気に入ったかい。」

最後は，サルでした。彼は，「ぼくはサルのロイだよ。ロイって呼んでね。ぼくは本を読むのが好きなんだ。」

2

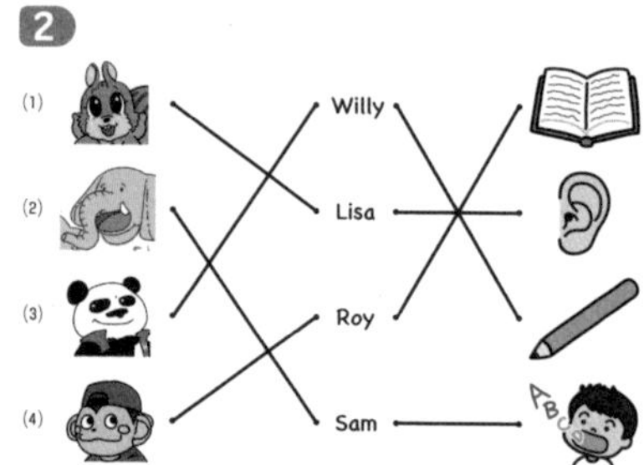

15 Luke speaks Japanese?

p.412~413

1

訳例

みかとしは，とてもわくわくしていました。みかはすべての4匹の動物をそれぞれポケットに入れて，学校に行きました。彼女はいいことを思いつきました。その4匹の動物を，教室の人形の家に置いたのです。人形の家は，彼らにぴったりです。

リサを寝室に，サムをリビングルームに，ウィリーを台所に，そしてロイを正面のドアのそばに置きました。クラスメイトたちはそのまほうの家の周りに集まり，「わあ！」「とてもかわいい。」「さわってもいいの。」と言いました。

みかは，「お願いだから，さわらないでね。」と言いました。しかし，みかが言い終わる前に，ルークがゾウにさわってしまいました。ルークはみかを見て，「ごめんなさい」とかんぺきな日本語で言いました。

とても自然な日本語だったので，だれも気に留めませんでした…
さあ，次は何が起こるのでしょうか。

2 (1)イ→ア→エ→ウ
(2)(3)解答略

Part 6 英検®問題にチャレンジしよう

英検®練習問題①

p.426~427

1 (1) 2　(2) 3　(3) 2　(4) 4
(5) 4　(6) 3　(7) 1

訳例

(1)わたしは音楽が好きです。わたしはピアノとオルガンをひきます。

(2)８月は１年の８番目の月です。

(3)わたしは自由な時間にたいてい本を読みます。

(4)Ａ：あれはあなたの自転車ですか，けいこ。
Ｂ：はい，それはわたしのものです。

(5)わたしのラケットはとても古いです。わたしは新しいものがほしいです。

(6)Ａ：あなたはどこの出身ですか。
Ｂ：わたしはイングランドの出身です。

(7)Ａ：あなたの名前をたずねてもいいですか。
Ｂ：わたしの名前はメアリーです。

2 (1)２ (2)２ (3)１

訳例

(1)生徒：窓を開けてもいいですか。
先生：もちろん。今日はとても暑いね。

(2)女の子：手伝ってくれてどうもありがとう。
男の子：どういたしまして。

(3)男の子：ぼくはこのＴシャツが好きです。いくらですか。
女性：10ドルです。

3 (1)４ (2)２ (3)１

英検®練習問題②(Listening)

p.428~429

1 (1)２ (2)３ (3)１ (4)２ (5)２ (6)１ (7)３ (8)２ (9)１ (10)２

訳例

(1)入ってもよいですか。
１ はい，そうです。
２ もちろん。
３ わたしはメイです。

(2)あなたへのプレゼントです。
１ ごめんなさい。
２ 今日はよい天気です。
３ ありがとう。

(3)この自転車はあなたのものですか。
１ いいえ。わたしの兄〔弟〕のです。
２ とてもすてきです。
３ それはわたしの家の中にあります。

(4)じゃあ，また。
１ どういたしまして。
２ またあとで。
３ こっちに来て。

(5)このかばんはいくらですか。
１ それは美しいです。
２ 30ドルです。
３ 青いかばんもあります。

(6)あなたはペンを持っていますか。
１ もちろん。はい，どうぞ。
２ あなたもペンを持っていますか。
３ はい，できます。

(7)あなたは昼食に何を食べましたか。

1　12時にです。

2　友達とです。

3　ハンバーガーです。

(8)オーストラリアの天気はどうですか。

1　オーストラリアにあります。

2　雨です。

3　遠いです。

(9)あなたはいつカナダに来ましたか。

1　2週間前です。

2　飛行機です。

3　日本語を勉強するためです。

(10)そのテニス選手はどこの出身ですか。

1　彼女はテニスが上手です。

2　彼女はイングランド出身です。

3　彼女は日本が好きです。

台本

(1) May I come in?

1　Yes, I do.

2　Sure.

3　I am May.

(2) Here's a present for you.

1　I'm sorry.

2　It is fine today.

3　Thank you.

(3) Is this bike yours?

1　No.　It's my brother's.

2　It's very nice.

3　It is in my house.

(4) Bye now!

1　You're welcome.

2　See you later.

3　Come here.

(5) How much is this bag?

1　It's beautiful.

2　It's thirty dollars.

3　We have a blue bag, too.

(6) Do you have a pen?

1　Sure.　Here you are.

2　Do you have a pen, too?

3　Yes, I can.

(7) What did you eat for lunch?

1　At twelve.

2　With my friend.

3　A hamburger.

(8) How's the weather in Australia?

1　It's in Australia.

2　It's rainy.

3　It's far.

(9) When did you come to Canada?

1　Two weeks ago.

2　By plane.

3　To study Japanese.

(10) Where is the tennis player from?

1　She plays tennis well.

2　She is from England.

3　She likes Japan.

英検®練習問題③(Listening)

p.430

1 (1) 3　(2) 2　(3) 2　(4) 1
(5) 1

訳例

(1)☆:「山田先生は数学の先生ですか。」
★:「いいえ。彼女は国語の先生です。」
質問:山田先生は何の教科を教えていますか。

(2)☆:「ボブ，あなたは毎週土曜日に柔道を練習しますか。」
★:「いいえ，しません。わたしは毎週日曜日に柔道を練習します。」
質問:ボブはいつ柔道を練習しますか。

(3)☆:「ルーシーは彼女の家族と暮らしていますか。」
★:「いいえ，彼女はアパートで一人暮らしをしています。」
質問:ルーシーは彼女の家族と暮らしていますか。

(4)☆:「マイク，あなたはひまなときに何をしますか。」
★:「わたしはたいてい読書をします。」
質問:マイクはひまなときに何をしますか。

(5)☆:「けん，あなたは何人の兄弟や姉妹がいますか。」
★:「3人います。兄〔弟〕2人と姉〔妹〕1人です。」
質問:けんは何人の姉妹がいますか。

台本

(1)☆: "Is Ms. Yamada a math teacher?"
★: "No.　She is a Japanese teacher."
Question: What subject does Ms. Yamada teach?

(2)☆: "Do you practice judo every Saturday, Bob?"
★: "No, I don't.　I practice judo every Sunday."
Question: When does Bob practice judo?

(3)☆: "Does Lucy live with her family?"
★: "No, she lives alone in an apartment."
Question: Does Lucy live with her family?

(4)☆: "What do you do in your free time, Mike?"
★: "I usually read books."
Question: What does Mike do in his free time?

(5)☆: "How many brothers and sisters do you have, Ken?"
★: "I have three.　Two brothers and one sister."

Question: How many sisters
does Ken have?

英検® 練習問題④(Speaking)

p.431

1 No.1 He is nine years old.
No.2 He says, "Hello."
No.3 Yes, I do. / No, I don't.
(Yes の場合)I have a dog.
(No の場合)Yes, I do. I want to have a cat.

訳例

ボブのペット

ボブは9歳です。彼はネコを飼っています。ネコの名前はマリです。マリは白いです。

ボブはマリが好きです。マリはときどきボブといっしょに彼のベッドで寝ます。朝，ボブはマリに「ハロー」とあいさつします。

No. 1 英文を見てください。ボブは何歳ですか。

No. 2 朝，ボブはマリに何と言いますか。

No. 3 ペットを何か飼っていますか。
(Yes の場合)あなたはどんなペットを飼っていますか。
(No の場合)あなたはペットを飼いたいですか。

台本

No. 1 Please look at the passage.
How old is Bob?

No. 2 What does Bob say to Mari in the morning?

No. 3 Do you have any pets?
(Yes の場合)What pet do you have?
(No の場合)Do you want to have a pet?

英検® 練習問題⑤

p.432~433

1 (1) 2 (2) 3 (3) 2 (4) 1
(5) 4 (6) 3 (7) 2

訳例

(1)本の 20 ページを開いてください。わたしの言うことを注意深く聞きなさい。

(2) 3 月は 1 年の 3 番目の月です。

(3)部屋が暗くなりつつあります。あかりをつけてください。

(4)あなたの言うことが聞こえません。もっと大きな声で話してくれませんか。

(5) A：「あなたはどうやって学校に行きますか。」
B：「わたしは学校へ歩いて行きます。」

(6) A：「あなたはどの教科がいちばん好きですか。」
B：「わたしは数学がいちばん好きです。」

(7)今日はこれでおしまいです。それでは，明日までさようなら。

2 (1) 3　(2) 2　(3) 3

訳例

(1)先生：「だれが花びんを割ったのですか。」
生徒：「わたしが割りました。」
(2)先生：「黒板消しはどこですか。」
生徒：「ここにあります，岡先生。」
(3)男性：「コーヒーはどのようにいたしましょうか。」
女性：「クリームをお願いします。」

3 (1) 1　(2) 2　(3) 3

英検®練習問題⑥

p.434~435

1 (1) 4　(2) 4　(3) 2　(4) 3

訳例

カレー

日本では，日本式のカレーがとても人気です。多くの日本の人々はカレーが大好きです。日本人は週に一度以上カレーを食べると言われています。

カレーの作り方をお教えしましょう。玉ねぎ，じゃがいも，ニンジン，牛肉を使います。牛肉の代わりに豚肉や鶏肉を使っても構いません。それらにしばらく火を通してから水を加え，もう少し煮ます。最後になべにカレールーを加えます。できあがりです！

英検®練習問題⑦

p.436~437

1 (1) 2　(2) 2　(3) 2　(4) 3
(5) 2

訳例

相撲

わたしの名前はトム・ブラウンです。わたしは３か月前にアメリカ合衆国から日本に来ました。わたしは上野に住んでいました。昨日，品川へ引っ越しました。わたしは日本の文化について学ぶのが好きです。

先日，わたしは両国国技館へ行って相撲を見ました。力士と呼ばれる相撲取りは「まわし」を身につけていました。横綱がほかの力士のまわしを引っ張って投げたおしました。小さい力士が，ずっと大きい力士を押して，「土俵」という円の外へ押し出しました。行司たちは着物を着ていました。相撲はとてもスピードが速かったです。勝者を決めるのは行司たちには難しかったです。

相撲には長い歴史があります。それは千年以上前に儀式として始まりました。力士は土俵を清めるために塩をまきます。

英検®練習問題⑧(Listening)

p.438~439

1 (1) 2　(2) 3　(3) 1　(4) 1
(5) 3　(6) 1　(7) 3　(8) 2
(9) 1　(10) 2

訳例

(1)☆：「あれは市役所ですか。」
★：「はい，そうです。」
☆：「もっと大きな建物は何ですか。」
1　いいえ，ちがいます。
2　病院です。
3　そこへ行きましょう。

(2)☆：「あなたはフランス語を話しますか。」
★：「少し話します。今，習っています。」
☆：「あなたはこれまでにフランスへ行ったことがありますか。」
1　わたしはフランスへ行きたいです。
2　フランスは美しい国です。
3　はい，わたしはそこへ一度行ったことがあります。

(3)☆：「昨日はどうしたのですか。」
★：「歯が痛かったのです。」
☆：「すぐに歯医者に行って診てもらうべきです。」
1　わたしは明日歯医者へ行きます。
2　彼はよい歯医者です。
3　わたしは少し熱があります。

(4)☆：「コンピュータ室のパソコンを使ってもよいですか。」
★：「もちろんです。」
☆：「わたしはコンピュータの使い方を学びたいです。」
1　わたしはあなたにそれの使い方を教えることができます。
2　さようなら。
3　どうもありがとう。

(5)☆：「わたしは疲れています。」
★：「その箱は重いですか。」
☆：「はい。わたしの箱を運んでくれませんか。」
1　ありがとう。
2　いいえ，結構です。
3　いいですよ。

(6)☆：「この橋は美しいです。」
★：「それは木でできています。」
☆：「それはどのくらいの長さがありますか。」
1　長さ約 100 メートルです。
2　築 50 年です。
3　幅 8 メートルです。

(7)☆：「今 3 時ちょうどです。」
★：「わたしはとてもおなかがすいています。」
☆：「昼食に何を食べましたか。」
1　12 時にです。
2　友達とです。
3　ハンバーガーです。

(8)★：「やあ，あきこ。どこにいるの。」
☆：「北海道よ。」
★：「そちらの天気はどうかな。」
1　北海道です。
2　曇りです。
3　遠いです。

(9)☆：「あなたはいつ日本に来ましたか。」

★：「2週間前です。」

☆：「日本はどうですか。」

1　日本の人々は親切です。

2　わたしは日本語が話せません。

3　わたしは明日日本へ行きます。

(10)☆：「彼女の日本語はすばらしいです。」

★：「彼女の声も美しいです。」

☆：「その歌手はどこの出身ですか。」

1　彼女は英語の歌を歌います。

2　彼女はイングランド出身です。

3　彼女は日本が好きです。

台本

(1)☆："Is that a city hall?"

★："Yes, it is."

☆："What is the bigger building?"

1　No, it isn't.

2　It's a hospital.

3　Let's go there.

(2)★："Do you speak French?"

☆："A little.　I'm learning now."

★："Have you ever been to France?"

1　I want to go to France.

2　France is a beautiful country.

3　Yes, I've been there once.

(3)☆："What was wrong yesterday?"

★："I had a toothache."

☆："You should go and see a dentist at once."

1　I'll see a dentist tomorrow.

2　He is a good dentist.

3　I have a little fever.

(4)☆："May I use a PC in the computer room?"

★："Sure."

☆："I want to learn how to use a computer."

1　I can show you how to use it.

2　Good-bye.

3　Thank you very much.

(5)☆："I am tired."

★："Is the box heavy?"

☆："Yes.　Will you carry my box?"

1　Thank you.

2　No, thank you.

3　All right.

(6)☆："This bridge is beautiful."

★："It is made of wood."

☆："How long is it?"

1　It's about one hundred meters long.

2　It's 50 years old.

3　It's eight meters wide.

(7)☆："It's three o'clock now."

★："I'm very hungry."

☆："What did you eat for lunch?"

1　At twelve.

2　With my friend.

3　A hamburger.

(8)★："Hi, Akiko. Where are you?"

☆："I'm in Hokkaido."

★："How's the weather there?"

1　It's Hokkaido.

2　It's cloudy.

3　It's far.

(9)☆："When did you come to Japan?"

★："Two weeks ago."

☆："How do you like Japan?"

1　Japanese people are kind.

2　I can't speak Japanese.

3　I'll go to Japan tomorrow.

(10)☆："Her Japanese is great."

★："Her voice is beautiful, too."

☆：Where is the singer from?"

1　She sings English songs.

2　She is from England.

3　She likes Japan.

英検®練習問題⑨(Listening)

p.440~441

1　(1) 3　(2) 3　(3) 3　(4) 2
(5) 3　(6) 3　(7) 2　(8) 4
(9) 3　(10) 3

訳例

(1)★：「何になさいますか。」

☆：「アイスティーをください。」

★：「大小どちらにしますか。」

☆：「小さいのをください。」

質問：女の子は何を注文しましたか。

(2)☆：「あなたの大好きなスポーツは何ですか。」

★：「柔道です。わたしは放課後練習します。」

☆：「あなたはいつ練習し始めましたか。」

★：「1 年前です。」

質問：男の子はいつ柔道を練習しますか。

(3)☆：「背の高い男の子はだれですか。」

★：「あちらはわたしの兄〔弟〕のゆきおです。彼はバスケットボールをします。」

☆：「ピアノをひいている女の子はだれですか。」

★：「姉〔妹〕のみどりです。彼女はプロのピアニストになりたがっています。」

質問：だれがピアニストになりたがっていますか。

(4)★：「鈴木先生，あなたは車を持っていますか。」

☆：「はい，でもわたしは運転しません。わたしは歩くのが好きです。」
★：「あなたは自転車に乗りますか。」
☆：「はい，わたしはときどき自転車に乗ってスーパーマーケットに行きます。」
質問：なぜ鈴木先生は車を運転しないのですか。

(5)★：「(男の子)　駅へはどうやって行けますか。」
☆：「(女の人)　わたしもそこへ行くところです。いっしょに来てください。」
★：「(男の子)　駅の近くにコンビニエンスストアはありますか。」
☆：「(女の人)　はい，高いビルの１階にあります。」
質問：だれが駅へ行きますか。

(6)☆：「さぶろう，あなたは朝食にたいてい何を食べますか。」
★：「ご飯と魚とみそ汁を食べます。ときどき納豆を食べます。マリア，あなたはどうですか。」
☆：「トーストとハムエッグと牛乳です。」
★：「今朝は寝坊をしたので，朝食を食べませんでした。」
質問：なぜさぶろうは今朝朝食を食べなかったのですか。

(7)☆：「けん，何か趣味はありますか。」
★：「はい。映画のファンです。日本のアニメがいちばん好きです。」
☆：「どのくらいひんぱんに映画を見に行きますか。」
★：「月に一度です。今月は３回映画館へ行きました。」
質問：けんは今月は何回映画を見に行きましたか。

(8)★：「わたしは夕食後にお風呂に入ります。わたしは入浴時間が好きです。ケイト，あなたは毎日お風呂に入りますか。」
☆：「いいえ，入りません。わたしはたいてい朝食前にシャワーを浴びます。」
★：「ほんとうに。そのときに髪を洗いますか。」
☆：「はい。朝シャワーを浴びると気持ちがよいです。」
質問：ケイトはたいてい，いつ髪を洗いますか。

(9)☆：「見て！　あれは淡路島よ。」
★：「ここからの眺めはすばらしいです。」
☆：「明日，船でそこに行きましょう。」
★：「そして，おいしい玉ねぎを食べましょう。」
質問：彼らはどこで話していますか。

⑽☆：「この小包をアメリカ合衆国に送りたいのですが。」

★：「航空便にしますか，それとも船便にしますか。」

☆：「船便でお願いします。サンフランシスコの郵便番号はどうやって見つけられますか。」

★：「ここに郵便番号のリストがあります。」

質問：彼らはどこで話していますか。

台本

(1)★: "May I help you?"

☆: "Yes, an iced tea, please."

★: "Large or small?"

☆: "Small, please."

Question: What did the girl order?

(2)☆: "What's your favorite sport?"

★: "It's judo. I practice after school."

☆: "When did you start practicing?"

★: "One year ago."

Question: When does the boy practice judo?

(3)☆: "Who's the tall boy?"

★: "That's my brother Yukio. He plays basketball."

☆: "Who's the girl playing the piano?"

★: "My sister Midori. She wants to become a professional pianist."

Question: Who wants to be a pianist?

(4)★: "Do you have a car, Ms. Suzuki?"

☆: "Yes, but I don't drive. I like walking."

★: "Do you ride a bike?"

☆: "Yes, I sometimes ride my bike to the supermarket."

Question: Why doesn't Ms. Suzuki drive a car?

(5)★: (A boy) "How can I get to the station?"

☆: (A woman) "I'm going there, too. Come with me."

★: (A boy) "Is there a convenience store near the station?"

☆: (A woman) "Yes, it is on the first floor of the tall building."

Question: Who will go to the station?

(6)☆: "What do you usually have for breakfast, Saburo?"

★: "I have rice, fish and

miso soup. I sometimes have natto. How about you, Maria?"

☆: "I have toast, ham and eggs, and milk."

★: "I got up late this morning, so I didn't have breakfast."

Question: Why didn't Saburo have breakfast this morning?

(7)☆: "Do you have any hobbies, Ken?"

★: "Yes. I am a movie fan. I like Japanese anime the best."

☆: "How often do you go to the movies?"

★: "Once a month. I went to the theater three times this month."

Question: How many times did Ken go to the movies this month?

(8)★: "I take a bath after dinner. I like bath time. Do you take a bath every day, Kate?"

☆: "No, I don't. I usually take a shower before breakfast."

★: "Really? Do you shampoo your hair then?"

☆: "Yes. It feels good to take it in the morning."

Question: When does Kate usually shampoo her hair?

(9)☆: "Look! That is Awaji Island."

★: "The view from here is wonderful."

☆: "Let's go there by ship tomorrow."

★: "And let's eat good onions."

Question: Where are they talking?

(10)☆: "I'd like to send this parcel to America."

★: "By airmail or by sea mail?"

☆: "By sea mail, please. How can I find the ZIP code of San Francisco?"

★ "Here's the list of ZIP codes."

Question: Where are they talking?

英検®練習問題⑩(Speaking)

p.442

1 No. 1 She is 25 years old.
No. 2 She teaches Japanese.
No. 3 She is reading a book.
No. 4 I like Japanese.

訳例

こういちのお姉さん

こういちにはお姉さんがいます。彼女の名前はゆきこです。彼女は25歳です。彼女は国語の先生です。彼女は生徒たちに人気があります。彼女は一年に50冊の本を読みます。彼女は「俳句」を作るのが好きです。彼女は松尾芭蕉がいちばん好きです。こういちも「俳句」を作りたいと思っています。

No. 1 英文を見てください。ゆきこは何歳ですか。
No. 2 ゆきこは何を教えていますか。
No. 3 絵を見てください。女性は何をしていますか。
No. 4 あなたはどの教科がいちばん好きですか。

台本

No. 1 Please look at the passage. How old is Yukiko?
No. 2 What does Yukiko teach?
No. 3 Please look at the picture. What is the woman doing?
No. 4 What subject do you like the best?

さくいん

❶ 1～6はパートの番号です。
❷ 調べやすいように，一部本文と表現を変えている箇所があります。

A

B

C

D

G

H

X

Y

い

う

え

お

か

き

さ

し

な

に

ね

の

は

ひ

ふ

へ

ほ

ま

み

む

め

も

や

ゆ

よ

ら

り

れ

ろ

わ

を

すうじ

編著者

吉田 晴世　大阪教育大学英語教育講座 教授
田縁 眞弓　ノートルダム学院小学校英語科ヘッドスーパーバイザー
　　　　　京都教育大学・ノートルダム女子大学ほか 小学校英語講師
泉 惠美子　関西学院大学教育学部・教育学研究科 教授
加賀田 哲也　大阪教育大学英語教育講座 教授
樫本 洋子　大阪教育大学 非常勤講師

小学 自由自在 英語

令和2年2月1日 第1刷発行

編著者 小学教育研究会（上記）
発行者 岡本明剛
発行所 受験研究社

〒550-0013 大阪市西区新町 2—19—15
注文・不良品などについて：(06) 6532-1581 (代表)／本の内容について：(06) 6532-1586 (編集)

Printed in Japan　ユニックス・高廣製本
落丁・乱丁本はお取り替えします。

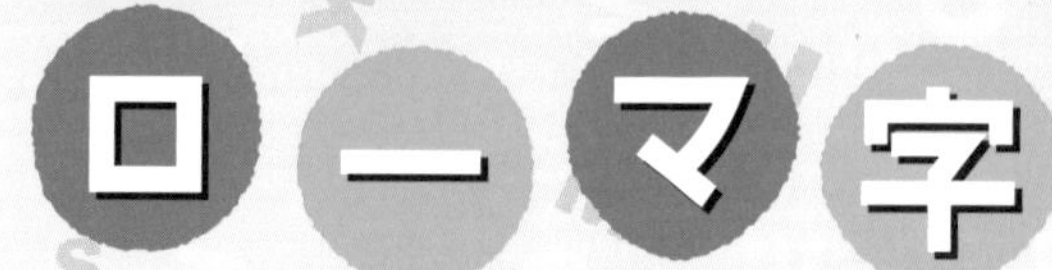

日本語が英文中に入るときは，ヘボン式とい
るローマ字を使って表します。

※書き方が２種類あるものは
［　］で示しています。

	a	i	u	e	o			
	あ a	い i	う u	え e	お o			
k	か ka	き ki	く ku	け ke	こ ko	きゃ kya	きゅ kyu	き ky
s	さ sa	し shi[si]	す su	せ se	そ so	しゃ sha[sya]	しゅ shu[syu]	し sho[s
t	た ta	ち chi[ti]	つ tsu[tu]	て te	と to	ちゃ cha[tya]	ちゅ chu[tyu]	ち cho[t
n	な na	に ni	ぬ nu	ね ne	の no	にゃ nya	にゅ nyu	に ny
h	は ha	ひ hi	ふ fu[hu]	へ he	ほ ho	ひゃ hya	ひゅ hyu	ひ hy
m	ま ma	み mi	む mu	め me	も mo	みゃ mya	みゅ myu	み my
y	や ya		ゆ yu		よ yo			
r	ら ra	り ri	る ru	れ re	ろ ro	りゃ rya	りゅ ryu	り ry
w	わ wa					ん n		

英語で名前を書くとき

★名字と名前の最初は大文字で書き，のばす音は入れません。

○ Inoue（いのうえ）× inoue　○ Yuki（ゆうき）× Yūki

★「し」「ふ」などが入るときは，［ ］内の文字は使いません。

○ Nishio（にしお）× Nisio　○ Fukui（ふくい）× Huku